西方经济学圣经译丛（超值白金版）
晏智杰◎主编

The Distribution of Wealth

# 财富的分配

［美］约翰·贝茨·克拉克◎著
王翼龙◎译

# 《西方经济学圣经译丛》序

翻译出版西方经济学名著，如以 1882 年上海美华书馆印行《富国策》[英国经济学家 H. 福西特 (1833~1884)《政治经济学指南》(1863 年) 中译本] 为开端，迄今为止已有一百多年历史。回顾这段不算很长然而曲折的历程，不难看出它同中国社会百年来的巨大深刻的变迁密切相关，它在一定程度上是中国思想界特别是经济思想界潮流和走向的某种折射和反映。单就中华人民共和国成立以来对西方经济学名著的翻译出版来说，窃以为明显呈现出各有特点的两个阶段。改革开放以前几十年间，翻译出版西方经济学著作不仅数量较少，而且其宗旨在于提供批判的对象和资料。对于出现这种局面的不可避免发生及其长短是非，人们的看法和评价可能不尽一致，但此种局面不能再原封不动地维持下去已是大多数人的共识。改革开放以来，对西方经济学著作的翻译出版进入到一个新阶段，短短二十多年间，翻译出版数量之巨，品种之多，速度之快，影响之广，均前所未有，呈现出一派生机勃勃的繁荣景象。这是中国社会改革发展的需要，也是历史的进步，主流无疑是好的；但也难免有选材不够精当和译文质量欠佳之嫌。

华夏出版社推出这套新的《西方经济学圣经译丛》，可谓正逢其时。在全面建设小康社会的新时期，随着社会主义市场经济体制改革的深入，随着中国经济学队伍的建设和壮大，我们需要更多更准确更深入地了解西方经济学；而以往几十年翻译出版西方经济学所积累的经验教训，也正在变成宝贵的财富，使我们将翻译出版西方经济学名著这项事业，得以在过去已有成就的基础上，百尺竿头，更进一步。我们会以实践为标准，比以往更恰当地把握选材范围和对象，尽可能全面准确地反映西方经济学的优秀成果，将各历史时期最有代表性和影响力的著作纳入视野；我们对译文质量会以人所共知的"信、达、雅"相要求，尽力向读者推出上乘之译作。我们还会认真听取广大读者和学者的任何批评和建议，在分批推出过程中不断加以改进和提高。

在西方经济学迄今的发展中，涌现了数量不少的重要著作，其中亚当·斯密《国富论》（初版于1776年）、马歇尔《经济学原理》（初版于1890年）和凯恩斯《就业、利息和货币通论》（1936年），是公认的三部划时代著作。《国富论》为古典经济自由主义奠定了基础；《经济学原理》作为新古典经济学的代表作，为经济自由主义做了总结；《就业、利息和货币通论》则标志着经济自由主义的终结和现代国家干预主义的开端，故将它们同时首批推出。其他名著将陆续问世。

**晏智杰**
北京大学经济学院
2004 年 11 月 15 日

# 前　言

本书旨在说明社会收入分配是受某种自然规律控制的，以及如果这一规律在无阻力情况下起作用的话，则各生产要素就均能得到各自所创造的财富。尽管工资由于人们自由达成的协议而可能有所调节，但本书要人们注意的是，这种交易所达成的工资率，往往还会等于人们所在行业可归因于劳动自身的那一部分产品；尽管利息或许受类似自由达成的协议调节，但它还会自然地趋向于与可单独归因于资本的那一部分产品相等。在经济体系内财产所有权就要发生——劳动和资本得到国家随后视之为归其所有的那个数额——的这个时刻，社会惯例与财产权据以产生的这一原则是相一致的。只要这一原则不受干扰，那么人人生产多少也就都能得到多少了。

在1881年以来相继发表的一系列论文和专著中，我尝试着就该理论的各组成部分作了系统阐述，该理论是分别涉及价值、资本、工资、利息、地租和利润的。这些论文分别刊行和发表于《新英格兰人》(the New Englander)、《经济学季刊》(the Quarterly Journal of Economics)、《耶鲁评论》(the Yale Review)、《政治学季刊》(the Political Science Quarterly)、《政治学和社会科学学会年报》(the Annals of the Academy of Political and Social Science)、《政治经济学杂志》(the Revue d'Economie Politique)、《政治经济学词典》(the Dictionary of Political Economy)，以及美国经济学联合会出版的专题著作和专题研究丛书。现在，在对这些尚不属完全的叙述作出有条理的安排外，我还要作大量的补遗。

*自然的*这一用语被古典经济学家当作*静态的*一词的同义词，与

价值、工资和利息等等的标准一起不经意地使用了；本书要提出的正是诸如此类自然的或静态的标准。本书旨在说明，假如工业领域的种类及其活动的特征方面发生着的变化停止在即的话，则货物的市场价格、劳动的工资和资本的利息会与何种费率相一致。本书的行文力图把在分配领域内起作用的静态因素与动态因素彻底分开。现实社会从来都是动态的，而其中我们最为关注的那个部分则尤其如此。变化和进步到处显而易见，工业社会在不断呈现新的形式以及推出新的功能。由于有了这一持续演变，当今的工资标准和利息标准，再过十年就不会照用了。然而，今天还是有正常标准的。在所有变化中，还是有在发挥作用的因素的，它把费率确定在这样一种水平，以至于无论何时工资和利息都会趋向于一致。不论海洋怎样地风高浪急，总会有某种理想的平展展的水面任凭波澜起伏而呈现出自己来，乃至汹涌的实际水面都因它而仅限于起伏而已。同样也有静态标准，按照这一标准，就是动荡不止的市场、实际的价值、工资和利息也往往会趋于一致。

假如劳动和资本都是供给量固定不变的，假如生产方式的优化止步不前了，假如资本不复加强控制了，假如消费者的欲望永不改变了，那么工资率会怎样呢？当然，提出这个问题的时候我们是假设工业还要继续发展，而且尽管导致进步的因素陷于瘫痪了，但是社会财富还是会在完全非正统竞争的影响下继续得以创造出来的。当然，这种条件下继续保持的工资额和利息额以及工资率和利率，指的是在进步力量导致的一切失调的情况下存在的现象，而实际市场的行情是无论何时都会趋向于那些工资额和利息额以及工资率和利率的。它们是科学一直在探索的，从理论上说，是"自然的"工资率和利率。

在介绍这种自然工资率和自然利率所以是固定的这些规律时，本书试图完成一项工作，这项工作是建设性的，它是不会引起争议的。本书由于注意对比研究某几种理论，因而某几个观点就明白清楚而言会有所提高，但对这些理论的系统批评就差强人意了。如果各种分配理论都要加以详述的话，那就得写出篇幅不小于本书且还得是专论争议的这样一部书。原计划决定相对较少地提及其他著作，但这样一来，或许就让读者无从肯定本书的某个部分是否就是借用现有的经济学文献了，因此，这里似是很有必要申明，本书没有一个部分是如此有意识地照搬的。一开始发表上述一系列论文中的几种时，据我所知，只有一个重要论点是如此得来的。有一个很重要的论点或许就取自早期经济学家冯·杜能（Von Thunen）的著作；而且，要是我在发表某几篇含有某种类似说法的文章前就读过该著作中表述该论点的这一节的话，那么，那些文章也就不至于不提及这位经济学理论领域内的光辉先驱的这一著作的了。这一忽略现已给予弥补了。在一个冗长的注释中，我指出了冯·杜能的工资和利息的最终生产率理论与我自己的理论的异同之处。在某种程度上，这两个理论可用同样的术语加以阐述；不过，实际上这两者的差别又是带有根本性的。

亨利·乔治（Henry George）先生提出的工资是由一个人通过耕种不付租金的土地所能创造的那种产品而决定的这一见解，是最早令我探索的一种方法，按照这种方法，即可使各地劳动的产品与共同起作用的其他生产要素的产品脱钩，而且可以分别予以决定；导致获得要在这里加以描述的这一规律的正是这一探求，而探求所得的结果则表明，在完全自由竞争的条件下，根据这一规律，各种劳动的工资都趋向于与各自都可归因于这种劳动的产量。"最后一个单位"的劳动的产量，与单独考虑起来的每一个单位的产量是相同的；而且，假如正常趋势是恰到好处地起作用的话，那么，这一说法不只是对每一个单位是适用的，而且对作为一个整体的劳动力来说也都是适用的，也即其产品及其工资都是相同的。

这里所述的理论与奥地利经济学家卡尔·门格尔（Karl Menger）、弗里德里希·冯·维塞尔（Friedrich von Wieser）的理论既有相似之处又有差别；区别这里提出的理论体系和其他理论体系的一个引人注目之处在于承认永久资本也即生产资料的一种永久基金，与具体的资本货物也即使用过程中易损毁的生产工具之间的那种差别。该理论与前部长冯·庞巴维克（Von Bohm-Bawerk）新近发表的那个引人注目的理论之间的关系，待论述分配的动态之后，再有一书问世即可说清楚。要是目前这个计划就接受了它的话，则我自当乐于引用和讨论对分配理论文献作出的很多具体贡献，例如艾尔弗雷德·马歇尔（Alfred Marshall）教授、弗朗西斯·A. 沃克（Francis A. Walker）校长、阿瑟·T. 哈德利（Arthur T. Hadley）校长、弗兰克·W. 陶西格（Frank W. Taussig）教授、威廉·斯马特（William Smart）教授、约翰·A. 霍布森（John A. Hobson）先生、查尔斯·W. 麦克法兰（Charles W. Mac-Farlane）博士、斯图尔特·伍德（Stuart Wood）博士以及赫伯特·M. 汤普森（Herbert M. Thompson）先生等等的鸿篇巨制。对以下三位，我要感谢他们的概括性的激励和建议，这种激励和建议影响所及，在我所作的任何理论研究中，莫不留下深刻的印记。他们是我的老师，海德堡大学已故卡尔·克尼斯（Karl Knies）教授，我早期经济学研究的同事，也即哥伦比亚大学的富兰克林·H. 吉丁斯（Franklin H. Giddings）教授，以及宾夕法尼亚大学的西蒙·N. 帕滕（Simon N. Patten）教授。

  要了解成为本书编排依据的方案，这里有必要指出，最终生产率原理——正如本书所言，该原理是处于工资和利息规律的根基的地位的——用几句话就可以说明；然而，如若果真如此，那么所用的术语的重要性就得作出大为扩展的释义了。例如，利息就得说是取决于最终一个单位的社会资本了。不过，这样一个最终单位究竟何所指以及又在何种意义上堪称是社会的呢？它高度综合，在采取某种细微调整后可在社会各行各业中分配吗？它存在于到处可予以区别清楚的具体事物中吗？按照这个理论，据认为生产资料的这一增量，是由一定量的"永久资本"构成的，而其效率则取决于利率。但具体的工具则不是永存的，它们易损坏，因而需要不断更新。因此，必须知道这些在如此易损的工具与持久不变的财富的基金之间的那种真实关系。在不同行业间分配这一基金时，各种产品的市场价值都有其影响。因此，必须弄清价值规律与分配规律之间的关系。此外，由最终生产率规律决定的收入，也可以转化成可据以把租金原理应用于收入的一种模式了。租金的性质及其与工资和利息的关系需予以弄清。要使工资和利息的那个显然简单的最终生产率公式具有意义上的明确性和现实性，从而使这个公式能够解释无可争辩的事实，那就必须有涉及其他很多核心观点的引申性说法才行。

现在，先就这些解释性的内容作一陈述已经可以做到了，至于最终生产率规律怎么加以描述，那就留待陈述该规律时，当用的每一个术语的含义都已充分阐明以及用于表述实际商务的概念都非常清晰时再说。先讨论资本的性质以及资本货物、价值、小组关系、租金等等的性质，再谈涉及工资和利息的最终生产率规律的主要论点，这谅必是可行的。采取这样一种安排，按逻辑有正当理由。因为这种解释性说明会为提出某种简明扼要的结论性论点作好铺垫，该结论性论点会是包含这一理论的实质在内的。然后，此项研究就可以因提出一种总括性的说明而告以完成。但本书如此大篇幅专用于基本定义和讨论，这会对读者的耐心提出很高要求，而且还会在解释性问题与主题相衔接上增加困难。因此，我这里就先谈主题，后谈解释性的东西。后一部分所谈的内容除主题即最终生产率规律需要一开始就记住外，把各种说法融为一体并不容易。为使逻辑联系明显一些，我赋予了目录集各章要点之纲要的作用。不过，我并没有要让目录成为各章的摘要的意图。有很多段落并没有在目录中提到，但我希望本书的总的内容由于这些省略因而变得少而精了。

书中很多章节采用的数学表达方式是有意完全简化、非技术化的结果，就连数学中正流行的记号也没有用上。

本书最后准备阶段，我的同事 E. R. A. 塞利格曼（E. R. A. Seligman）教授、史密斯学院的 H. L. 莫尔（H. L. Moore）教授、哥伦比亚大学研究员 A. S. 约翰逊（A. S. Johnson）先生，以及同校的政治经济学和社会科学讲师 A. M. 戴（A. M. Day）先生等都曾给予帮助。尤其是戴先生不仅曾经反复读过我的书稿，而且还提出多项有用的建议，在修改数学证法上，更是给予了宝贵的帮助。在这里，谨一并对他们深表谢意。

**约翰·贝茨·克拉克**

# 目 录

（内含各章要旨概论，未对整个内容全面分析。）

**第1章 依靠分配解决的问题** ································· 1

人的福利取决于收入，收入则通过合同确定，但实际上是受自然规律控制的。工资、利息和利润是三项各不相同的功能的产物，分配理论是追溯这些收入的来源的。生产者是否获得自己所创造的那个份额是一个问题，而他所创造的那个数额是大是小却是另一个问题。伦理问题是与各种不同的人的收入联系在一起的，但要靠通过研究与各种不同的功能相联系的收入予以解决；要是每一种功能都能按其产品获得报酬的话，那么，每一个人也就都能按照其所创造的产品获得报酬了。劳动是否获得其产品是一个事实问题，但如果劳动的结果却是得不到产品，那劳动者就是受到劫掠了。

**第2章 分配在传统经济学各分支学科中的地位** ················· 9

既然经济学各传统分支学科并非真的就是各不相同的，那么，经济学理论就得重新予以分类了。社会作为一个整体所进行的生产，其中就包括交换与分配。按传统置于交换之下的市场价值的确定，就决定于生产小组之间、小小组之间以及最后还有小小组内部各种生产要素之间的社会收入的分配。不过，市场价值是趋向于正常标准的。这些标准是分配的某种因素作用的结果，是这种因素使各小小组内的工资和利息均等化了。有鉴于此，有关价值的研究也就属于分配科学之范畴之内了。交换是社会组织的理论，就因为如此，它就隶属于生产研究的范畴之内。

既然通常的工资和利息都是由劳动生产率和资本生产率决定的，那么，分配研究也就是有关具体生产的研究了。由此可见，社会生产理论是一门总括的科学，它包含消费以外的整个经济学领域。

## 第3章 分配在经济学各自然分支学科中的地位 ………………… 21

在社会经济中共同起作用的有三种因素，对这三种因素的研究，把经济学分成了三个自然分支学科。有一组性质各异，不是取决于组织，而是在社会发展各个阶段均起作用的规律。这组规律是经济学第一个自然分支学科的研究对象。第二组规律取决于交换和各行各业的组织，它们是经济学第二个自然分支学科的研究对象。广义说来，经济学的社会法则是分配科学无所不包的，因为各小组的相互关系以及各小组内各阶层的相互关系，都在分配科学论述之列。社会生产可以看作是静态的。只有在某种静态社会，价值、工资和利息才可看作是传统意义上的"自然的"。只有静态规律才属于第二个分支学科。不过，在现实社会，是既有静态因素也有动态因素在起作用的。这几种因素及其影响是经济学第三个分支学科的研究对象。

这些分支学科，尽管相互依存，但又各有区别。某种动态社会经济学理论，预先假定某种静态社会经济学研究所得出的结论，进而又预先假定一般经济学研究所得出的结论。消费作为这三个分支学科中的第一个予以研究，静态分配理论则为第二个分支学科的组成部分，动态分配理论则是第三个分支学科的组成部分。

**第4章　一般经济规律中分配的基础** ································· **29**

　　该著作主要论述属于经济学第二个分支学科的问题，但是所用的假设，则是源自第一个分支学科的，而且只是为了证实对于动态社会来说静态因素的影响是必不可少的，进而才进入第三个分支学科领域。孤身独处者的生活，揭示了财富以及财富接续几个增量的效用递减规律的基本属性，尽管此原理在调节市场价值中的作用仅限于社会生活。在各种行业中分配劳动，这只有在原始生活中才是必不可少的；但是，依靠小组进行的这种分配，再加源自此类组织的价格现象，因而也就与某种社会生活方式直接有关了。所以，劳动和资本的最终生产率原理固然在孤身独处的生活中是起作用的，但只是在社会生活中才引起工资和利息现象。因此，静态分配理论是从一般经济的事实和规律中吸取前提的。

**第5章　实际分配——社会组织的结果** ································· **41**

　　尽管原始经济生活的法则到处都起作用，然而，社会组织还是给原始生活注入了新的活力。给这些活力作出了解释的是交易经济学。交易经济学论述交换的动机，而交换是分工的结果。分工使社会形成了小组和小小组。交易经济学证实各小组、各小小组和各小组内的生产要素的收入，都是这些要素自己的事实上的产品。交易经济学分成两个分支，即静态交易经济学和动态交易经济学。动态研究解释社会的功能和结构的变化，这种变化的起因是构成进步的五种一般变化；静态研究则解释产业寿命的规律，但不包括产业增长规律。一切社会都是动态的社会；然而，静态规律还是到处起作用的。而且，要弄懂动态规律，还得非先解释清楚静态规律不可。

## 第6章　社会进步产生的影响 ……………………………… 49

  劳动的小组间流动说明，社会是动态的社会，但这种流动本身又是旨在为呈现静态规律所要求的那种状态而作出的努力的结果。劳动和资本的流动，往往都会使这两个要素在一个小组与另一个小组都同样富有经济效益。如果动态影响果真消失的话，那是因为存在竞争，这样，劳动和资本的产量就会相等，而我们也就会处于某种静态状况了，因而也就具有流动性，不过，倒未见真的流动起来。若是动态影响呈周期性的话，那我们就会有一系列的静态状况。要是就让那些变化的因素持续发挥作用，那我们就会有某种不断改变的社会与之相符的标准状态。这就是现行的社会状况。静态科学必须设法弄清楚社会任何时候都呈现的那种自然状况，而动态科学则必须对变化和进步加以解释。李嘉图经济学完成的是一种无意识的和不完全的静态研究。李嘉图学派的经济学家要是认识到他们的研究只是局部的，并继之以一项单独的有关动态因素的研究的话，那他们就会使他们的科学具有务实性了。动态因素不能视为扰乱性因素，它们与自然界是一致的；能就动态因素作出解释的科学，也就能阐明进步这种现象的意义。这种现象是历史经济学所记录和计量的。动态科学是一门演绎的科学，它分析定性变化；历史经济学则是对变化的一种定量研究。

## 第7章　静态社会状态下的工资——独特的劳动产品 ……… 61

  竞争是使价格成为"自然的"的一种因素。要是把导致增长的那种因素给排除了，或是把阻止劳动和资本完全流动的那种摩擦给消除了，那么价格就会与自然标准相一致。就前一种情况而言，永久的静态标准会逐渐达到；就后一情况而言，价格会与变化不止的那种标准完全一致。在动态社会中，有一种有别于静态标准的正常差异，与此相似，工资也有一种在任何一个既定时刻都趋向于与之相符的理论标准。这种标准就是具体劳动生产率。现代工业有这样一个领域，在这个领域，劳动的产品是可望有别于其他生产要素的产品的。免租利用的土地就是这个领域的一个部分。用以开垦荒地的劳动的可得的报酬，遂成为工资标准的计量尺度，而且有助于确定这个标准，尽管所起的作用微不足道。免租利用的工具，构成该领域的另一部分。另外还要大的一个部分，由肥田沃地和工具的免租金利用构成。不过，还有一个不知道大多少的领域，工资是在这里最终才得以调节的。在这个领域，一个单位的劳动所得的，其余所有单位都必须得到。

## 第 8 章 劳动的具体产品可怎样加以区别 ······················ 75

边际工人即使受雇于人，为雇主工作，也能生产有别于其他收入的某种产品。所有生产工具的使用范围都有宽和窄之分；无论在其中哪一种范围内使用，劳动的产品都是劳动的自然工资。这两种范围构成了一个无差别地带，因为雇主没有正向诱因导致他给这片田地招新工人，或者是解雇现有工人。该地带的劳动产品可以计量，计量结果表明哪些产品是全部劳动的有效产品，那么这些产品自然就是劳动的工资标准。该无差别地带各组的产品均趋向于相等。当竞争致使工人工资高达雇主无利润可图的水平时，该整个社会无差别地带的劳动产品就会等于劳动工资。不过，该地带唯边际就业领域的一部分而已。假定资本可以完全不受限制地改变形态，那么既定社会资本即可提供工人弹性无限的就业机会。确定最终工资标准的是该领域的劳动生产率。

## 第 9 章 资本与资本货物的比较 ······················ 91

要确立真正的工资标准，就得区分资本与资本货物。资本是永久性的，资本货物则易受损。资本具有流动性，资本货物则没有这种属性。资本是体现于具体货物的财富基金中的。经济学绝不可把两者混为一谈,因为要注意的问题,对其中之一来说是正确的,而对另外一个来说却是不正确的。资本货物的收益是租金,资本的产品则是利息。利息总额等于租金总额。说到底,租金是受利息规律支配的。生产的周期与资本货物有关,而与资本无关。节制仅限于形成真实资本;节制与无穷系列资本货物的维修没有关联;而且,静态状况下也不存在节制。资本是迟早会使劳动及其成果结合在一起的,资本货物则似是以生产周期使之分开的。不过,这种周期并不需要有任何节制之举,而周期的长度也不见得就影响利率。

## 第10章 资本和资本货物的种类 ………………………… 109

固定的和流动的这两个术语,是用来描述某种永久资本而不是资本货物的基金的组成部分的,因为资本货物没有流动性。此类货物中的机械物体,不是生息的就是无息的,因为它们不是给予效用就是接受效用。固定资本属于生息资本货物永久基金的组成部分,流动资本则属于无息资本货物。鉴于偶然发生的损耗,固定资本改变其外形,而流动资本则有目的地改变其形式,以期完成生产的事项。"劳动者的食粮"不是一种资本。由于生产呈周期性,消费又具连续性而且需予以确保,因此,食粮就应该是能储存的。资本与劳动在连续生产中的关系不包含这种储存。

## 第11章 社会劳动的生产率取决于社会劳动与资本的数量关系
………………………………………………………… 121

就像资本是一种永久的基金那样,社会劳动也是一种永久要素,两者都通过从一组具体的形式向另一组具体的形式不断转换得以存在。所有动态流动都强使劳动和资本改变其具体形式,而促成这种具体形式的改变则是劳动和资本的相对数量的变化。工资和利息,由这些永久生产要素的最终生产率予以决定。当劳动逐个单位地投入一定面积的田地时,其最终一个单位的劳动的产量,就计量每一个单位的劳动的实际产量,因为这些单位的劳动是可交换的。假如这片田地是独一无二的,那么,这一最终产量即每一个单位的劳动的工资,均趋向于达成一定的标准。在经济学领域,每一个单位的社会劳动的工资,往往等于最终一个单位的社会劳动的产量。

**第 12 章　工资和利息的调节者——最终生产率** .................. **133**

为例示最终劳动生产率的法则,我们逐个单位地增加劳动力,而资本总额则保持不变。这些单位的劳动是复合型的,各行各业的劳动都给予了体现。在只有一个单位的资本的情况下,资本会取高代价的形式;待到增加第二个单位的资本时,资本的形式就趋于简单了。因有第二个单位的资本,总产量提高了,而这个增幅仅归因于劳动而已。如果逐个单位地增加并供应下去,直至社会的所有劳动都给予充分利用,则归因于最后一个单位的劳动的增产部分,就是该单位劳动的事实上的产量。既然按照经济学的意义来说,任何一个单位都是最后一个单位,那么,这最后一个单位的劳动的产量,也就是任何一个单位的劳动的产量,而且也就是在竞争的压力之下工资趋于达成的标准。把这个假想过程颠倒一下,其结果便揭示了利息规律。最后一个单位的资本的产量,也就是任何一个单位的资本的实际上的产量,这个产量决定利息标准。在现实社会,就增长趋势来说,资本的增长比劳动的增长要更快,因此,我们看到资本呈现的形式是代价越来越高,而其所得在其成本当中所占的份额则是递减了。

**第 13 章　按地租公式计量的劳动和资本的产量** .................. **145**

地租通常是当作一种独特的收入的。然而,讨论工资和利息规律时,我们又必须把土地与其他资本货物置于同一基础之上。级差土租公式应用于永久资本基金的收益以及整个社会劳动力的收益当中是更为精确的。要是某个农场的工人是逐个地引进的话,那么,除最后那个工人外,每一个工人都是创造盈余的。这些盈余总额就等于地租,也即总产量中可归因于土地的那个部分。在并非独此一家农场的情况下,假如把社会资本看作是固定的,而把劳动看作是逐个单位地提供的,则劳动就会受报酬递减规律的支配,且每一个单位的劳动都创造超过最后一个单位的劳动的产量。这些超过的产量之和,就等于社会资本基金的租金,而且等于利息总额。如果把此过程倒过来看,把社会资本看成是固定的,而给劳动逐个单位地供应资本的话,则资本此时就要受报酬递减规律的支配,此前几个单位的资本所创造的盈余,就等于社会劳动的租金,而且等于工资总额。在某种静态状况下,这两种租金构成社会收入总额。从某种观点看,每一种租金都是直接加以计量的;而从另一种角度看,每一种租金则都又是由收支余额予以计量的。

## 第14章 各行各业小组的收入 ……………………………… 159

租金原理适用于社会资本,因为社会资本是通过灵巧调节进而在各行各业所有小组和小小组中分配的;该原理也同样适用于劳动。由工资和利息构成的小组收入,受决定工资和利息的那种总原理的各种不同应用所控制。小组的收入取决于价值,而价值则由最终效用原理决定,最终效用原理不是应用于作为一个整体的产品,而是应用于堪称商品中的价值要素的这一部分。就以这种方式,该规律不仅适用于一系列的社会消费资料的增量,而且还适用于个人消费用品的增量;消费资料的这一最终社会增量,是无数价值要素的一种合成物,但所含完整的产品却极少。资本的各个增量是以同一种分析方法予以区别的;一个最终社会资本的增量,是工具所含多种资本要素的一种合成物,但其中几乎不包含作为一个整体的工具。

### 第15章　消费资料的边际效率——按小组分配的基础 ………… 169

公认的价值理论与无可争辩的事实并不是协调一致的,因为该理论会使多种商品的价格与实际价格相比都不知道要高出多少。因此,应用最终效用原理的方式有必要加以改变。商品的最终效用不是作为一个整体的商品的最终效用,在价格调节中起着重要作用。是商品的最终效用而不是作为一个整体的商品参与价格的调节。一种商品的每一种效用都是某一批消费者的一种边际效用,而其价值就由这批消费者决定。这种商品作为一个整体的价值,等于对其效用分别评价所得的价值之和。

### 第16章　消费资料的边际效率如何计量 …………………………… 179

为说明价值规律的作用,我们必须假设每一种物品都只提供一种服务而已。情况如此,第二个单位的此类商品,对消费者而言,那就是一种负效用了。这些简单商品的价格,当由那些消费者决定;对这些商品,他们觉得满意,但又有差强人意之感。这种商品,另外的每一位使用者都会获得消费者租金。即使诸如此类的商品作捆绑式销售,但每一种的价格还得以同样方式予以确定。一种实际的产品几乎都不只是提供一种服务,它们总被看成是具有各种不同效用的,其中每一种,也就都构成一批消费者边际消费的一部分,且由这批消费者估价。这批货物的价值,则由整个社会予以估价。

### 第17章　生产资料最终增量的效率如何检验 …………………… 191

生产资料与消费资料一样,也是通过分析予以估价的。生产资料的最终增量主要在于质量的提高。在现实生活中,资本的增加是显现为社会生产设备的对应性改善的。决定利息的是全套工具增加了的优质增量的生产力。竞争淘汰了企业家,这些企业家所控制的那些最终增量没有获得正常利息。成为竞争对象的是资本本身,虽然可以认为企业家对即将成为资本货物的货物要展开竞争。每一个企业家都使资本具有为其企业所需的那种形式。通常来说,一个企业家所获得的新增资本所取的形式,是现有设备的质量的提高。这些设备的质量的提高,就是资本的最终增量。

## 第18章 资本依靠质的增量实现的增长 ………………… 205

资本主要通过提升资本货物的质量实现增长。总资本的一个新增增量,按照某种自然规律,在各行各业中分配;在每一个行业,这一增量基本上都呈改进工具设备的形式。劳动按照同一方式分配,虽然劳动的增长主要是依靠数量的增加实现的。我们业已注意到,资本是靠自身提升质量而存在的,凭借自身质量提高,资本也就从某组形态转化为另一组形态了。有一种行业小组,它的功能是添加生息资本的组织;社会资本任何数量的增加,都得扩大这种小组的规模;而这又导致那种处于行将用尽、有待补充的那些资本货物的质量的提升。

## 第19章 各行业小组分配劳动和资本的方式 ……………… 213

如果每一种生产要素都具有同等生产率,那么,劳动和资本的分配也就都正常了。无论哪一种要素在小组与小组间的流动,都影响另一种要素的生产率。无论何时需要某种转让,赖以使固定资本的组织得到补充的机制,就都会使固定资本从一个小组流入另一个小组。劳动是在这样的小组间进行分配的,这些小组,从某种意义上来说,都往往会获得完全一样的生产率。无论是劳动还是资本的流动,都受到某种一般规律的支配,而这种规律既决定价值又决定这两种生产要素的实物产量。假如对劳动和资本的调节不合理，那么，该规律往往会使这种平衡恢复如初。某个小组某种生产要素的供给越少，则该要素一个单位的生产物品的能力也就越大，而且可具体归因于该要素的货物的价值也就有所提高。因此，从两个方面来说，该要素形成价值的能力有所提高了。在同样的条件下，另一个要素生产物品的能力降低了，不过，有鉴于它仍然在其生产的物品的价值中有所提高，因此，该要素真正创造财富的能力或许就几乎一如从前，或者在某种较小程度上不是比以前更大，就是比以前更小了。最终，这些影响确保了两种要素均得到了正常分配。使劳动和资本都实现流动而且获得两种要素任何独特生产力之利益的是企业家。在一个大组内，各小组的生产要素的分配，都由同样的一些影响促成，这些影响控制着各大组的自身调节状态；但是，在通往圆满结果之途经的各个阶段上，某种清一色的产品的流动必须确保其源源不断；而这种必要性，使各小组实现的迅速而又准确的某种调节成了极其重要之举。调节固定资本和流动资本的相对比率的这同一规律，还决定以多少土地构成各小组设备的一部分。

**第20章　资本分配巧当则生产与消费实现协调** ………… **231**

如果消费资料是由一个阶层的人向另一个阶层的人提供的，那么，它其实就是由最高层级的小组向低一些层级的小组提供的，而不是由资本家向工人提供的。生产和消费中的不正当行为涉及货物的储存，不过，这一影响不在这里讨论。对一切收入都有影响的，是迅即可用的消费资料那种均一流动的迅速性；协调一致的资本使低一些层级的小组的生产者，不必等待就能获得迅即可用的货物，这些货物是实质上但并非真正是他们所生产的。资本货物似是迫使有的生产者等待它们的盈利；但资本消除了这一必要性。如果事先没有配套的资本，那么，努力和时间就成为迅即可用货物生产的先决条件；但是有了这样的资本，每一个小小组所在的行业，就都产生直接和完全立等可取的回报了。

## 第 21 章  经济因果关系理论 ·········· 243

最终生产率理论一旦表述不完整，就会导致因有某种自然规律的作用进而劳动就会受到剥削的一种推论。要纠正这种推论，就必须使此理论无懈可击，而且证实都因何种因素导致与最初几个增量相关的剩余是应有的。如果与某个固定数额的资本一起加以利用的劳动的单位个数是有增无减的，那么，最初几个单位中的每一个单位就都必然让出它已获得的一部分资本。资本产量由于这一让出所致的减少，表明可归因于那让出的资本的一部分。在某个既定时间内，所有单位的生产率都是相同的，在使每一个单位都得到最后一个单位所生产的产品产量的情况下，那就绝无剥削一说。由此可见，要是劳动和资本在整个小组体系内都是正确配置了的话，则无差别地带劳动的产品，也就成了对所有劳动的生产率的一种正确检验。

## 第 22 章  应用于各种具体工具产品产量的经济因果关系的规律
·········· 255

按通常的用法，"租金"一词指的是各种具体工具的收益，"利息"一词指的则是"股本"总额的收益。这种用法，系基于资本与资本货物的区别，而且，比起把"租金"一词仅限于土地收益的这种做法来，这是更为正确的。土地与资本原有区别的基础是土地数量固定而资本则可以增加，再就是土地的收益可按级差计量。就静态研究来说，这两种用法均无正确性可言。总资本固然固定，然而，要是存在改变所给数额的诱因的话，则可归于各小组所有的数额也就可能改变了。就土地而言，情况同样如此。所有人造工具的收益，以及土地的收益，都可以按微分公式予以计算。正像土地有开垦边际一样，人造资本也有利用边际，而且，这些边际都是由同一规律所决定的。使此边际扩大的是递增生产率，而使租金提高的，则并非是该边际的扩大。一切收入，甚至包括工资在内，均可按余额予以计算；不过，若按另一种观点来看，收入是直接予以决定的。一切租金均为纯粹产品，这些租金均可溯及区别得出的生产要素。

**第23章 各种租金与价值及其与小组分配的关系** ·················· **269**

"租金不是价格的组成部分"，这是公认的看法。但一个小组中的任何一种生产要素的数量，都影响小组的产量，而且还影响价格。按照实物考虑，任何一种具体工具的租金，根本上说都等于利用该工具所得的产量，而这必然成为商品供给量的一个组成部分，这种商品的价值，就是以供给量为基础决定的。古典经济学家实际上证实的是租金的去向对价格毫无影响。假如这种论据真的能够证实地租并非是价格的一个组成部分的话，则这同一论据也会证实，无论工资还是利息，都不是价格的组成部分。一切实际租金，包括实际工资在内，都是投放市场的实际货物的数量，当然，它们也都会影响供给和市场价格。供给量中那各种不同的组成部分都是按照不同的成本生产的，因而租金便成了唯一的余额，或者说没有定价权的一种小费了，此说是不正确的。这同一论据会证实，工资和利息也是没有定价权的余额。这是一种谬见。

**第24章 工业生产要素及其产品的计量单位** ················· **283**

对财富的计量在所必需，而且这种计量不取决于各种不同货物的相互比较，而是取决于绝对总数的计量。就各种财富而言，有效效用都是一个共同的要素，这种效用可以按照社会负效用予以计量。多种快乐都可按照因劳动而产生的同质亏损予以计量。最昂贵的劳动指的是在工作日就要结束时给安排的那种劳动，这种劳动所计量的是社会消费资料中必要性最小的那部分效用。同一标准劳动成本下所生产的一切物品的有效效用都是相同的；所有相同劳动时间的负效用也都是相同的，而不论各个小时的劳动的绝对负效用有多么不一样。生产物品并因此而招致亏损的那些人并不消费这些物品，不过，他们还是获得了抵补的救济金。这些人所得的那种利益来自其他物品，而且，这些人无法使生产这些物品时所付出的成本与消费这些物品时所得到的利益相等。这一点，只有社会作为一个整体才能做到；此外，社会还可以按照所有物品各自的成本给各种物品定价。每一种物品都具有社会获得它时所付出的成本，而这是在社会工作日的终点给予计量的。*此时，社会在获取各种不同的消费资料时所付出的成本是最后一个单位的价值。*

## 第25章 动态社会的静态标准 ………………………………… 303

价值、工资和利息各自的静态标准，在某种意义上都是"自然的"；但是，在更为广泛的意义上，动态变化才是自然的，是动态变化把一切静态调节都给打乱了。不过，静态调节只有利用有关静态规律的某种知识才理解得了。动态流动首先必须一一加以研究，然后再采取协调行动才能处理得好；而且，考虑到每一瞬间都会有动态社会趋向静态调节的这一事实，因此，必须对动态因素与静态标准变化不一致的这一现象，以及静态标准自身不断的渐次变化作出解释。这就导致了静态调节的变化了的形式一说，即各种不同的动态流动都是相互抵消的。流动的速度是动态的起因，而这种速度与有别于纯利润的收入有直接联系。摩擦与这种收入有关系，而且还与动态流动的速率有关。某些有别于静态标准的持久变化是连续动态变化的结果。在这些变化中，有的正如例子中所示的，就劳动和资本在小组体系中的流动而论，是处于相互抵消的状态之中的；静态因素的效能是与动态因素的作用范围和多样性相一致的。劳动和资本的某些持续流动是所有这些动态因素起作用——也就是说，自低层级小组向高层级小组的流动，以及同水平层次各系列小组内的往复流动——的结果。为研究方便起见，建立某种虚拟的静态状况的一种方法，便是投入充裕的时间使一切动态变化都停下来，然后等待哪怕是最缓慢的静态调节都能进行。

## 第26章　近似的静态标准 ………………………………………… 325

　　一般静态调节的某几个部分会遇到特殊障碍，而某种准静态调节则可以使该一般静态调节过程的那一未竟部分圆满完成。就世界作为一个整体而言，局部地区静态调节中的某种流动，或许就相当于一种动态影响。例如，全世界各种生产方法的某种静态统一，就会成为亚洲重大动态的起因。一项经济研究所涉及的范围或许仅限于某个地区。一个世界经济中心的影响范围给予界定以后，该中心与外部各地区的关系即可看成是导致该中心范围内种种动态影响的原因。为研究方便起见，某种静态状况可以在该中心内予以促成，而且与外部各地区之间的劳动和资本的流动还不加考虑，与那些地区之间的产品交换则任由进行。经济理论要确认三种不同的工资标准，而事实上这些标准从未相同过，结果是动态导致的利益全归这些经济中心所有。因此，经济理论有必要首先关注本地区内的静态收益率，其次是关注动态影响所致的该地区内的种种变化速度和差异数量。最终标准、近似标准以及这两类标准之间的关系都要加以研究。经济摩擦的全面影响必须加以考虑。工资、利息和利润未来会发生的变化，都要根据当前可界定的影响作出解释。这一类的研究就是最难而又是可能做得到的最富有成果的研究。

# 第 1 章　依靠分配解决的问题

对于注重实际的人，以及对于学者来说，有一个经济问题极其重要，这就是，在对财富提出所有权要求的那些人中怎样分配财富。社会收入分成工资、利息和利润，这有自然规律可以作为依据吗？如果有的话，那又是怎样一条规律呢？这是需要加以解决的一个问题。①

大多数人都主要靠劳动谋生，因此，对于这些人来说，一切经济因素引起的结果，一般都是呈现为工资这种切实可行的形式的。技艺精通了，分工细化了，机器运转了，这一切所导致的结果是，雇佣劳动者所得到的等于雇主付给他们的工资。这个工资数额，不仅决定着这些人自己能够享有的舒适程度，而且还决定他们能为孩子确保多高程度的文化、健康和福利。另外，由于代代相传，工资高低对工人阶级福利的影响还是具有累积性的。一个人挣到钱了，这可以看作是凝聚为某种物质形态的潜在福利；这种潜在福利，设想工人现在得到了，而且足以使他们生活在很舒适的环境下，则他们的子孙的生活或许还会再舒适一些。由此可见，决定劳动者的长期生活水平是否会有某种升降趋势的，就是工资规律所具有的这一性质。

工资通常都是由一个人付给另一个人的，因此，所付金额按协议加以调节后，看起来似是取决于合同双方相对能力以及精明程度

---

① 所谓"财富"，是指人类福利的来源，即能转移的数量有限的原材料等。参看本书作者所著的《财富的哲学》。

的。因为买卖策略就是劳资双方按照各自几个方面的能力付诸实施的一项重要艺术。不过,还是有一种市场工资率的,这种工资率基本上是受无可怀疑的和隐秘不明的因素所控制的。事实上,所谓"市场上的讨价还价",也就仅限于一定的地方而已,而且还只在窄小的范围内才对劳动薪金额有所影响。我们下面还要指出,工人通常凭机敏或以坚定的立场向雇主索取的那个薪金额,是受劳动中所含的生产力限制的;而控制工资合同通行条款的那几种因素,则是决定生产力数量的那些因素。总之,在劳动力市场那种令人困惑的斗争中,存在着一条深奥的起作用的自然法则。

该自然法则的作用,在于把社会总收入分成通用的异质的三份。该法则使社会年总收入自行分成三大总额,即工资总额、利息总额和利润总额。① 这几项总额分别指劳动的收益、资本的收益和由劳动的雇主和资本的使用者完成的某种协调过程的收益。这类纯粹协调的工作,我们当称作企业家的功能,而这一功能享有的报酬,我们则称作利润。企业家的功能本身并不包括对资本的运作和所有,它完全在于建立和维持各种生产要素之间的有效关系。

我们前面已经指出,工人尽管有可以采取的多种讨价还价的策略,但他们可从雇主那里得到的薪金工资还是受属于劳动自身的生产力的限制的,因此,有关工资规律的研究,也就必须探究决定这种生产力的那几种影响因素。现在,我们可以提出下列更为一般的一个论点——后面再予以证明——*自然规律想怎样就怎样时,归属任何生产功能的收入所占的份额都由它的实际产量所估计*。换句话说,自由竞争往往会使工人得到劳动所创造的东西,资本家得到资本所创造的东西,而企业家则得到协调功能所创造的东西。

按照这种看法,有关分配的这整个研究也就是对*具体生产*的一种研究了。它是对创造财富的活动所作的一种分析,是对三类要素共同形成财富这个过程中各自对共同结果所起的作用的一种探索。每一种生产要素都赋予产量中一个可以辨明的份额,每一种生产要

---

① 土地的租金,考虑到后面要提到的原因,在这里是与利息合在一起的。不过,这就得扩充传统地租理论,而不是否定该理论。

素都赋予一种相应的报酬，这就是分配的自然法则。这个论点，我们还得予以证实；与任何导言所能说明的相比，更多的还得看它是否是真理而定。社会以其现状存在的权利，以及还会继续如此存在的可能性，显示出利害攸关。这些事实使分配这个问题具有了难以估量的重要性。

工人阶级的福利取决于他们获得的多少；但是他们对待其他阶级所持的态度——因此，还有社会状况稳定与否——则主要取决于这样一个问题，即他们生产了什么，而不是他们所得是多少。如果他们创造了大量财富，而且就尽数归他们所有了，则他们很可能就不会寻求社会的革命性剧变了；但要是他们看来好像是生产得多，而归己的却只是其中很少的一部分的话，则其中就会有很多人成为革命者，而且他们都会有权利这样做。对充斥于社会的谴责之声是"剥削劳工"。"工人"，据说是"他们所生产的常受剥夺，而这种剥夺往往还是在法律形式内按照竞争的自然法则实现的"。要是这一指控证据确凿，那么，每一个头脑正常的人就都该成为社会主义者了；而他们改造工业体系的热情，就当成为衡量和表达他们正义感的标尺了。然而，如果我们要对此类指控加以检验的话，那我们就得进入生产领域，就得把社会各行各业的产品分解成它的组成要素，进而看看竞争的自然效应是否使每一个生产者都得到了各自促成的那个数额的财富。

要是每个生产者的所得产品和所占份额证明的确是如愿以偿了，那么我们还需深入了解这各项收入的增幅是绝对大了一些还是绝对小了一些。我们必须弄清楚，发展是使工人生产率提高了因而工薪上涨了，还是使工人生产率降低了因而工薪下降了。我们还得知道，在这几个方面，发展是重视资本以及企业的作用了，还是漠视资本以及企业的作用了；在发展过程中，资本的所有者和资本的使用者是境况好转了还是每况愈下。既已先行经由判别现行社会状态是否使人人都拥有了一份属于自己的财产了，检验了这种社会状态的公正的一面，接着我们还得弄清楚，但凡归属于人们自己的那一份财产，是变得越来越大了还是变得越来越小了，以期检验一下这种社会状态的慈善的一面。现行社会制度能否继续存在的*权利*，归根结底取决于它的公正；但是，令其按其自己的方式发展*适合与否*，则完全取决于它的慈善。因此，我们首先必须知道，我们是否有权令自然经济因素即如它们在起着作用的那样发挥作用；而且我们还得知道，以效用为理由让自然经济因素如此发挥作用是否就是明智。

当然，我们这个世界的全部收入都是在全世界所有人中分配的，但这门分配科学并不直接决定每个人该得到什么。人们的分享是另一类分享的结果：只有把社会的总收入分解为工资、利息和利润等部分，将作为独特的几类收入直接而且完全地纳入经济学领域内，则个人的分享才可望决定。按性质来说，这几类分享是各不相同和各有各的起源的，其中，一类源自完成工作，另一类则因提供资本而得以实现，再一类则是依据协调这两种生产要素的成效大小而决定。另外，每一个人的收入几乎都是复合型的。工人拥有自己的某种资本，资本家完成某种劳动，而企业家则通常既拥有资本又完成某种劳动。某一个人的收入在何种程度上从一个来源取得还是从另一个来源取得，这取决于来源种类与本书所能包括的还要多的影响因素。我们无法探究一个资本家究竟完成了*多少劳动*。我们希望弄清楚的只是工资率本身由什么来决定，而纯利率本身由什么来决定，以及纯收益本身又由什么来决定的。一旦这几种费率一一确定了，则某一个人的收入也就取决于他所能完成的工作的数量和性质、他所提供的资本的数量，以及他所做的协调工作所及的范围和种类。凡是非人们所能控制的，而是由某种一般的纯粹经济规律所决定的，则都是由这样一种产品的归属所决定的，这种产品就是劳动和资本两种要素所能够创造的而且最终所能得到的。

接下来，我们就尝试着揭示决定三类收入数额的那几种因素，而且仅限于此。不过，这可是一个引人注目的事实，即使我们仅限于这种探索，但要是成功了，我们确是解决了把人们按敌对阶层分类的个人隐私问题。发现决定工资率、利率和纯利润率的规律后，我们就可以判断甲某人对乙某人是否不满了。尽管我们并没有就弄清为什么其中一个人年收入仅 500 美元，而另一个人却是 50 000 美元，但是就这两种收入来说，我们还是弄清楚了这两个人各自是否得到了理当归己的那一部分。不过，这两类分配尽管紧密相关，但还是得分清楚。

*按人数分配*，决定的是每个具体的人的收入。按照这种分配，甲某人年收入为 500 美元，乙某人为 50 000 美元，而丙某人为 500 000 美元，如此等等，而不论其中任何一个人的收入是如何获得的。我们所谓*按职能分配*，则是决定在某个具体的行当应获得多少。这一分配就是决定某个等级的劳动的日工资为 1.50 美元，而不论是谁完成那项劳动；它决定利率为 5%，而不论谁得到。这两类分配的区别既明显又重要，因为给其中一个人所划的界线，是影响到给另一人所划的界线的。把某个人的收入看作是被除数，那么，按照某种按职能的分配，你可以把这笔收入分成工资、利息和利润。因为这个人在这几个行当中的每一个行当都可能得到一点。如果把全部工资都看作是被除数，那么，根据按人数分配，你也可以把这个总额分成每一个人都能得到的那几份工资。

要强调的是，在理论上，利润并不对抽象意义上的工资负有道义上的责任，虽然获得利润的*企业家*或许就得给领工资的工人一点什么似的。权利总是属于个人的，而且只有感觉灵敏的人才有权利，因为只有明智的人才有责任感。因此，在工资从每天 1.5 美元降至每天 1 美元这一事实面前，就根本不存在对或错的问题；但是，从劳动力的每一个成员的日薪中扣下 0.5 美元，且把它加到雇主的所得上，这就在双方之间提出了一个公正还是不公正的关键问题了。问题在于：雇主占有工人生产的什么了吗？工人阶级之间始终悬而未决的正是这个问题。每一天都有一定的数量的日薪由一个阶级交给另一个阶级。这个数量是由人们可能同意而且是能长存的一条原则决定的吗？这条原则待人公平吗？这个问题是涉及个人的，但它又是由有关纯粹按职能分配的一门学科予以解决的。

要是每一种生产职能都按其产品数量付酬的话，那么，每个人所能得到的也就都取决于每个人各自能生产多少了。如果他是工作的，那么他所得到的也就取决于他所创造的；要是他还提供资本，那么他就还能从他的资本所能生产的那一部分中再得到一份；再进一步讲，要是在协调劳资关系上他提供服务了，那么他就还可以得到单独溯及那一职能的产品。只有按照这几种方式之一行事，一个人才能生产出东西来。如果他凭借这三种职能之中的任何一种，得到了他使之所生产的一切，那么他也就得到了他所创造的一切。如果工资、利息和利润，就其本身考虑起来，都是按照一种合理的原则确定的，那么，同行业不同阶层的人们就不会相互抱怨了。如果各项职能都是按照它们的产品计酬的，则人们就应该按产品产量付酬。因此，尽管权利是属于个人的，但是涉及分配的权利问题，却是经由职能的学习可以加以解决的。

实际上，我们还可以深入地进行纯粹伦理的研究。我们可以提出这样一个问题，即人人都按产量计酬的一种规则，在最高层次的意义上是否就是公正。实际上，就有某些社会主义者宣称这一规则是达不到公正的。各尽所能、按需付酬，这是人们熟悉的用以表达某种公平分配的理想的一句常用套话。按照这一规则，那就得从某些人的产品中拿出一部分用于满足更急需的人们。不过，这样做会违背人们通称的财产权。这公正与否的问题，不在这里的探讨范围之内，因为它是个纯伦理学的问题；反之，我们面临的则是一个经济事实问题。自然分配就能识别出人们的产品及其收益了吗？我们得到的和民法使我们有权拥有的，果真就是我们凭创造而得的自己的财产吗？我们现有的实际财产，从一开始就是取决于生产吗？

工人带着他口袋里的工资离开工厂时，这是民法保证他可以这样带走的；但在离厂前，他可是所在行业当天创造的财富中的一部分的合法所有人。由于某种原因，他所不懂的决定他的工资会是多少的那个经济规律，是使他的工资额与他当天的产品产量相称呢，还是就迫使他把他合法拥有的工资中的一部分留给雇主呢？迫使人们把按照创造权说来就归他们所有的一部分财富留给雇主的一种谋生方法，当属一种体制性的敲诈勒索，这是对财产权据以形成的原则的一种违法行为。

这就是我们必须解决的问题。这完全是一个与事实有关的问题。即使认为应该成为财产所有权依据的这一规律，也即"谁创造归谁所有"这一规则，果真就在财产所有权归属开始之处发挥作用了，那么，在工厂等处，就可以在那里就所创造的价值进行支付了，余下的，重实际的人就得按其性质完善这种行业制度，以至于这一流行规则的例外，或许就能少见一些、次要一些了。对不是体制性的敲诈勒索，我们就得反其道而行之；但是，显而易见，在认为财产权取决于一个生产者对他所创造的东西的这样一种要求权的社会，一般说来，必然维护在所有权起源之处即对劳动所作的支付上所拥有的权利，否则，在社会结构的基础上，就会有一种爆炸性因素，这个因素迟早会毁了这一基础。要是不保护财产，国家就没有必要存在。因此，一个国家要是迫使一个工人把凭借创造权就属于他的财产硬是扣除并留给工厂了，那么，它就会在一个决定性的关头归于失败。如果实际工资是劳动的全部产品，如果利息是资本的产品，如果利润是某种协调行为的产品，那么，财产一开始就会处于受保护之下。

# 第2章　分配在传统经济学各分支学科中的地位

我们已着手解决有关分配的一个检验问题，也就是检验一下把社会收入分为工资、利息和利润从理论上讲是否可行。我们已注意到，这就迫使我们开始研讨生产领域，以期断定这些收入是否分别各归其主了。其中每一种收入都是由获得它的那种生产要素创造的吗？要是的确是这样的话，那么整个分配科学岂不也就是一门具体生产过程的科学了吗？无论如何，创造财富过程与分配财富过程的关系，要有一种细致详尽的研究才行。

生产、分配、交换和消费等等术语，一直是分别用来称呼经济学的四个分支学科的。不过，这些分支学科并不是性质迥然不同的分支学科，因为其中的一个都还包括另外几个当中的两个在内。财富的生产在由一种有组织的社会进行时，是既包括交换在内又包括分配在内的一个过程。这一事实使人们认识到，为了研究起见，经济理论必须予以重新分类，而且是按照某种新的原理予以重新分类。经济学过去的里程碑不会彻底消失，因为这门学科依然必须把生产、消费等等称为犹存的、可予以明确表示的和理解的过程。然而，作为这门科学的一个个分支学科，它们则都是会消失的，因为在这些分支学科之间所确定的那些界限，在现实生活中都已经不复存在了。它们是不得已而为之的区分，这种区分是为了把一个大得无法作为一个整体加以论述的领域分解成小一些的几个领域而作出的。这些分支学科当着我们弃而不用时，经济学这个领域就呈现出了崭新的面貌了，而且是不久就会形成共识的，这就是经济学领域的真实的、天然的面貌。不过，该领域还会有多个分支学科。说明交换、分配和生产是如何令人失望地交织一起的这一项研究，也有揭示经济学三个分支学科既自然又易懂的效果，这是一个引人注目的事实。实际上，我们是由于认识到我们为什么可能就不用那几个老的分支学科，这才有了这几个普遍适用的分支学科的。

生产，也就是使物品进行产生；而且除原始社会以外，在其他任何一种社会形态下，生产都是通过分工完成的。现代的生产者都是专家，他卖出一种商品或一种商品的一部分，并用因此所得到的收入，需要什么就买什么。只有作为一个整体的社会，它才是万能的商品创造者。也就是说，社会生产是借助于交换完成的。因为有了商品从一个人向另一个人的传递，全社会也就都能生产各种商品了。一方面是"分工"、另一方面是"交换"的这两个措辞，无非也就是换种方式，描述了创造财富的那种有组织的方法而已，而这一方法，是与孤立的、独立的生产方法形成鲜明对照的。但凡一种物品，从筹划生产，直至成为成品，乃至最终被使用，始终是经一人之手的作用而形成的，这种情况也就说明生产尚未实现社会化。[1]社会作为一个整体是财富的生产者，而交换则是生产中的社会化要素，它是这个综合过程的一个典型的组成部分。

生产过程中人与自然的关系迄今未变，而不论社会组织化程度现已多高。地球依然提供物质资源，而人类将之加以改造。就这一点而言，某种钢制工具在一个现代工厂的生产，是与一个史前人的一把石料短柄小斧的制作相近似的。社会生产之所以新，是新在人与人之间的关系。相互依赖取代自给自足了：大型组织取代了一群松散的生产者。专业化和交换在其中起了重要作用。

此外，社会作为一个整体进行的生产，还与一些固定的价值观念直接相关。如果我们卖掉自己的产品，那就必须决定，作为交换，我们要得到多少。一个市场确定的那种并非违反常情的交易比例，

---

[1] 按经济学意义来说，一种物品，直至该物品的零售商已找到买主，而该买主的需求在该物品能予以满足时，才能成为制成品。因此，制成品的销售是社会生产的终端行为。

现在已在这门学科中按照惯例定名为交换的那一分支中给予论述了。不过，交易比例在该分支学科中进行论述，适得其所吗？

有一类分配并不决定工资率和利率，而是决定一个行业作为一个整体，包括它的工人、资本家和*企业家*在内，与其他行业相比，能得到多少。这一类分配决定整个商业部门是否会比另一个商业部门繁荣一些。这属于整个分配行业中的一种中间成分的业务，是借助价格完成的业务。例如，小麦价格一高，与其他行业相比，农业工薪就高；而小麦一价廉，农业工薪水平就锐降。如果我们记住的是某种物品的所谓的"市场价格"，也即某种物品的供给量在既定条件下的那种即时价格，那么，这种价格也就成了我们所称的按小组分配的主导因素了。例如，如果钢铁售价高，那么，生产钢铁的那个小组也就获得了巨额收入。此项收入最终在该小组内各方面之间实现分配；至于工人得多少，资本家得多少，还有雇主得多少，这个问题我们暂不提出，这要由小组内进行的最终分配决定。按小组分配，是社会收入的一种初步分配，是涉及各行各业的分配。社会收入初步分配的价格取决于各种物品。农民希望小麦价格高，矿工希望矿石价格高，如此等等，是价格决定这些小组的收入。

全社会的巨额收入——有待分配的——实际上都是由具有某种用途的具体物品构成的。其中大多数都是消费品，它们是用于满足零售商店的备货待售需要的。这个日杂消费品储备，要以某种方式分成几份儿，不论是工人还是资本家，他们都可以从中得到一部分。绝无物品制成且已陈列待售后才开始并完成决定分配的条件的情况的。假如在物品储备准备就绪、消费者立等可取前，每个工人、资本家都能获得多少这一点都还没有作出决定的话，那么，分配也就只得根据某种随心所欲的规则而且就由国家的某个官员付诸实施了。但是，实际上已经定好的分配条件，是物品的生产处于进行过程中就定下了的：商品，的确是尚在制造中就给予分配了。

这样一种备用的商品存货总量的形成，是有计划有步骤进行的一个综合过程。一个小组的生产者制造物品甲，另一个小组的生产者制造物品乙，再一个小组的生产者制造物品丙，如此等等。物品甲售出所得的收入总额，在制造该物品的小组内分配；物品丙售出所得的销售收入，按同样方式在共同制成该物品的那些人中分配。成品的价格于是完全决定各小组的收入。这几个小组也以同样严格的方式，分成若干个小小组。这种小小组吸收农民、羊毛商人、制造商、染匠、布商和裁缝等，做成一件件外套。各阶层的人们各自组成小小组，各小小组又都从那个大组那里得到任何情况下都视价格而定的一份。如果羊毛昂贵，则牧场主就兴旺发达；而如果羊毛价格与布匹价格差幅大，那么，制造商就红火。决定各小组和各小小组收入的都是时价。

不过，这些价格调节手段中，没有一种是直接决定工资和利息的。这是分配的最后一个且也是关键的一个组成部分，它发生于各小小组内，是构成必须完成的第三次也是最后一次分配的。属于农场主、制造商等等的那几部分的收入，还得进一步加以细分，因为有一份是必须归属于每一个工人和资本家的。但是，这最后一次分配就不继续进行了，因为上述种种常规一些的分配，只不过是按照制成品销售量作出的分配而已。在这里，是包含了更为精细、难度加大了的种种调节在内的。现在，我们还得清楚地考虑到，进行可用商品存货总量的分配所取的那种系统方法，是遵循每个生产阶段进行时它所取的那种方法，以及它在决定交换价值中所起的作用的。这一分配分三个不同的阶段进行。社会收入需作一次分配、二次分配以及最后的一次再分配。首次分配决定各行业小组的收入；第二次分配决定各小小组的收入；最后一次分配调节全社会系统无数个小小组的工资和利息。各小组和各小小组所得的份额都完全取决于商品的价格，由此可见，是时价的决定导致了*按小组*分配条件的那种调节。

$$A'''\quad B'''\quad C'''$$
$$A''\quad B''\quad C''$$
$$A'\quad B'\quad C'$$
$$A\quad B\quad C$$

例如，令 $A'''$ 代表某种制成品，如面包；令 $A$ 代表原料，该原料系由地里长着的小麦制成；$A'$ 即可代表经脱粒而后运往一家面粉公司谷物仓库的小麦；A″代表磨成面粉的小麦。依此类推，B 和 B′等等代表的是另一种商品，比方说，处于几个提升阶段的毛料衣服；而诸 C 系列又是代表一种商品。所有的 A 构成一个大组的产品。A‴的价格决定其所有小组的收入的规模。B‴和 C‴的价格决定制造它们的两个小组的总收入。类似地，A″的价格与 A‴的价格之差，决定了把一种产品变成另一种产品的那个小小组的收入。在此例中，此差价为烘烤业的毛收入。以同样的方式，A′与 A″的差价决定了磨粉业的收入，如此等等。*由此可见，整个系列中每一个小小组的收入均直接取决于价格。*

但是，探究这种市场价格的一个宗旨，促使我们思考称为"自然的"或"正常的"价格的概念。这类价格是用货币表示的价格，从长远的观点来看，市场价格往往会与这种价格趋于一致。换句话说，这些常态价值也是分配现象。这是因为有某种在按小组分配领域起作用的因素，是这种因素确立了市场价格往往会与之趋于一致的正常标准。我们刚才指出，市场价格决定各个小组的收入，情况也的确如此，而且还在分配的几个早期阶段控制着分配。现在我们必须指出，还有一种更深刻的因素在分配中起作用并控制着正常价格。市场价格是按小组分配之因，正常价格则是某种分配现象之果。自然或正常价格的调整是分配过程的一个组成部分。那几种使价格成为"自然的"变动，实际上是由获取其收入的若干自然份额的各色人等所作出的种种努力。

劳动和资本投入一个行业时形成的产量和收入，与投入另一行业时所形成的一样多时，价格也就处于自然水平了。正常价格，意即工资相等、利息相等。如果小麦、羊毛、铁、木材等等的价格，莫不如此，乃至只要离开生产这些产品中的某一个行业，转而全身心献身于制造另一种产品的某个行业的工人或是资本家，那便谁都不可能获得增强了的一种生产能力，此时，这几种商品中每一种商品的价格，就都会是正常的了。

人们熟悉的自然价格的定义是：与生产成本相一致的价格。经济学家向来都是就凭想象力置身于企业家的位置上的，把自己付出用于制造某种物品的钱看作是成本，又把他销售该物品之所得看成是投资收益,这是他们的习惯。按照这种设想,竞争的趋势就会是使价格降至投资收益等于成本的程度。但是,这是对正常价格规律所持的一种利己主义的不全面的看法。这种看法是,该规律一出现,就会向创造财富社会活动中的某个人展示这种规律;另一种普遍的看法则是,该规律一出现就把它展示给了整个社会都在他的视野之内的一位学者。诚然,各种物品的正常价格都等于成本,这完全正确。但是,其所以如此,原因并不在于该行业的地方性:这与发生在制造该商品的这个小组内的一切都无关。我们要说,使棉布取某种自然价格的那种影响,是在整个生产体系范围内起作用的一种影响。事实上,使任何一种价格都成为正常价格的,正是某种具有广泛性的社会趋势。有关正常价格规律的这种传统说法固然并非不正确,但它使人产生误解,因为这种说法偏向某一方而且是不充分的。它是按照一个企业家的观点描述事物的,而不是按照一种社会观点描述事物的。

我们在对这个问题进行更充分的研究时就可以明白,销售的一切都是旨在如数获取相当于已经作为成本——包括作为成本要素的利息和管理人员的工资在内——投入的这样一个金额,也就是把各行各业的各小组的利润总额按比例拉平,或者使各小组的单位生息资本等量于单位生息劳动。由此可见,成本价格等于提供等量收益的那些价格。

检验并确定这种价格是否正常的是比较收益,而不是任何一个小组的收益。例如,小麦的现行价格是这样的一种价格,按照这种价格,以致提供得了比另外某些行业所提供的还要多的单位资本的产量:它高于自然标准,而且,即使各地工资和利息都很高,但企业家抵补生产成本之后也还是一无所获。假如这种结果会导致从其他行业中把人与资本用于种植这类谷物的话,则这种经营就会把现有的所得减至零而宣告结束。只要没有其他原因搅乱按小组分工中劳动与资本收益能力相等的这种情况,价格就会趋于正常。正是由于其时实现的价格会导致各行各业的各小组收益均等,才会导致价格趋于正常。该词实际上是意指按小组分配,是处于某种自然状态的。任何地方都是单位劳动产量相等、单位资本产量相等——这是提供物品自然价格的条件。巧合的是，这一条件还导致了业已定义为成本价格的这一术语。

因此，当人们再无从一个小组换到另一个小组的动机时，也即按小组分配正常时，价格才是自然的。这就须是劳动和资本在各行各业中作如此分配，以至于既不存在某种产品生产过度，又没有某种产品生产不足等类似情况。总之，社会必须如此指导其生产力，以生产出恰好数量的产品。各种具体物品的产量都必须处于正常水平，以期其价格可能归于正常。使产量达至这一自然状态的影响，源自工人和资本家此举，也就是离开原来的小组，投身于产品价格高的小组，获取可能得到的任何特殊利益。这显然是按小组分配的结果。这样，源于分配的影响，导致了交换价值趋于正常的状况。那么，经济学四大传统分支学科内，交换价值研究应设在哪里呢？这一现象本身就与交换直接有关，其近似原因是生产状态，支配它的最终影响则是分配诸因素的一种作用。

市价研究显然属于分配科学。从表面上看，控制发生于不同小组间或各种行业间的分配，它是通过市场价格来完成的。不过，这种价格是瞬息万变的，而且是围绕着某几种更持久的标准波动的。按小组分配变成正常的——使各行各业的工资和利息都接近于相等——这种趋势使价格趋于正常标准。

那么，在交换这个标题下还要讨论些什么呢？那就只有物品的实际交换了。这个过程导致人们在各不相同的小组中进行角色分类，而每一类小组在社会生产过程中都有可能发挥作用。交换决定了工业社会组织的形式。商店向我们供应的每一种制成品的背后，都有着分门别类的一系列专业生产者，其中的每一个生产者都依次参与制成品的研制。诚然，从事生产的那种社会组织是错综复杂的，但使之成形的那些原则却又是简单的。这些原则是交换理论的研究对象，而交换理论则是工业社会的组织理论。当我们考察社会由以构成的那种小组制时，我们就会认识到这种说法的全部含义了。此时，指出交换逐次使工业分门别类就够了。交换调整工业在小组和小小组中的支配力，这种支配力的作用则由自然规律决定。

此外，对各种生产要素所进行的一切配置——即置某种劳动和资本于这里，又把他种劳动和资本置于那里——显然都是一种社会生产现象，是社会生产组织的一个组成部分。这是对生产力作出的某种安排，是把生产力置于它们所能发挥最大效率之处。事实上，除消费外，一切经济活动莫不属于生产范畴。交换，无非是各个小组生产的典型特征而已。在此标题下，我们还要描述各行各业的小组制。我们已经注意到，决定各个小组规模以及各小组将创造的物品总量的就是在分配中见效的某种影响。如上所述，采用小组制，是既能防止某种产品过量生产，又能杜绝另一种产品产量不足。这也是那个无所不包的社会生产过程的一个组成部分。

还有一种而且是更为重要的一种分配，是属于生产范围的分配。与价值相联系，对其所作的研究产生了一种价值科学意义上的分配，这是全面发生于各种不同行业之间的分配。例如，小麦高价，促使小麦种植业成了一种报酬丰厚的行业，因此，共同种植小麦的工人、资本家和企业家这个小组集体得以拥有巨额收入。这巨额收入中有多少分配给工人呢？资本家得到多少呢？企业家又获得多少？这正如我们所指出的那样，这些都是涉及另一类分配问题的。在各行各业内都有这最后一种分配要进行。作为一个整体，各个小组的报酬定下来之后，这笔总数就得在其内部，在对该报酬提出要求的人们中间进行分配。而这是社会收入分配的最后一个环节。

在发生于各小小组内部的最后一次分配——把其中每一个小组的总收益都分为工资、利息和利润的这一分配——中，生产规律起支配作用。就自然规律是正常的情况而言，劳动往往就会把它独自生产的部分归于它自己，资本也是如此。帮助农民种植小麦的工人，自然得到了小麦产量中单独归因于他付出的那一部分劳动的价值。这一说法须有证明予以证实，而且会得到这一证明的；但这一证明必须体现现状，我们将它作为一个论点留待后面的研究中予以证实。现在已经清楚的是，如果是应予证实的话，那么，整个分配以及交换就都应包括在生产财富这样一个有组织的过程之中。弄清楚社会产品错综复杂的关系，穷源溯流，分配这个问题就会得到解决。这是一种分析性的研究。这种研究逐步上溯到那种综合而后又汇总很多不同的事物中,则大量可用物品的社会总收入分配额也就形成了。这种研究,首先追溯各小组在所创造的那个总额中各自所占的份额;接着是追溯各小小组各自作出的那部分贡献;最后再使劳动和资本分别享有创造小小组产品中各自应得的份额。

因此,有组织地采用某种社会方式继续着的各种经济过程,我们现在都可以把它们汇集成这门综合的生产科学。于是,这些过程看来是不见得有相继分离的情况的,但在各种传统理论中,它们却都是视为各不相同的科学分支的。例如,在制鞋厂工作的是一名男子日挣2美元。在这里,且让我们把他的工资额作一说明。他是一个小小组的成员;而我们首先就得对社会对各个小组和小小组作出的系统安排进行说明,这些小组和小小组是相互交换产品的。在这里,我们要用专业术语来狭义地、精确地讨论一下交换理论。在论述交换时,我们其实也就开始了有关生产的讨论了。这个人所得的是他所在小小组所得的一部分;而这一部分是按小组分配规律——市场价值规律——决定的。不过,市场价值取决于所生产的各种物品的相对数量;也就是说,市场价值是取决于相对的小组产量的。不过,如果我们就这样尝试追溯小小组收入起因的话,那么其实我们也就还是停留在更一般的生产科学基础上了。实际上,我们是想要追溯这种小组收入的起因,该制鞋工人的工资是从小组收入中获得的。当我们已经发现作用于该小组收入的影响时,我们就必须弄清楚,那项收入中该制鞋工人所占的份额为什么是一天2美元。这就将把我们引向对具体生产的某种深入研究。首先,我们务必证实该工人工资是否与他独自生产的相等;其次,还得探明是什么决定他生产的产量。此系最后一个阶段的分配研究,但它也是有关生产的一种研究。因此,在调查该制鞋工人劳动而付2美元工资之原因时,我们是在部分地研究四个传统学科中除消费外的每一个了,不过,我们始终是在社会生产这个学科内进行的。

只有消费依然还是一种个性化的过程。粮食,我们固然是合作生产的了,但我们还是各吃各的。社会生产我们需要穿的衣服,盖好我们的住房,等等,但我们一旦得到衣服,我们就自行各穿各的,居住我们也同样是各住各的。不过，社会还是对我们的自然界起反作用了，而且改变了我们的必需品且使之成倍增加。各自消费时与他人有所分享的愿望，甚至有可能使消费某些产品的这一过程具有了某种集体性。例如，我们享受一块儿吃饭的乐趣，我们很多人一起听音乐、听演说，分享其他人到来后在一起的快乐，但在物品消费上，则又不存在与物品生产上出现的那种合作相似的合作。没有明显的小组制，没有诸如劳动和资本一类的生产要素的合作利用。产品着手解决的是个人的感情。因此，消费是社会经济的个人独特组成部分。

但是，要是我们看一看人与人之间的关系，我们就会发现，生产和消费并不处于同一水平。一种是集体活动：要是不加组织，那就一事无成；另一种则是个人活动：它存在于每个人都使用社会凭借其错综复杂的生产体系为他所制造的东西。按照某种精确的意义来说，这一个过程是社会经济的一个组成部分，另一个过程则不是社会经济的组成部分。

要是我们看一看人类与自然的关系，我们就会发现，生产和消费是完全协调的，其中的一方就是另一方的倒转。一种状况下是人类作用于自然，另一种状况下则是自然作用于人类。在土地上耕作，因而你有了粮食，因而你通过作用于自然形成了某种财富；但这粮食通过作用于你，又使你衰弱了的组织得以复原，使你丧失了的精力得以恢复。人类创造财富和财富创造人类，两者构成了整个的人类经济活动。在此过程的前半部分，是人类持主动的和进攻性的态势，而在后半部，则是取被动的和愿意接受的态度。在最简单的生活方式下，这两个过程是发生的仅有过程。孤身一人生活的原始人，会杀死猎物并吃了它；他会做衣服并穿在身上；他会作用于自然并承受自然于他的反作用，而那就构成了他的整个经济活动。他与交换和分配全然无关。实际上，假如我们就视之为一个单位的话，则这就是一个经济社会所能做的。他生产食物、制作衣服、构筑住处以及制成一切能使他舒适愉快的东西，而且均归自用。实际上，这一切都是他安排和有序地制成的，而享用则又是任意而为的。伴随这一切的是称为交易和分配的过程；而生产和消费却使整个经济消耗殆尽；不存在超出这一切的财富现象。

这些都是一着手分配研究就必须认识到的事实。从着手这项研究直至到完成为止，社会生产这个领域我们都须臾不可忽略，交换这个还要偏窄的领域也不能从略。价值通常是已在交换部分予以论述了的主题，但是价值理论和按小组分配理论则完全是一回事。

# 第3章 分配在经济学各自然分支学科中的地位

现在我们可以指出有一种划分经济学领域的方法，采用这种方法，我们既能研究分配，又不至于淡忘分配与交换、交换与生产的关系。在社会经济学领域，共有三种各不相同的因素发挥作用。如果我们分别研究这三种因素，则我们就能把经济学分解成三个分支学科，而且其间的边界还是天然划清的。人类通过生产改变物质，物质通过消费改变人类。这些过程无需借助于由人类安排的任何组织的作用，人类无非是施加影响进而受到影响而已。这一切都可以由独自的个人去完成，或是由共同生活在一起的很多人完成。这些生活在一起的人们，既有谋求保护之意，又有旨在享受一点点交往之乐趣，须知其时是不存在任何产品交换制度的。让每一个人都生产而后消费自己的产品，某种经济生活也就无所或缺了。

这样一种独具特色的生活，建立了人与自然的直接关系。人人都为自己开拓了一部分物质领域，进而人人又都得到了自然界经开拓后所能提供的直接服务。在这些条件下，没有掩饰人们与地球始终保持的关系，对自然界的明显依赖，与其他人之间的明显的相互依赖，这就是每个人经济生活的规则。从地球提供的原材料那里，每一个生产者都创造自己的收入。既然已与此过程联系在一起了，那也就不存在什么分配问题了。

不过，在此种使人人都与自然界面对面的生活方式下，也就有了更属基本层次的即所有经济学规律都发挥作用的余地。例如，这里有原始森林中的狩猎者，他们既把动物之肉变成食品，又把动物的皮毛变为衣服和住处。他们这是在创造堪称财富的东西。这种东西具有现在源源不断涌向现代城市商店的财富的那样的本质性标记。他们使用资本,而且把固定资本和流动资本全都包括于其设备内了。他们的消费自有其规律。他们的酋长是一个需要一切消费品的人。对他们的酋长而言,某一种物品既不能生产和使用过多,而另一种物品又不能生产和使用过少;要是他们创造的财富是要使这位酋长诸事顺遂的话,则他们就必须防止出现有的人吃得过饱而另外的人又吃不饱的情形。

于是,这就有了一整套清晰的经济规律了,这些规律的作用并不取决于组织。这些规律是带有根本性的,我们得指出它们是万能的。它们既在先进国家经济中起作用,也在最原始国家的经济中起作用。财富无论在何处都有同一区别性标记。对它的生产和消费,总是受制于同一个一般条件。因此,首个经济学自然分支学科,应该体现财富的普遍规律:该自然分支学科应该讨论生产的更一般规律以及所有的消费规律。

第二系列的现象可溯及另外一组因素,这组因素源自人与人之间的关系。但凡人们开始交换产品之处,这种关系就起作用了,就因为这一点,社会才组成了一个又一个的小组或是特定的行业。令有的人生产粮食,另外的人盖小屋,然后相互交换产品,而非一般经济之规律所能说明的情况发生了,这些规律是解释人与自然的直接关系的。交换要得以实现,则非有价值的决定不可;而正是这些价值,它们决定了按小组分配的条件。

在每一个小组或每一个具体行业内,都出现雇主支付工资给劳动的人以及支付利息给提供资本的人的时候,社会的组织进一步扩大了。按照该术语的某种概括性定义,分配是由具有创造财富的能力的一类组织引起的。论述分配的这一经济学分支学科,应首先论述取决于交换的按小组分配,然后再论述最终分配,因为它发生于各小小组内,它决定各小组的所得之工资、利息和利润。经总括的构思,确定了须内含有关按小组组织制及其产品交换的这样一种说明后,才能将分配科学包含在经济学的社会规律内。这样一门学科从对行业的小组制度作出说明起,就开始发挥作用了。它为小组与小组之间进行买卖的条件作出说明，而且指出，作为一个整体，各小组的收入是由什么决定的，然后，该学科说明在这种方式下某一个小组全体所拥有收入的情况。工人得到该小组所得收入的一部分，资本家得到其中的一部分，企业家得到所剩的全部——要是还有所剩的话。总而言之，社会作为一个整体成为生产者时，所产生的这些清晰易辨的社会关系，就都可以按照这一标题加以论述了。不过，该术语不能作为一门分支学科的名称，要是这样用了，它就含有了这样一种概念，即按此名称所作论述的既非生产也非交换。分配是这样一个过程，就其所具有的完整性而论，是包括交换在内的，但这一交换又是属于生产内部的交换。因此，把经济学的第二个分支学科描绘成分配科学，这就不得当了。因为在公众看来，生产和交换有差别这一意思，是与该术语连在一起的。当我们获悉由于发生于人与自然之间的作用与反作用所致的后果时，我们接着就得深入弄懂，由于人与人之间的关系进而又发生了什么。

业务性质丝毫不变，而生产继续有组织地进行，这是可以想象得到的。一直到最后，人们自始至终就生产同类物品，而且就按同一加工方法生产此类物品，这会变得司空见惯。他们使用的工具，还有原材料，也可能从来不变；而且就连所在行业能够形成的财富总量，不管结果怎样，他们也可能不加改变。情况如此，人们就可以把社会生产视若停滞了。社会经济处于这样一种不变状态之下，分配无论怎样难乎为继，也还会起作用。各小组还会交换产品，而且每一个小组都会凭借各小组产品的价值谋求集体收入总量。农产品价格应当决定农场主的收入，而矿石价格则决定矿主的收入。作为一个整体，各小组的收益会在构成一个大组之下的小小组间加以分配，然后再采取某种措施，把所得收益分为工资、利息和利润。

我们称作价值的"自然"标准，或者工资、利息和利润的"自然"或正常的费率，等等，实际上也就都是静态费率。这种费率与一个组织严密、不存在进步所引起的混乱的社会中出现的那种费率是完全一样的。与古典经济学家所意识到的相比，此类费率与一种彻底研究关系要密切得多，这种研究就是他们所称的自然价值的研究。

把社会归结为一种稳定的状态，使各行各业一如既往地完全自由地存在，使劳动和资本具有绝对流动性，它们不只在行业间自由流动，而且在与李嘉图的研究中一样合乎情理的理论世界中也具有流动性，那么这就会有一种自然价值体系了。这些价值是各商业城市商店费率一直波动不止的价值。还会有一种自然工资和利息的体系。这些体系是各工厂、田地、矿山等等的劳动和资本的薪金额始终据以上下波动的标准。就这一点来说，自然的、正常的以及静态的等等词都是同义词。经济学中描述价值、工资和利息等标准的这一分支学科，应该有意识地呈社会静态经济学理论的形态。这种理论，当论述若不发生生产方式改变等等大的干扰就会继续存在的分配时，此类干扰是永远导致行情偏离在古典经济学中是合乎情理的那种自然标准的。

不过，这种静态状况是想象中的状况。一切自然社会都是动态的，我们必须侧重研究的那些社会尤其如此。历史上的理论研究是凭想象创造一种静态社会的那种研究。就现实世界来说，持续不断的变化，时时都在把劳动和资本从一种职业中推出，又推进到另一种职业中。在各行各业中，这种变化一次又一次地既改变生产方式，又改变产品的种类和产量。然而，这并没有否定静态理论得出的结论，因为静态规律毕竟是现实的规律。在理应保持某种固定形状且不得不以某种固定方式在世界中起作用的那几种因素，在变化了的现实世界中仍然起作用。我们总可注意到它们与其他各种因素一起发挥作用，但我们又必须把它们想象为单独发挥作用的因素。我们把它们分别加以研究，就是为使我们能从中了解在动态社会中发生的变化。为了达到这个目的，我们设想了一种静态社会，进而把这种孤立方法冒险地和迫不得已地付诸应用了。

然而，仅仅由于疏忽，这才出现了那种与现实社会的动态状况不相符的想象的和静态的状况。一切在不变的世界中会起作用的因素，都不仅仅会在变化的世界中发挥作用，而且甚至还会是那种世界的主导因素。它们不仅使价值原原本本地维持着自然标准，而且还使之围绕那些标准波动；它们还使实际工资和利息始终相对接近于自然费率。

至此，我们说明了经济学两个分支学科的界限。第一个分支学科论述普遍现象，第二个分支学科论述静态社会现象。先论述不论人类是否组织起来都起作用的那些经济学规律，接着再研究取决于组织但不取决于进步的那几种因素，最后必须研究促进进步的那些因素。除社会处于静止状态所发挥作用的那几种因素之外，我们还得加上社会陷入变动和混乱状况时才起作用的那些因素。这就使我们有了一门社会动态经济学。该学科将使在我们的理论中合乎情理的这种社会呈现类似于现实世界的社会中所具有的那种状况。它将提供一种静态理论公开或有意置之不理的东西——改变生产方式和影响社会自身结构的种种变化。对这些变化的研究，是第三个经济学自然分支学科的内容。

需求正在变化之中，因而需要生产的财富的种类也得随之变化并进而予以改变。新的机械生产方法正在使用，机器取代手工劳动，高效率机器淘汰质次机器；新的动力投入使用，新的原材料得到利用了；人口增长并迁移，随之带走了部分新增财富；大型工业发展，从而挤掉了小型工业；地球上到处都是人而且处处是财富。不过，这些变化中，没有一种是有助于阻止静态因素发挥作用的。就此而论，种种变化合在一起也是枉然的。无论自然价值规律还是自然工资率、利率和利润率规律，都丝毫无损。不同的一组因素与静态因素共同发挥作用，实际价值、工资等等就是这两类因素共同起作用的结果。在着手动态现象研究时，我们的理论是自我完善了，所得的结果是使我们的理论对现实中的世界作出了充分的解释。要是构筑理论上的动态世界的该理论，不独是有根据的而且还是彻底的，那么，这个理论上的动态世界就的确是宛如现实世界的了。就像存在否定种种理论结论的影响一样，这个理论也包含摩擦和失调等因素，这是企业家身感实受了的。假如将理论上的动态世界的研究进行到底，其所得结果谅必就会填补迄今为止一直存在的这么一个空白，即一门经济摩擦与失调学。

就方法而论，就像李嘉图学派的理论一样，动态经济学理论也必须使用演绎法。它必须以静态经济学的假设为基础，静态经济学的结论，我们注意到，是毫不妥协地实现了理论化了的。然而，现实主义是动态理论的显著特征。动态理论在其理论观点领域，就包含这样的特征，这些特征是使某种演绎经济学全面诠释现实世界所需要的。

在竞争裁决何种价格波动是由静态因素决定的，以及何种价格波动是由动态因素决定的世界各地市场，实际价格就像钟摆时而在一条假想的垂直线的一侧、时而又在该垂直线的另一侧那样，时而高于标准又时而低于标准。该垂直线会与钟摆静止不动的那个位置重合，要是它仅受静态因素影响的话。诸如此类的摆动之所以出现，应当归因于动态因素的影响，而且这些动态因素是可以计量的。诚然，我们先得了解静态因素之性质以及在唯静态因素起作用的情况下它们会使钟摆所达的位置。价格围绕自然工资的波动只有采用某种类似研究方法时，才能给予说明。自然工资、利息以及由实际费率所显示的这些标准的波动，莫不如此。静态因素决定标准，动态因素则引起种种变化。

不过，这并非动态因素的最大影响。我们在对实际价值、工资利息对自然率的偏离作说明时，我们并不了解有关它们的最重要的情况。我们可以注意到，这种动态因素创造出了静态因素能够发挥作用的新条件。在这些新条件下，自然价值等就与在原有条件下不同了。例如，棉布价格，当此织物为手工织品时，它是完全自然的，可一旦成为机织的时候，就远非自然的了。棉布的正常价格，因为有瓦特、哈格里夫斯、阿克赖特以及克朗普顿等人的发明而降低了。在这些人着手纺织机械研究并取得成功前，棉布价格的波动约达一个自然标准，其后则是约达另一个标准了。类似地，由于深远的动态影响，工资的正常水平也提高了，而利息水平则降低了。无论什么时候，都会有由静态因素决定的某种价值、工资和利息标准。此时，实际费率围绕这些标准的波动系动态原因所造成的。再过些时间就可以发现，这些标准自身也经历某种变化，这些非比寻常的影响，是都可归因于动态因素的最重要的影响的。实际上，失调和变差理论是经济动态科学的一个组成部分，且是最重要的组成部分，它可以说得上是一种进步理论。如果有重要一些的经济动态因素继续发挥作用的话，那么，到了2000年，世界的正常财富数额就会比现在的还要大，而工资的自然水平却比现在要高很多。

　　现在，我们面临着经济学三个自然分支学科的划分。其中，第一个分支学科包括财富这一普遍现象。任何东西要是在社会发展的条件下获得和使用财富的过程都是适用的话，那么，它就属于这一分支，这就是物资。第二个分支学科包括社会静态经济学，主要是指在财富方面，如果社会是有组织的，如果在其组织形式方面或其行为方式方面不发生什么变化的话，那么进一步还会发生什么呢。第三个分支学科则包括社会动态经济学，讲的是，由于社会在形式和在活动模式上都正在改变的这一事实，进而就社会的财富和福利而言，还会有什么进一步发生。

　　如果我们想指出与四个传统分支学科有关的相类似的三个分支学科，那么我们还得讲一下论述普遍经济现象的第一个分支学科，它包括自然置于导言性分支学科内的基本概念和事实。不过，这一分支学科也可看成是包括所有有关消费的必要的讨论。既然这是一种个人的独特的活动，那么有关它的基本规律，在所有社会条件下也都是相同的。第二个分支学科，讨论已在交换项下一起予以论述的价值、自然或静态工资和利息，这些均已在分配项下共同讨论过了。第三个分支学科，专用于论述生产的动态，包括价值和分配的动态的整个变化。而且，由于人类需求变化构成消费的动态，因此，这种变化的结果也就被作为一个要素，纳入该分支学科论述的材料里了。这里提出的这三个分支学科尽管相互关联，但却是各不相同的。第二个分支学科从其数据中采用了在第一个分支学科中论述的事实和原则；第三个分支学科则以假定第二个分支学科阐述过或假设过的一切开始。就四个原分支学科来讲，\* 其中的三个都无望得以彼此融合；而且，四个分支学科中没有一个是精确到与我们所称的三个分支学科相对应的。①

---

\*　这三个分支学科各不相同。这四个传统分支学科相互融合，与这里建议的这三个学科绝无重合之处。（因篇幅所限，将此边注置于此。——译者）

①　要是"静态分配学"这个名称已在使用中，而且所下的定义又是很笼

动态经济学所促成的这个新的研究领域，是一个富有成果的研究领域，这已经是毋庸置疑的了。要是在这里以某种更为详尽的方式，说明用一种社会经济进步理论解决某些问题是可行的话，那么，就事实这一点，还会变得清晰起来。需要加以解决的问题中，有涉及经济变化能给人类带来收益的种种可能性的。这些问题，就其实质来说，都是新的问题，因为流行的经济研究方式，迄今为止，一直尚未把它们逐个地给离析出来，使它们一目了然，而且提供解决它们的数据资料。这个理论不是没有提及进步的，它自身就是创立于整个学科据以分成生产、分配、交换和消费这样一种四重区分的既古老而又令人困惑的一种方案的基础之上的，但它不可能解决进步提出的那些问题。这是因为静态规律知识作为动态规律知识的基础，它是不可或缺的。就以力学来说，但凡静止的力都必须未等弄懂运动的力之前就了如指掌的。

---

统的，则在其所论范围上，这个名称看上去或许会与建议采用的三个分支学科之一的第二个分支学科有重合之处；而要断然去除此类疑虑，则又得给该术语，即分配，附加涉及面广的意思了。因为既然如此，该术语就得包括这样一层意思，即社会生产的组织就得细分为单个的小组了。

| | 原始的 | |
|---|---|---|
| 静态的 | 1 | 2 | 动态的 |
| | 3 | 4 | |
| | 社会的 | |

用两条相交的线划分，得到的是四个分支学科，而不是三个分支学科。对经济生活每一种可能的用语的论述，是要求我们研究附图中专业领域1，也就是原始静态经济学，然后是专业领域2，也即原始动态经济学。要是其后我们要开始研究社会领域，我们就该立即研究专业领域4，也就是社会动态经济学，而且应该不考虑必不可少的社会静态经济学这一分支学科。由于我们的全部目的就是要弄懂动态社会工业的规律，因此仅包括1、3和4领域也就达到我们的目的了。

# 第4章　一般经济规律中分配的基础

　　本书首先提出的供讨论的静态分配规律，是按照我们的定义，在经济学三个自然分支学科中属第二个分支学科范围内的问题。在这里要提出堪称自然工资和利息理论的一种纯理论。本章不作统计研究，而且也不详述引起交换的种种实际过程。货币和银行、税收或者旨在影响分配条件而采取的政治性行动，都不加讨论。

　　按照广义理解包括交换规律在内的分配规律，特指经济学所研究的社会规律。因为对社会组成各种生产小组作出解释，以及就各个小组分别由工人、资本家和雇主等阶层构成提出理由的，就是这些规律。这些规律还要就这里所说的各个小组和各个阶层的相互交换加以说明。静态规律为各经济小组的收入以及各经济小组内部工人和资本家的收入提供据以趋于一致的自然标准。动态规律则反之。它首先对实际收入与这些自然标准呈现的变化程度作出解释；其次是就那种缓慢和稳定的变化作出说明，这种变化是随时间的推移发生于这些标准自身上面的变化的。

　　当前的自然工资与一年后的工资是不会相同的。如果社会按照某种正常方式发展，那么，未来的工薪标准也就会稳步提高。随着发展继续，实际工薪率会与提高中的理论标准相一致，但它的增幅则小于理论标准的提高幅度。工薪标准据以提高的速率和决定实际劳动薪酬偏离工薪标准的程度的影响，是某种动态分配理论的典型主题；而且在这些主题中，就本书所讨论的其中的任何一个主题来说，它都将进入理论经济学的第三个自然分支学科的领域。包括静态分配理论和动态分配理论在内的整个分配理论，即使不会等于某种完整的经济理论，但至少也会在其中的第二和第三分支中占有绝大比例。不过，社会动态经济学的这一领域还属于整个经济学领域中的处女地。如果本书确定的计划——实现了，那么本书就会在适当的时候继之以另一项研究，此项研究当是专论动态规律的。在本书中要阐述的是"自然的"——或者更为准确地说是静态的——工资、利息和利润等的标准；动态的变动则着眼于讲清楚某种真实富有活力的社会的各行各业受静态规律支配这一事实，不过，它只是以最简略、最一般的方式作些描述而已。现实世界的工资尽管有急剧变动，而且是与理论规律的作用相抵触的，可实际上还是围绕着静态标准上下波动的；围绕这些标准的变动自身，就受这种规律支配。尤其要知道的是，使人与自然面对面，而且使人依附于他能直接为自己生产的产品的，实质上还是这种最复杂的经济规律。

如果一开始我们就假设经济学的普遍真理都是已知的，那么，在论述一般经济理论的第一个分支学科时我们就应该完全不加考虑，而径直开始第二个分支学科了。实际上，适用于一切工业寿命的原理，基础专著中都已有详论，虽然这些专著都是注重阐明有组织的社会的经济的。这样的专著从未以这里所建议采用的方式对经济学理论作过划分，而且也从未以标志它们与取决于社会组织的那些事实和规律的这样一种区别描述过该学科的普遍真理。不过，就这些真理而言，我们已经作了阐述，这就使我们在对经济学的社会规律讨论中，不必一开始就详述很多更为一般的规律。我们知道何谓财富，财富分多少种，以及在财富的创造上又都有哪几种因素起作用。我们记住了劳动和资本的定义，以及固定资本与流动类资本的一般区分。我们熟知所谓的报酬递减规律，按照这一规律，处于耕作中的土地赋予劳动和资本的报酬是越来越少的，而用于既定土地面积上的劳动却越来越多。我们知道基本的消费规律。总而言之，我们掌握着一套原理，这套原理虽然尚未与某种独特的社会经济的原理分开，但是有了这套原理，我们就能研究社会问题，而且无须有关这些问题的某种冗长的介绍。[1]

---

[1] 请读者参阅：约翰·穆勒、亨利·福西特、西奇威克和马歇尔的英文原

不过，经济学的若干一般问题迄今尚未以奠定分配问题研究基础的这样一种方式予以论述。情况如此，我们就不得不作属于经济学分支的一般导言性论述了，要是真有这样一个分支的话。此外，就遭质疑的几个论点来说，我们还必须持有一种鲜明的立场，以及提出这样做的理由。

说也凑巧，在早些时候出版的一部著作中，该书作者就以这种方式介绍过若干财富的一般规律；而采用这种方式，就是旨在使这种规律与在这里要介绍的这种理论相一致，以构成这个理论的绪言。① 不过，对这些规律所作的那种论述还不全面。再说，那部著作也并非以用作本书的一种适当的导言为目标予以准备的。要达到这样一个目的，尤其需要在一般经济学领域与社会经济学领域之间划一个清晰的界限。那么，这几个领域中的第一个领域又当包含哪些内容呢？

我们曾经指出，经济学的普遍规律决定人类与自然的关系，而社会规律既已纳入了分配理论，那它就势必取决于人与人之间的关系。这一条普遍规律谅必能够指导我们确定一般理论中的一个首要分支的范围。我们说，基本的消费规律以及在不存在交换的情况下起作用的所有生产规律，都属一般理论这一导言性分支的主题。我们尤其需要知道的是，论述该主题的这样一个分支学科中所包含的有多少是必须用于这第二个分支学科的；有关经济学普遍规律的一种阐述，在多大程度上是用于提供某种价值理论以及工资和利息理论的先决条件的。

可以回想起来的是，在我们的分析中，价值的确定就等于按小组分配的条件的调整；而工资和利息的确定，则是在几个小组内所作的收入的最终分配。因此，有鉴于基本上也就是社会现象而已，从表面上看，价值、工资和利息② 也就是所提出的各个科学分支中的

---

著；具有权威性的外国专著；诸如 F. A. 沃克、哈德利等的美国国内的著作。参阅这些著作中对在其运用是通用的经济学原理的出色的叙述，虽然这些著作并没有与其运用仅限于某种社会经济的著作正式分开。

① 参看《财富的哲学》。
② 此刻未提及的利润的成因很快就会显露。参看本书第 54~55 页和第 62 页等。

第二个分支的独具主题了。但事实上却正好相反，凡是取决于交换的，第一个分支也必定概不涉及：社会的组织以及这种组织所需要的一切，都不在该分支学科的讨论范围内。由于存在这种种限制，一般经济学理论能为价值、工资和利息的研究提供任何材料吗？我们继续研究。

先不谈交换。抹杀想象中存在的那种现代社会产业制度，就等于使堪称文明的大部分荡然无存了，结果是让人们直接面对自然，因而必须凭借自己的努力和收成谋生。一应产品人们都必须自产自用。人们必须始于采集最为原始的原材料终以制成产品。情况如此，人们所得进而归己的产品，势必寥寥无几。所得的质差且不说，制作过程也势必令人尴尬。据检测，在无交换的情况下谋生的人，其开化程度甚至不如蜜蜂、蚁类、狸类等动物高，这些动物的物质生产是有组织地进行的，然而人们还得过某种节俭的生活。人们会拥有财富，而其中有的会是资本。人们的生产和消费还得受规律支配。

既然生产作用于自然，无非也就是因为自然还作用于生产者自身而已。因此，每个人的经济就都自然变成了这样一种过程，即凭借这一过程，人人都以自然原材料作为手段间接实现自我服务。这个"手段"就是财富。无论在何种经济制度下，人们都凭借手段一类的东西实现人与人之间的相互服务。在原始社会制度下，同一个人既是提供服务者，又是得到服务的人；而在另外的社会制度下，则是一个人向另一个人提供服务。不过，财富总是借以提供服务的手段。单独一个人拟自用的物品，是他的财富所呈现的具体形式；而能使它们与其他物品有所区分的那种特性，在一个商业城市，就使何谓财富以及什么不是财富有别了。

在每一个经济发展阶段，财富都是由各种有用的物构成的，而这些物的效用则是堪称*特色*的这么一类的东西。储备的各个组成部分都具有某种重要性。这一类物品可不像空气和水，不论排除多少立方码的空气和水都不至于造成危害。另一类物品其性质是这样的，即其储备一有增加，就会有人境况好起来；而储备一有削减，就会有人每况愈下，这就叫财富。可供私用的而且就具体方面来说，是有用的外界的物质性产品，就是经济商品，就是货物，或者说是财富的具体形式。这一描述既完全适用于一个野蛮人的一只小划子及其所运载的鱼,也完全适用于大西洋上的一艘轮船以及其所运载的丰富多样的货物。

如果某种物品对一个人是有用的,那么,对另外一个人来说,这通常也是有用的,因此,就其本身而言,这种物品是可以交换的。事实上,要是有某种社会经济建立起来了,它或许就是可以交换的。这种物品具有能诱使不是该物品的所有人为获得它而付出代价。深入思考为获得该物品而付出——比方说以劳动或劳动的产品的形式付出——多少为好时,这样一个人会运用读者现已都熟悉了的"最终效用"的原理。按照该术语通常的定义,它指的是一系列相似物品中的最后一个单位所具有的有用程度。给一个人物品甲一个单位,然后再给他该物品乙一个单位以及再一个单位,直至他拥有了该物品的十个单位。尽管该系列物品中的每一个单位都有可能给他带来某种好处,但是,随着他所得的该物品的单位个数越来越多,给他带来的好处量却是持续递减的,待到他得到第十个单位的物品时,他所得到的好处就是最少了。尽管某种物品或许就是财富,可它供给量中的每一个单位,如上所述,对其所有者,都必须是具有某种重要性的。我们刚才引用的这条规律,把供给量中的最后一个单位确定为重要性最小的一个单位。这就是经济学的普遍规律之一。

至于最终效用规律这个概念的完整性和准确性,要说的还有很多,现代理论把它置于了价值理论基础的地位之上。我们可以注意到,为使该理论与事实相一致,那就必须对它作某些重大修正。就目前而言,我们可以使它具有某种假设的形式并暂时就用它。假如人们真的使用多个单位的消费品,而且都是属于某一种消费品的话,要是这些商品的具体效用随着他们所得的这种商品数量越来越多呈递减趋势的话,那么,人们为所得商品中的任何一个单位所要付出的,就将都由最后一个单位的商品的具体效用予以精确测定。现代价值理论的这些熟悉的假设,如能与严酷的生活现实相一致,那么,这个理论也就解释得了现代市场的商品的价格了。这个理论是有关一种非常重要的社会现象的真正的基本原理。

区分一般经济学与社会经济学的界限,位于最终效用原理与价值理论的原理之间。我们想象的原始经济，无法检验市场的最终效用，因为这种经济没有交换。那么，它就根本不能检验最终效用吗？我们很容易发现它检验得了，而且与有组织的社会进行同类检验毫无二致。最终效用原理属于经济学理论的第一个分支，而且是在第二个分支学科的基础之上。

人们消费品的多样化总有好处。这是赋予一般消费规律的一种人性原理。原始状态的经济不可能使这种多样化的过程深入进行下去，因为它生产不了多种产品。试图有多种完全供自用的物品的一个人，会是各行各业中的一个仆人，其中的大多数会是如此贫穷，以至于作为生产者，通过产品多样化，他失去的会比他作为消费者得到的更多。仅仅生产几种物品，未开化的人即可因为某种产品生产过量，而使其为其中的任何一个人提供服务的愿望落空。某种商品连续几个单位的效用的递减会使之敏锐地感觉到，如果在一个行业工作太久，要是手头有如此多的肉产品而于自己却几无用处的话，则他可能就转而砍掉小划子，转而制作手工弓箭或是盖小屋，否则他就会一事无成。因为再一个单位的某种生产过剩的财富，是不足以维持他继续工作的。

最终效用规律决定生产者不再生产一种产品而开始生产另一种产品的那个关键时刻。人们认为掌握着钱的一位现代工人，采购时应该考虑最终效用规律，而且就把每10块钱都花在这样的地方。在这里，考虑到各种商品供应在即，这能给他带来最大好处。我们假想的那种情况下的未开化人所拥有的，不是可花费的单个的10块钱，而是可以作出艰难尝试的支出，而他也确实是按照同一原理管理种种艰难尝试的支出的。一旦他对获得某种货品的急迫心理松弛了，他就会有另一件事要做。因此，市场和价格固然是现代现象，但有关市场和价格的研究中，在专用于普遍真理即最终效用规律这门学科的一个分支中，却没有合适的位置。这门学科的这一分支是用来指导在现代市场中进行采购以及指导那位孑然一身的人进行生产的。这是经济学的一种普遍规律。

于是，在一种交换经济理论也即交易经济学与处理人与自然的作用和反作用的一种原始经济之间，这就划定了一条分界线。在分

## 第4章 一般经济规律中分配的基础

界线的这一侧,你会发现市场、价值等等现象;在另一侧,你会找到决定价值的那些消费规律。在现代生活中,这些规律调节商店提供的各种各样商品的社会需求;但在原始社会条件下,它们则控制一个男子妥善而又节约地管理他的生产力,并在能给他带来极大好处之处使用这一生产力的那种方式。对于这两种经济来说,最终效用规律都是通用的。

这不是情况的全部。一个孑然一身的人把自己的劳动从生产他现已有供给的某种东西,转向生产某种具有高一些最终效用的东西,这说明现代生活的某种特点,这一特点是处于被忽视的危险之中的。整个社会凭借价值规律所做的就是这件事。这个社会正在按照最终效用规律,把它的集体精力从一个方向转向另一个方向,市场和价值提供了这样做的机制。就把社会看成一个孤身独处的人,将其精力转向生产某种东西,直至它拥有了足够多的这种东西,然后才生产另一种东西,而你也就获得了一定的基本事实。交换经济科学使我们明白这一变化是如何实现的。

要是我们只是看处于现代状态的人,只注重他们如何相互打交道,那么我们也就忽略了基本真理了。由于个人的行为,比起社会错综复杂的行为要更简单,因此,我们必须有开阔的眼界:我们绝不能仅以某一个人为参照系,而且完全通过他的眼睛观察事物。有一个事实是无可怀疑的,这就是市场上任何一种物品的供大于求的情况,都意味着某种独特商品存在着某种社会性的供过于求。情况如此,那么社会作为一个整体,它对这种产品的有效需求,与实现了的相比,就要大一些了。然后,社会按照所示警告,凭借降价机制,把它的能力改用于生产另外的产品;而它采用的整个程序,无非也就是像一个孤身独处的人,一旦发现他对某种商品的需求正在得到满足,那他就会做他该做的。

要是我们使社会个性化,要是我们使之整个儿成为一个孤独者,要是我们泛泛地视整个独立人类为一个有机体,我们就会发现我们自己做着一个独处的人在效用递减规律下所做的事情。给市场上各种产品都确定一个价格,是这个集体机体估计其自己产品的一个重要行为。从理论上讲,它这是以整个社会作为一个整体使每一种产品价格都有涨有落。劳动和资本从其产品价格已跌的一个行业转移至产品价格已涨的行业，这也是一种社会运行。这是社会的行为，表现出这种行为是旨在节约利用生产力，而且使生产力转移到能最大化效用之处。此举的动机固然是个人主义的，但其结果却是集体主义的。每一个人都追求自己的利益，但作为其努力的结果，社会在效用递减规律的影响下，会像一个单独的人那样发挥作用。此规律本身是适用于任何情况的，而对其所作的陈述，则是属于经济学理论的第一个分支学科的，而对该规律在一个社会中所起作用的机制进行的描述，却又是属于第二个分支学科的。

最深刻的经济问题势必都与工资和利息息息相关。而工资和利息是由各行业小组的最终分配决定的。令一雇主销售产品，为其原材料付费，且使用支付工资利息后所剩的钱，于是，此最终分配完结了。不过，原始社会可不见发生这一切。销售产品而后分享利润，这把我们引向了某种先进的社会状态。一个人一应所需均自给自足，其经济有分配之任何迹象吗？把集体收入分为单份以外，肯定毫无其他一切；在社会经济中支配这一分配的原则，则还是具有一如任何条件下都会具有的作用一样。

由此可见，市场价值是一种社会现象，但是，价值赖以确定的最终效用原理，就其范围来说，则具有普遍性。某个行业小组的收入分为工资和利息，这是一种社会现象；但是支配该分配的原理——具体劳动生产率原理——在原始社会中，与在任何地方一样，也具有支配性。

*具体劳动生产率决定工资*，这就是本书要证实的论点。弄清某种产品多大的一个产量可归因于受雇从事种植小麦、制鞋、炼铁、纺棉花等等的一个单位的劳动，你也就掌握了所有劳动均趋向于一致的那种薪酬标准了。具体资本的生产率以相似的方式决定利率。弄清某种产品多大的一个产量可归因于某种工业的单个资本，你就掌握了一切利息均趋向于实现自我调节的那种标准。

这个具体生产率原理适用于经济生活的各个阶段。不过，一个人离群索居时，以及当他以迥然不同的方式生活于某种商业社会时，此原理就不言自明了。当着资本和劳动无论何处均合作时，要是我们有眼力足以明白这一点的话,那就到处都会有可归因于其中的每一个单位的一种确切的产品。一个野蛮人花在制作一只小划子上的一个小时的劳动,创造出了某种数额的财富,就他这种职业中的任何一个单位的劳动来说,情况也是如此。

离群索居并借助于工具设备生产一应所需物品的一个人,对一个单位的劳动的生产率,必须形成某种概念。他或许有一个小时可用于捕鱼,或是制作能使未来捕鱼生产率高一些的一只独木舟。一个小时可专用于采果品,或者是制作一把铲以供铲土用,从而在未来生产出充裕一些的食物来。他的时间和精力在这两种用法上进行分配时,他这是在以自己的那种原始方式计量一个单位的资本的生产率和一个单位的劳动的生产率。独木舟和铲代表资本,花费在这种资本上的时间,能在他的小额资金上增加一个单位;捕鱼或是采集果品上所花的一个小时,也能给他当天的劳动增加一个单位。相比较其中的哪一种生产率要高一些,答案要由当代社会分配基础的某种规律而定,但此规律本身则是普遍适用的。

随着消费品数量越来越少,其用处也越来越小,当其中一系列单位供给有保障时,生产资料也即各种资本,假如是某个人非用不可的,则其生产率也就越来越低了。与早些时候拥有的工具相比,人们所得到的最后一种工具的使用效率的提高幅度会是小一些的了。如果一支固定的劳动力队伍所用的资本数量是递增的,那它就会受制于生产率的递减规律。该规律决定在一定的用工设备下,在确保领导们所作指示得以落实的前提下,以撤走多少工人为宜。从岸边抛一钓鱼线捕鱼,与设法制作一只小划子捕鱼,这个两者择一,就像是爬树摘野果与设法获得一把铲以备未来建果园时用的两者择一一样。实际上,两者都是由同一原理决定的。该原理决定一个文明国家的劳动力,当从生产消费品的工厂车间撤出后,而后又投入另一制造工具、机器等等的工厂车间,其在多大程度上起作用。无论何处,劳动和资本的最终生产率原理都决定资本的积累。①

---

① 这里,对各术语所用定义,务须极其严谨。我们指出,决定工资的是**具体**劳动生产率,这意味着工薪与产量相一致;而这产量则是可具体归

现在，我们必须指出下列这一事实，即一旦与某个固定量资本一起加以使用时，呈现劳动递减生产率的这种情形就是一种普遍现象了。不论原始经济还是社会经济，此事实显而易见。此一般原理的这种说法属于经济理论的第一个分支学科，而其在某种社会状态下、在自然工资理论中的运用，则属于第二个分支学科。在本书我们必须做的，正是此项运用。

与资本相关，经济学理论第一个分支学科与第二个分支学科的界限，应划在递减生产率规律与该规律的运用之间。给某个数量固定的劳动力提供接续几个单位的资本，而其结果是无论何处，你所得到的都是产量递减的结果。这是一条普遍规律，它对人们的行为，乃至对在原始荒无人烟地区决定投入多少资本设备才划算，也有极大影响。在这样一种状态下，就没有可付的工资和利息，没有任何一种市场利率可加以决定；但最终生产率原理，就是在最简单的经济中，也足以使人疑虑全消，茅塞顿开，而声誉卓著。正是当此原理以这样一种方式起作用，乃至决定了在某种文明国家的产业之一

---

因为劳动力中任何一个单位的劳动的。这就是说，各单位劳动的产量都是相等的。以同样的方式，决定利息的是*具体资本生产率*。1美元的收益是该1美元所创造的，而这意味着在任何一笔资本基金中，正如上述所描述的，凡是1美元的产量都是相等的。然而，生产率递减规律却要求各不同单位的劳动和资本的产量应该是不相同的，而且，那最后几个单位的生产率应是最低的。显而易见，这里存在着惊人的矛盾，不过这种矛盾很快就会消失。假如给这几个术语都下严谨的定义，最终生产率还有具体生产率就会是同义的。这些术语只要是这样使用了，再说工资由劳动的最终生产率决定，而利息由资本的最终生产率决定，就是正确的了。此外，如果以另外的方式给最终生产率下定义，那就会得出一种剥削劳动的理论。假如处于一个系列前面的各单位劳动继续创造出比已得到的还要多的财富的话，那劳动就是遭到劫掠了。使社会公正的理论和使社会成为一种有组织的劫掠劳动的制度的理论，这两者会因为所用的最终生产率这一术语的定义不同而有别。我们必须即刻弄清楚以相同术语所表述的这些相反的观点的性质。我们必须把与具体生产率同义的最终生产率这一概念，与同它意义不同的一个概念分开。不过，这是下一章的内容。

究竟需要多少劳动和资本时,某种社会效益才会得以产生。一般规律的这个作用,对于社会经济学来说,是一个恰当的主题,而在这里,它成了分配理论的基础。

由此可见,普遍原理以及普遍原理在社会中的运用,是迥然不同的两回事。荒野无市场,然而,支配市场的最终效用规律却在那里发挥着作用。孤身独处者的经济中不存在支付工资和支付利息一说,然而,最终劳动生产率规律以及最终资本生产率规律,则还是普遍适用的。这两条规律,我们是从开始涉及分配的第二项讨论时略而不提的经济学理论的第一个分支学科中拿来运用的。不言而喻,有关财富的性质以及有关经济活动过程的特征的人所共知的事实,我们是一概视若人类对自然的一种征服的结果的。此外,为使用在即计,我们还得熟悉三种规律:第一种我们不妨称之为消费资料效率变差规律,该规律是自然价值的基础;第二种是生产资料效率变差规律,它是自然利息的基础;第三种是劳动效率变差规律,这种规率是自然工资的真正起源。上述这些规律,都存在于经济科学的普遍真理之中。

# 第5章 实际分配——社会组织的结果

交换，使原始生活的那种经济增色不少，但交换丝毫无损于那种经济的基本规律。人类还得控制并利用各种自然因素，把原材料改变成各种产品。创造财富过程和消费过程的种种一般规律，在所有经济学中都依然如故；正因为适用于原始人生活的那些一般规律的文明条件迄今一直都保持了，因此，原始人的生活才值得加以研究。这些规律是在如此简单的条件下独自起作用的，因此，也就是在这一点上，这些条件现在可以一一分开研究了。这种研究所以纳入经济学的讨论范围，并不是由于鲁滨逊·克鲁索一类的人的生活十分重要，而是由于孤身独处的单个人的经济据以管理的那些原理仍然在指导着一个现代国家的经济。

诚然，现在是有新的因素与原有的因素一起发挥作用的，可是，就单独对这些新的因素作一番研究又是绝对有必要的。曾有人建议将整个经济科学的名称即交易经济学，用作经济科学一个分支学科的名称，因为该分支学科是论述仅仅可归因于交换的那些现象的。当初，该分支学科就是采用对所有经济学都通用的那些事实和原理，然后再考察某种交换经济所特有的那些事实和原理的。产品交换掩盖但并不消除个人对自然的依附性。某个工人的收入看上去或许可以看成是来自另一个人的一种报偿，但实质上，这个收入还是自然对他的劳动所作出的反应——它是他自己的事实上的生产的产品。

有关交换的某种研究，自然是一开始就注意到采用交换的那种动机了。这个动机就是分工所固有的那种收益。不过，这一原理只是我们所提及的原始生活的一种原理的倒转。在那里，我们是注意到了孤身独处的一个人干多种活势必导致徒劳无益的结果。不论谁都干那么多活,懒洋洋地干,而其间能借助一下的势必只有少而差的工具而已。既然一个人同时干多种活必然是一种损失,那专业化就是一种增益了。此外,专业化愈是彻底细化,那人们在各自的工作中也就任务愈明确,完工愈迅速。

干多种活受损、干少数几种活获利这一原理,是适用于一切经济状况的;但是交换经济所提供的实现专业化的机会却并不具有普遍性。社会组成生产小组和生产小小组,这使人们只能生产一种产品或一种产品中的一小部分而已,但他的各种需要却能都得到满足。

至此,自给自足的那些人我们暂先不论及,专谈制鞋这一专一的功能,并把它交由一个独立的阶层来承担。制鞋这个行业未必需要这个阶层的人全身心投入,然而,他们既已投身这个行业了,也就构成了一个行业性的小组了。现在,就把制衣者、确保肉类供应者、谷类作物种植者等分别归属各自的小组,那我们也就建立了首批且也是很具普遍性的社会生产组织了。于是,我们就有了多种可以创造的产品,而且我们还使各个小组的收入就都听凭其产品的交换价值决定了。商品的市场价格决定作为一个整体的各个小组的收入;而且,正如我们已经指出的以及下面将要具体作出说明的,人们从收益低的小组流向收益高的小组,此举有导致各种物品的价格趋向某种自然标准的效应。我们已经注意到,正常价格是保证各小组的劳动和资本收益均等的那种价格。但凡正常价格起支配作用之处,这种价格也就表明各小组的这样一种安排,即一个人与另一个人一天的劳动不仅所产的同样多,而且所得的也同样多。这种调节一旦彻底,那么,这样一个小组的收入,如果以价值计,那就为其自己的实质性产值了。各小组成员可能并不留存自己的产品,但他们是得到了"美元",也即他们共同生产的财富的单位了。这就是交易经济学理论要确立的一个论题。

现在,再把这种有差别的过程进一步往下推,让每一种产品的生产都成为几个小小组的联合所致。令有的人养畜,有的人用鞣酸把畜皮制成皮革,另外的制鞋。再让制衣、生产食品等等加以细分,专业化固有之利便增加了。各个小小组的收入此时不再是某种成品的价值,而是某种独特效用的价值了,这种效用是这种收入赋予的那种产品。实际上,这确实是引人注目的现象;然而,这又是在某种不可分的商品中出现的而后又丧失的某种东西。在*性质*上,它是赋予产品的一种质量;而就*价值*来说,它又是该商品的一部分。交易经济理论必须建立的一个论点是,这种特殊效用或是子产品须有价格,而一旦这些价格是正常的话,那么,作为一种收入,每一个小小组得到的就都是它所创造的那种价值了。

现在,就把这一区别过程进行到底。各小小组内部,既有要完成的劳动,又有需要提供的资本。变皮革为鞋的这个小小组,它必须有足够多的机器和操作机器的人员。就让某个阶层的人给工厂提供机器和原材料。交易经济学理论必须证明,从事劳动的某个阶层的收入与提供资本的另一个阶层的收入,就各自而言都是其虚拟产品。若发生于小小组内的这种调整完全正常,那么,由各小小组构成的各个阶层以及各个小小组,也就都得到归其所有的几种产品中了。交易经济学必须研究这样一种社会结构,必须追踪在生产作业中所作的分工以及再分工的情况,必须注意趋向于认为各种要素与其虚拟产品一致的这种规律是如何起作用的,尽管存在着掩盖它的复杂性现象。这是一种有关生产的小组制的结构和功能的综合研究。价值、工资和利息要予以说明,而所做的这项研究也必须分析整个生产作业。

作为一个整体,交易经济学由两个分支学科构成,其中,第一个分支学科为静态交易经济学,而第二个分支学科为动态交易经济学。取得的进展主要是社会关系的结果。经济社会的一种功能是增长功能。增长幅度越来越大了,其结构也处在变化之中了。随着时间的推移,它利用越来越多和越来越好的生产设备。经济社会的成员形成了新的欲望,社会则以其扩大的过程满足社会成员的需要。机体的效率不断提高,而且还在推动社会成员达到越来越高的生活水平。就生产作业而论,有鉴于人们对有关自然因素的认识程度提高了,采用的智慧越来越多了,因而各参与者之间的协作程度深化了;就自然一方面来说,它使人类在生产中得以利用更多的投入了,因为有更多的因素任由人类处理;再就是,工业品类自身效率也提高了。

有五种一般性的变化在继续着，其中的每一种变化都通过改变小组制的安排——为交易经济学之研究课题——对社会结构作出反应：

1. 人口不断增加；
2. 资本不断积累；
3. 生产方法不断改进；
4. 工业企业形式不断变化：低效率者归于淘汰，高效率者得以生存；
5. 消费者的需求倍增。

其中的每一种变化都作用于社会生产机体，因为它改变了各种不同行业小组的相对规模。

$$
\begin{array}{ccc}
A''' & B''' & C''' \\
A'' & B'' & C'' \\
A' & B' & C' \\
A & B & C
\end{array}
$$

让我们重提前面一章中所用的说明性表。有一个小小组从地球采掘出一种原材料，这种原材料一经加工就形成物品 $A'''$，且以 A 的形式传递给另一个小小组的工人。这种加工作业具有使这种原材料变成 $A'$ 的那种效用。第二个小小组的工人半加工这种产品，使它成为半成品，变成了 $A''$，且就以那种形状保持着，直至最后一个小小组加工为成品。至此，它成了 $A'''$，一种可供使用的商品，且要寻找需求它的人了。B 是第二种原材料，经一系列小小组工人之手，它相继变成了 $B'$、$B''$ 和 $B'''$。在这些形状中的最后一种形状，它就是一种制成品了。第三种原材料 C 也以相似的方式经历了变化，最后变成了 $C'''$。

A 可以是西部一个大牧场的活畜的皮，$A'$ 是一个仓库内待运至一个鞣皮厂的大皮（原料），$A''$ 是用于鞣革的皮革，$A'''$ 是鞋；$B'''$ 可以是毛衣，经过类似加工，已成为羊毛制成品了；C 可以是用小麦制成且经历了整个加工过程的面包。上述最终生产 $A'''$ 的所有的人，组成了一个生产小组；不是在 A、A′和 A″就是在 A‴的那些人组成另一个小小组（sub-group）。按照同样的方式，不是 B‴系列就是 C‴系列的人，则组成一个大组，它由若干个小小组构成。

这代表生产据以进行的计划。有了简化到不能再简化的程度的这个例证，上了零售店货架等待消费者的就不是三种商品，而是琳琅满目的无数种商品了。此外，使之成为具有成品状态的，还并非都经历了四个阶段的统一制成过程，有多种多样的制成过程得以体现。有的物品在生产过程中易手多次，有的则一路畅通，几乎不发生易手的情形。有的还含有多种原材料。这些复杂情况要适时予以研究。现在，我们只要指出上述五种涉及社会形式变化所致的影响就足够了。其中的每一种变化都从某几个小小组中抽出人来，而后又把他们安排到另外几个小小组。单就交换产品这一行为，就使之具有不仅仅为某种一般社会组织这一事实，而且还有此类组织的变化和进步的确凿事实。由此可见，体现某种动态经济特征的这五种变化，发生其中的任何一种而不对社会结构产生某种影响，都是断无可能的。作为最简单、最明显的结果，各小组的相对规模必然改变，要是这几种动态变化中的任何一种都在进行中的话。因此，把某种动态社会状态确认为这样一种状态，即其中有劳动和资本在转变其在经济系统中的位置，从而使某几个小小组变得大一些而另外几个变得小一些，这是可行的。有的劳动和资本有可能实际上从某些小小组中流出进而流入其他小小组了。即使某个小小组实际上并没有失去设备，可它还是有可能变得相对小一些的——由于有新的劳动和资本流入到其他小小组了。

小组的此类量变并非某种动态社会状态的实质，还有更基本的变化在发生着。社会改变其结构是借以改变其生产功能的一种手段。而改变生产功能是旨在提高产量，增加品种，富有成效地达到上述目的。社会这是在使创造能力和享受能力的衡量标准上移。实际上，改变功能是动态的本质所在。我们是把小小组规模上发生的那些变化，用于对动态因素的那种存在的最可利用的东西进行检验。如果社会开始生产更多的新品种了，如果社会开始利用新的工艺规程了，如此等等，那就势必在某种程度上要借助于重新安排其行业小组和小小组体系来揭示事实了。例如，A'''可以用多一些的人，而B'''则少用些人。一种动态状况可以说成是这样一种状况，即生产方式的变化正在发生，而且正在对工业社会的结构产生影响。

在我们用上述术语的这个意义上，社会动态就不仅仅在于活动了，要是它不是改变社会结构的那样一种活动的话。在某种物理学意义上，一切行动过程都是动态的，各行各业从来都处于变动的过程中。物理学意义上的某种静态行业，就术语而论，显然是一种矛盾。在每一个农场，工人、工具、土壤的化学元素和太阳的光和热，都处于变化之中。在每一个工厂，机器都在完成错综复杂的流动，原材料都在加工成为有用的形状。不过，这一切都终归成为一种基本的动态：就人、工具和原材料等生产要素而言，这就是行动。但是，要是行为方式没有变化，那就不会有更重要的渐进式变化了，社会结构是因这种变化而改变的。要是没有劳动、没有资本从行业体系中的一个小组到另一个小组的空间位置的改变，那就不存在那种在更高层次的意义上我们称之为动态流动的东西。永远以同样的工具耕地，收获同类的作物，用同样的机器和材料在工厂劳动，总而言之，创造财富的方式丝毫不变，那么，你只能处于某种社会静态的行业中了。于是，生产的机体就使其形式保持原样不变。

当然，毫无物质性经济活动的世界就是一个呆滞的世界，不过，可以设想会有这样一种状态，其中，社会机体始终不变，生活继续。在某种行业组织的形式显示不变的世界中，人或许要工作，要吃饭，他们有生有死。由于一代代人的相继继承，每一个人都会继续他们父辈的行业，而后又传给他们的孩子。由于工具有损坏的时候，它们会被与它们毫无区别的工具所取代。其人口、财富、当地住所、生产方式、财富形式等一律不变。这样一种社会的确会存在，但其有机形式则不会发生变化。有活力但不是增强活力，它当属我们确定为静态社会的一种社会。

这是一种虚构的状态，但它所揭示的却是现实生活的事实。诚然，如此静态的社会是根本不存在的，就连东方世界，也就只不过是变化比西方世界少一些而已。进步很缓慢的国家或许能找到，但丝毫无进步的国家则无处可觅；且与进步国家的互通往来，还会引起最落后国家的变化。世界经济作为一个整体无疑是不断增强活力的,但我们为什么希望了解某种虚构的静态状况的规律呢?那是因为,在这样一种状态下起作用的因素,在动态状况下也同样起着作用。这些因素是更有影响力的因素。我们可以注意到,这些因素在一个现代国家相混合了;我们还可以注意到,这些因素的影响是多么不同,而我们分别考察它们又何等有必要。就这种虚构的静态状况所作的研究,是对那种孤立的研究方法所作的一种孤注一掷而又必不可少的运用,这种方法是每一门学科分析复杂现象时都采用的。因此,我们研究这种虚构的静态状况时,我们就是在研究现代发展中国家的现实。

我们已经详列构成动态状况的五类变化了。在某个现代社会,其中的每一类变化都在进行中,而且都在作用于这种社会的结构形态。随着人口的增长,新工人都在以不合常规的方式在以生产的社会划分而成的各种小组和小小组中自行分配,有的小小组增速高于另外的小组。随着资本的增加,它的分配存在着同样的不规则性;有的小组新的生产基金其所占的比例并未增长。动态经济学理论应当说明,这些分配是按照何种原则决定的。

扰乱小组与小组的关系的因素中,尤以机械发明引人注目。就其本身来说,整个经济体系中的某个部分的劳动上的很多节省,都是劳动向另外某几个部分自然分流的原因。种种新的物品都需要有新的工人按小组生产,而这些小组都是从原有各小组抽调工人和资本组建而成的。由此可见,我们列举的使社会处于某种动态状况之下从而得以生生不息的每一大变化,都以作用于社会结构的方式宣告它的存在。产业本身只不过是社会的一种自维持状态而已,而它的成长和变化,这才是深一层的现象。把两者分开,这同样是重要的,这就像在水力学中仔细观察一个静止不动的池塘内那微量水的性质,这里的性质,是与水在被注入有涡轮机在转动的那个坑内的水的性质不同的。论述某个先进经济某些复杂问题的时候,成功的关键在于,对在它的内部恒定起作用的那些静态因素的分门别类的研究。

# 第 6 章　社会进步产生的影响

在文明社会发生的那些变化，不仅影响社会的整个集体生活，而且影响每一个社会成员的生活。这种社会的每一个人，他们的所行所思原本就各不相同，再加上又都亲历了那种社会经济动态的影响，因此，每个人都是各不相同的。

我们不妨就把这种动态变化引起的劳动和资本的就地转移，当做这种彻底改变的引人注目的标记记在心里。生产作业从小组到小组的每一次轮换，都是社会自行呈现静态规律*时*所需要的那种新的状态，指出这一点十分重要。有了与任何时刻所拥有的同样多的人口，有了决定社会状态保持不变的另外几种因素，那就总有一部分自然属于小组体系内的各小小组的劳动力了。但是，随着新工人的增加，那就需要作出某种新的调整；而劳动还会继续朝着这样的地点流动，在这些地点，*在扩大了规模的人口所形成的条件下，静态因素独此一种*，就能使这部分劳动得以安置了；资本也必须作某种程度的流动。假如不再发生动态变化，那社会的劳动和资本就会流向新的地点并就地配置，如此配置的结果会是同单位劳动所创造的财富都相等了。

仅限于竞争就会使我们所称的各行各业的单位劳动的生产率均等化了，而且竞争对资本也有相同的消除差别的影响。要是任由其无障碍地发挥作用，那么，竞争以某种自然方式在各生产小组分配这两种生产要素的结果，就会使这两种生产要素各自单位的盈利能力都变成完全相同。

当然，熟练工人创造的财富总会比非熟练工人创造的要多一些；

人与人之间的这种差别,在其作为生产者的某种社会起作用时,总是有影响的。一种好工具用于生产某种物品,其产量总要比一件差的工具的要高一些。不过,这样的好工具所体现的资本的单位数,也总要比差的工具所体现的要多一些;而且我们就竞争所说的一切,无非也就是要把各种不同单位数量的资本投入到其利润相同之处的一种趋势。这本质上就是要求质优的工具———一如它们实际上所体现的大一些的资本额———获得的收入也应该多一些。与此相仿,等级高的工人所体现的劳动的单位数,就比等级低的工人所体现的要多。我们必须适时弄清的正是这样一个单位的劳动所体现的究竟是多少;我们暂且用非熟练劳动这一熟悉的术语,而且就把由一个没有特殊技能或天赋的人所完成的工作,当作是构成我们在说的那样一个单位来处理。不过,一位一流的手艺人所体现的显然就不只是这样的一个单位而已,一位出色的企业管理人员更是体现很多单位的。

劳动和资本往往会各自都有不同的生产率,这种生产率在各小组和各小小组中都是相同的;导致这种趋势的是竞争所引起的那种流动。要是我们可以把动态影响看作是尽一时之力而已,而后也就荡然无存的话,那么我们也就应该让社会摆脱某种静态调整,并给予时间让其采取另一种静态调整。要是动态影响的作用是呈周期性的且有着加强活力的漫长间隔期的话,那社会就会获得无穷尽的一系列理想的静态调整,而且其间还不会有一次重复的调整。例如,一个平静的水池中的水,由于不存在流入和流出的水,因此是处于一种静态状况下的水。每一滴水承受的压力在各个方向都是不同的,因此,就没有哪一滴水是动着的。不过,它又是完全能流动的,任何一个方向上的压力,哪怕是最微小的量,就都会使这一滴水改变位置。这样一种不见运动的完全的流动性,就是某种静态的标记。运动受阻了,不过不是受阻于摩擦,而是受阻于推动着四面八方的每一滴水的各种因素的某种均衡。

现在,就开启闸阀,让水涌入该水池。均衡被打破,四面八方的水都处于运动中了。整个水面翻腾,那原先平静的一泓流体出现水流了。某种动态的力自行与原本处于静态的力汇为一体了,但那些静态的力并没有消失，它们在力丝毫不减的情况下继续起作用。流入的水被停止了；波涛和水流一度还继续着，但最终还是平静了。现在，水池中的每一滴水都达成了某种新的静态调整。在新的条件下，每一滴水都处于相同压力之处。每隔一定时间重复整个操作；每一次有水流入后，都会有重新配置水池中各滴水的一种运动。接着是一个寂静期，此时的水滴都呈现出某种静态均衡。

如果我们视工人为构成社会的分子，那就会有就像作用于水滴的那种压力的一种因素作用于他。这就是那种贪婪的念头——哪儿能获取最大利润即去哪儿的那种欲望。如果一个人在他所在的一个小小组的收益与他在其他地方所能得到的一样多，那他所承受的压力就可以说是在各方面都一样大，这样，他就在原地不动了。假如对于其他工人来说情况也是如此的话，则整个社会也就都处于某种静态均衡状况之下了。为动态条件的明显标志的那种劳动从小组到小组的流动，其时就完全不复存在了。但如果有人流动进来，相当于水之流入水池者，那社会的原子就会有一种重新安排。有的小组与以前相比工人多了，另外的则相对少一些了。如果不再有人口流入，而且也不存在其他干扰性因素，那么，一种新的静态状况就会出现。人们总会处于某种改变了的位置，在那里，一定层级的工人的收益再一次在不同小小组达至相等。不过，也有动态影响，而且作为导致社会重新安排的因素，比之于仅仅人口流入会引起的来，则其作用还是更为明显。例如，机器曾经是社会机体的迅速促变者，但就为说明我们考虑之中的原理起见，前述五种动态变化均可以，既然每一种都重新配置了工业社会成员的话。要是这种变化之后动态影响不再起作用了，那么，静态状况就配置成员于自然位置且让他们在那儿不动了。

现在，对于上述例子，我们假定有水源源不断地流入水池。静态因素还是如前地起作用，但是水受了干扰，静态因素就不可能使流体的每一滴水都复归原处了。如果不再有水流入，那这些静态因素就时刻使每一滴水都趋向于自然或静态的位置；不过，在每一滴水占有的实际位置与其静态位置之间存在着某种持久的变化。此外，水滴一度的静态位置还有别于水滴在另一时刻的位置。池中水量的这一增加，引起了对流体产生作用的那区区压力必须发生作用的条件的某种变化，而且在这种压力的影响下，水滴的那种配置在水池半满时产生了一种结果，而在水池满时则产生了另一种结果。

这相当于在社会上所发生的那种情况。就社会来说，有五大动态影响是恒久起作用的。静态因素也是充分发挥它的作用的，但其结果却根本不是静态规律所能独自形成的那样一种小组制度。在任何一个时刻，要是干扰性影响完全停止的话，则小组制便会有人人都接受的一个位置。在那个时刻，这个人被迫去那儿了，但实际上并不在那儿。社会总是显示出存在与其成员的自然静态安排相近似的某种安排，但这实际上它永无实现之时。对那种形式的某种长期异化，是由于各种动态因素持续不断作用的结果，那种贪婪的念头任由起作用的结果就会使社会呈现出那种形式。

这几种一般的变化因素也使社会某个时刻的静态状况有别于另一时刻的静态状况。某种标准形式的变化了的形式是动态因素作用的一种结果，而标准形式本身的恒久变化则是另一种结果。正如我们所知道的，一种先进的社会总有不断提高的工资标准，而实际工资又总与这一标准趋于一致。这种社会还会逐渐显现出无穷系列的理想形式，而且力求仿效这些形式。它近似其中的每一种形式，但又从未真正达到过其中的任何一种形式。小组制某个时刻试着达成一致的理想模式，与小组制在任何一个时刻趋向于一致的模式总是不同的。在其增长中，社会总是按照它的模式追求变化；然而，在竞争中，它的模式又总是过时的。

就静态经济学而论，任务是发现社会在任何时刻所处的那种自然状况。而就动态经济学而论，则是要确定导致变化的那几种因素的两种效应：首先，弄清在任何时刻社会的那种实际状况有别于那个时期的静态状况的改变；其次，则是弄清某个时刻社会的静态状况与另一时刻的静态状况的差别。

人们很难断然肯定静态因素在现实动态社会的那种支配地位。例如，狂风暴雨期间，一平方英里的海洋就绝非处于静态状况。对于在船上的一个人来说，动态因素似是决定性地占主导地位的，使船飘浮的是重力、压力和流动性等影响所致。按照海员的看法，这几种因素所起的作用也是更为根本的。决定一个波浪撞击船身的一侧的每一击的是这些静态因素；使波浪不至于升至异常高度并使海平面保持接近于其自然水平的一种状况的，还是这同样的一些因素。在其最猛烈波动的时刻劈波斩浪于一种理想的海平面，重力、压力和流动性等等势不可挡地作用于水，会使其平面与那种理想的海平面趋近于一致；而实际的海平面，则体现为此理想海平面呈现出忽高于它和忽低于它的起伏状况，不过总是趋向于与它相一致的。类似地，投入处于某种进步状态的小组制的是社会的各种要素的一种理想安排，对各人都起作用的竞争的因素是会与这种安排相一致的。

李嘉图的政治经济学因就商品价值、地租和劳动工资所作的大胆推论而引人注目。它证实，存在各种商品的销售价格都倾向于与之相一致的"自然价值"，而且要是没有"干扰性影响"的话，这种价格还会与这种自然价值丝毫无异。每一片土地都有一种"自然租金"，而且要不是因为存在摩擦，实际租金就会等于这种自然租金。总括性的假设我们一一作出了，而目的就在于创造古典经济学家要求的那些条件。"经济人"被构思出来了，他们是无情而又明智地追求自己的利益的。他们知道什么会给他们带来更多的利益，而且就无所顾忌地谋取利益。流动性是他们最引人注目的特征。一个方面的压力稍有点不堪重负，他们就马上会改变他们在经济体系中的位置，他们很快就会放弃一种职业进而转入另一种职业，且毫不迟疑。他们在转变职业上一路遂心如意。有了如此假定的条件，价格、租金、工资和利息等等就都设想为"自然的"了。商品的价格如果等于其生产成本，那么，在这些早一些时候的理论中就都说成是"自然的了"；而市场价格则是说成是围绕这一标准波动了。

古典政治经济学给动手实干的人留下的印象是一种教条主义，在这种印象中，这个学科是成就卓著的。现在加以分析的这个领域，似是就在这个学科内创立的，但这是不真实的。一切结论都取决于假设，而这些假设又似是都与严酷的现实生活不相一致的。按照假设的前提，结论是合理的；但这些结论似是唯适用于某种虚构的领域而已，于其余所有领域则概不适用。总之，有鉴于干扰性的影响，这些假设看似在起作用，因此，价值、租金等等的理论标准也就都无从实现了。李嘉图学派的理论无意识地、不完全地实现了的,也就是区分了静态因素与动态因素而已。该理论确是研究某种静态领域的,但它并没有以独具特色的完整思想研究这种领域。在这些早期的学者中,没有一个人想到过有两组性质不同的因素这一概念,而这两组因素实际上是共同发挥作用的,因此,哪会有分别研究它们的系统对策。

他们提出的那种"自然价格"实际上也就是静态价格。这种价格指的是,在动态影响全然终止的情况下,某种现实的市场会与之相一致的那种价格。商业领域的某种带有冒险性的变化,某一组神经陷于麻醉,某一组下属机构绝对罢工——情况如此,市场才会呈现那种所谓"自然的"状况。人口的增长和财富的增长,以及生产活动及其成果的性质的变化一概停下来,只让工业继续发展着,只让完全的竞争继续存在着,那就会使该领域的标准理论价格成为实际价格,使正常的工资率和利率均得以实现。要是李嘉图学派承认他们这是在尝试研究某种静态领域,继而并一直研究这种静态领域的话,那么,他们那个理论体系贴近现实也就不再是遥遥无期的事了。凭想象强行抑制一组现实的因素发挥作用,以期更容易地研究另一组现实的因素的作用,那就必然会导致这样一种结论,这种结论固然失之偏颇,但未必就不真实。这些早期的学者们在后来要是从事着他们从未想过要做的研究,而且在分别考察各种动态因素后使他们的理论体系日臻完善的话,则他们一定会开创一门完整而又切合实际的科学。

当然,与生产成本相一致的那种价格是这样一种价格,即按照这种价格,企业家得不到净利润。产品按照这种价格销售的企业家,不论他完成的劳动量有多大,工资总会得到;而不论他可能提供多少资本,利息总会得到。然而,就收益而言,他可就无以证实了。要是把他自己的劳动以及资本的使用计入成本的话,那他就会按照构成他的产品的那些要素实际上所花费的数额销售他的产品了。我们会明白,无利润的这种状况正好与那种价格相符,这种价格是由对各种生产小组的静态调整所引起的。要是我们为使劳动和资本这两种要素的利润在此小组体系的各部分都一致,而就各小组、各小小组的这两种要素作如此调整,那我们也就能确定这样的价格了。因此,古典学派的自然价格就是静态价格,这种价格并非是完全构想而成的。一种无利润体制,是各单位劳动和资本收益无差别的一种体制,就其本身而言,假如有关工资的这种古典研究曾经是彻底的话,那么它也还只是提供某种静态劳动工薪的标准而已。

早期的学者们并没有打算对正常利率作出解释。他们是把供给和需求称为利息赖以调节的机制的,但是没有列举理由说明这几种因素为什么就可以根据任何一种可限定的利率确定资本收益。利率就其达到自然标准的趋势来说,古典经济学只是作了一种无意识的而且是不完整的介绍,然而在静态社会,这种利率会是盛行的。

这些研究给人们留下的那种不现实的印象,要以使这些研究臻于完美才能予以消除,而此举就要按照这些研究据以开始的同一理论方案付诸实施。在作出这些假设时,我们必须胆大心细,就假定劳动和资本具有绝对流动性,而且假定竞争是理想的以及完全地起作用的。我们必须富于想象力,从该领域消除我们曾经称为动态影响的那些系列影响。做到了这一点,我们也就排除了使纯经济规律失效的一切摩擦。因为诸如此类的摩擦都是动态的结果,其中毫无静态可言。假如我们把致一个人进入一个小小组的那种因素等同于把他引入另一个小小组的那种因素的话,那也就是说,假如我们使他在不同小组的盈利能力都达到相同的话,那么,这个人就不会在小小组之间流动了。当然,在从一个小小组进入另一个小小组时,那也就不会再有阻力了。而使古典经济学家的所谓自然规律无效的,正是这一类摩擦。实际价值、工资和利息总是有别于纯理论中合乎情理的、正常的那种相同概念的,就因为劳动和资本无法立即畅行无阻或是不致浪费地实现小组间的流动。

那么,既然需要生产要素此类区际流动的是动态变化,既然导致这种摩擦的就是此类流动,那么这种静态状况也就没有这种干扰性影响了。我们已建议恢复这个经济领域的那种无摩擦状态。依据想象,这五种有机变化中的每一种,我们都要让它们停止下来,它们实际上都是使各种经济要素流动因而重新配置的。实际上,有别于实际生活的也就是由此形成的那种经济;不过,就由于其存在的那种不完整性而言,这种经济才是有别于实际生活的。在此设想的领域内继续发挥作用的那几种因素还照样发挥着作用。工作在继续,工具还在使用,而这些就是真实的现实。工作模式和工具形式的变化已停止了,但留下的经济,就其本身而言,它们是真实的。我们得到的价值、工资和利息的标准,就是现实世界的费率围绕其波动的那样一些标准。

接着,我们设法使我们研究中的经济既现实而又完整。我们不仅要使这种经济获得此前缺乏的那几种要素,而且还要使它就完整性而言,与现实世界的经济毫无二致。在我们这项研究的最后一部分,我们还要重提我们所作的前面几个假设中被排除了的那几种动态因素,并着重指出这几种因素的作用所产生的那些特殊影响。由此我们也就能首次理解和计量这些因素的作用了,因为它们的影响会自行显现。我们可以创立一门科学,论述小组体系内继续着的那种流动以及流动受阻的情况。以前创立常用的自然价值、工资和利息等等术语时,其中鲜有提及社会经济动态的。不过,这种动态不应该就作为一种导致失调的影响加以讨论。这是科学本身必须包括在其结论中的一种要素,假如我们置之不理,无意恢复它,我们就会得出不真实的结论,因为它极其不完全。但如果首先排除这种动态变化,然后又把它恢复过来,那么,我们也就能够创建且充分解释经济寿命的科学了。

在以这种合乎逻辑的方式所作的初步研究中,人口和资本是可以看作既不递减又不递增的。按照所采用的这种假设,发明既不曾出现过,生产方法也从未有过改变。成为近年来如此引人注目的劳动和资本的富有特色的几种合并中,现在并没有形成。商品种类长期不见有过改变。有鉴于此,劳动和资本也就持续不变,而价值、工资和利息,在标准的意义上,都是自然的;反之,在完成了的研究领域中,则是人口和财富都在递增中;组织方法和程序在变化中;新产品在创造着;劳动和资本的小组间流动在进行着,这种流动是这些变化的明显预兆。总之,这就是一种完整的假设展现给我们的真实世界。理论固然是贯穿始终了的,但科学却是以其假设的完整性而使自己更合乎实际。

## 第 6 章 社会进步产生的影响

动态经济学与近年来的那些历史经济研究之间有一种引人注目的关系。历史经济研究是如此富有吸引力和如此富有成果,以至于进步就在于需要这种研究事实。显而易见,世界现状是既有别于五十年前而又有别于五十年后的。历史经济学记载而且计量此类差别,动态经济学理论则对这些差别作出解释。历史经济学将记录和计量一百年来移民、机械发明所实现的收益,而动态经济学理论则把就这些收益追本溯源,研究起因,并提供经济演变的某种基本原理。随着它们的日臻完善,该理论会使人们以加倍的信心宣告未来可望实现的种种变化。

作为一个整体,动态经济学会把历史经济学纳入自己的范畴。世界上发生着的变化,在未来将既以演绎法、归纳法予以研究;而归历史经济学家研究的,正是其中的归纳部分。从长远的观点来看,需要吸收大部分科学工作的,也正是这一部分。因此,静态经济学规律理应早日尽人皆知,动态经济学规律则不必如此早地就为人所知了;不过,这些变化不论何时予以科学证实,计量对社会起作用的某些影响性的效果的工作都还得要做。例如,机械发明的影响或是一个新国家的拓殖对工资率的影响*有多大*?诸如此类的问题即使回答得了,移民和发明是自然提高还是降低工资率这一问题,所需的研究也还会是困难得多的。

假设 20 世纪在成为历史前人们就知道继人口增长、资本扩充、以新的方式组织工业或有某种新的消费资料投入利用后,其所产生的结果是合情合理的,那么动态经济学的纯理论就会对这些变化加以定性分析。该理论必须逐一研究正在改变世界面貌的那一系列重大动向,而且弄清楚其中的每一种动向所产生的那种效应的性质。该理论必须分析每一种效应赖以产生的全过程。至此,此项研究尚未着手数量的计算,即还没有对每一种效应的*数量*进行计算。不过,诸如此类的纯定性研究会给理论经济学家开辟一个启发灵感的界域,从而促进理论经济学家所从事的那门科学的未来发展。该规律能确保唯最优才能生存吗?人类能从工业领域发生着的种种变化中得到好处吗?所获得的这些好处多半惠及工人了吗?从农场主业已把其父辈的镰刀丢一边而使用收割机的这一事实,我们可以看出工人得到什么净结果了吗？随着廉价动力行将得到利用，随着电线能使任何地方都具有无用电之虞，那未来的工人前景会是怎样的呢？只要按一下电钮，当自动化机器就以不费力的代价生产出原本已不复存在的商品时，这又会导致何种结果呢？当世界到处都是密集的人口时，工人会面临怎样的境况呢？要是人们的生活受制于人满为患的境遇，而再增加生产资料又不敷所需，那人们的生计又会是怎样的呢？资本家暴富了，但现在还是贫穷的这个阶级会有怎样的境遇呢？资本的所有权会大为分散吗？总而言之，诸如此类的极其重大的问题，都在于进步所取的方向；而工人，这种进步的体制则是与其命运休戚相关的。诸如此类的问题，也都是动态经济学理论所必须解决的。

还有一种实证和计量的工作。假如增值趋向于提高工资，统计学就当证实它，而且还应计量利润率。经济学家还需进行深入细致的研究，包括比较统计资料的各种应用，例如，计量现实生活中共同起作用的各种不同动态变化的影响等类的应用，等等。因此，我们要问，就额外工资而言，此时其中有多少可归因于电气车辆的利用？仅用现在的信息手段，这是一个无法答复的问题。更何况有关此类问题的研究是永无止境的，因为这类问题会不断以新的形式出现，乃至无穷，而独此动态经济学理论就会使政治经济学的研究范围扩大很多倍，它会把该理论提升到一个新的阶段。纯粹经济变化规律将开辟这门科学未来发展的途径。这一说法将提供着手研究的还要大的一个领域的一条通路。但未来最大且也是最持久的工作，必须包括历史和统计研究，而且以有关经济规律的原原本本的知识为指导。

**附注：** 前一章提出的那种说法，即静态状况排除真正的企业家利润，并不否定一种合法的垄断可以代替企业家获取利润，而且这种利润，就像创造它的那种规律那样是长期不变的——即使在一种初一看似是静态的社会条件下，情况也是如此。劳动和资本等等要素会因受阻而无法流入享受优惠的行业，尽管各种经济因素在不受限制的情况下会使它们流入。不过，这种状况并不是如在这里下了定义的真正的静态状况。这种真正的静态状况我们将它比成了一片静止不动的湖水，其所以静止，就因为各种力达到了某种均衡。湖水并没有因结冰而成固态,但是每一滴水在四面八方都受同一大小的力的推动,因此,也就保持某种特定状态了。有*某种绝对的流动状况,但绝无流动*;而且,各行各业的小组,一旦劳动和资本等等工业生产要素显示出*绝对流动性但无流动*时,也会以某种同样的方式处于真正静态状况。一种合法的垄断,在某一关键时刻破坏这种流动性,是被我们看成是一种破坏因素或者摩擦因素的。因为这一因素是如此强而有力,以至于不仅仅阻滞了某种经济因素在不受阻的情况下发生的一种流动,而且还会从根本上阻碍这一流动。

# 第7章 静态社会状态下的工资——独特的劳动产品

一种商品的价值如果是由人们天赋冲动所引起的,那这种价格就可以称之为"自然的"。有的冲动固然并不促使人们参与商业上的竞争,但却促使人们另有所为了。竞争是使价格变成惯常意义上来说的自然的一种活动。实际上,竞争过程就是竞相为公众提供服务的过程。以低于(同类产品)竞争对手的价格出售商品的商人,实际上就是在向公众提供利益,这种利益比其竞争对手所给的回报还要高。当然,商人的这种动机是利己主义的,而且这一动机所导致的行为,也就是旨在获取财富的一种自发而又一般的尝试。不过,这种行为导致的结果是向公众确保就高效率服务而言人的现有能力所能产生的至高效果;另一种作用则是控制商品价格。

自然价格就是竞争的价格。只有竞争处于理想完美的状态时,这种价格才实现得了;可是,这种状态无处存在。不过,如果无论何处都是政府既没有调节价格,垄断企业也没有使价格失效的话,则这种价格就总会接近现实。如果某种商品是公营工厂的产品,而售价却是由国家专断确定,是旨在获得某种收益或是达到某种隐秘不明的目的的,那么,调节这种价格的方法就会与自然的调节方式正好相反。假如国家就是要造成或促成某种私人的垄断,那么,给其产品所定的价格也必然会违背自然标准。事实上,在某种行业的条件下,就总有劳动和资本趋于流动,但又存在无法绝对自由实现流动的一定程度的垄断。生产要素从来就不具备完全的流动性,因此,价格也就始终程度不等地偏离人们竞争所促成的那种不受限制的行为会坚持的价格。

正如我们所指出的，经济学文献中所用的"自然的"和"正常的"等词语，也就都是静态的同义词。排除一切动态的流动和一切摩擦这一假设，就能使价格趋于正常。我们可以注意到，这一事实是与我们刚才所说的——自然价值等于竞争价值——相一致的。因为，假如我们停止一切动态流动和一切摩擦的话，则我们也就能使竞争完全起作用。早些时候经济学研究中描述的那些价格标准已经达到，但并没有为此而有意识地简单化地把社会设想为处于静态的状况。因为，正如我们所指出的，区别社会的动态和静态活动的这一概念，并非出自这些学者们的笔下。他们提出的那种自然价格，实际上也就是通过观察实际市场所产生的某几种价格趋势得出的；而关于标准价格，他们则把它们定义为这样一种价格，即按照这种价格，雇主们就能使这种商品形成所需要的支出获得补偿了。这是古典经济学家所作的有关自然价格或是静态价格的一项简单初步的研究，这项研究提供了一种不完整但又不是不正确的理论。

当然，成本价格就是无利润的价格。就各种商品来说，这种价格是提供足以支付劳动的工资和生产该商品的资本的利息的，但是这种价格并没有赋予企业家本人以净剩余。既然动态变化使这种商品或那种商品的价格产生了这样一种剩余，那么，这种变化也就不会使这几种商品的价格像纯粹竞争的价格或成本价格意义上的那种价格进而成为不自然的了。不过，动态变化本身在另一种而且是更为广泛的一种意义上来说，却又是自然的。自然本身固然总是使自然价格制度失调，但竞争却始终力图恢复这种制度。此刻，很多商品并不是都按成本出售的；然而，就其中所有的来说，还都是有在起作用的多种因素的，这种作用如果无以抵消，则这几种因素的作用就会使价格处于成本水平上。合乎理想的情况是，此刻是一切都会有一种自然价格的，而且，要是我们能够消除失调和摩擦等因素的话，则自然价格就会达到并保持理想标准。如果我们是研究动态经济学的，则我们就会提出，如果某种真正反常的因素给予引进的话，那某种实际价格会在多大程度上偏离这样一种理论价格。在动态经济学中，价格偏离标准的变动必须予以研究，更何况，在该术

## 第7章 静态社会状态下的工资——独特的劳动产品

语的更为广泛的使用上,就有诸如自然变异一说。不过,现在我们在研究的是用于计算变异的那种标准,而我们正在效法古典经济学家,称此类标准为自然的。自然的、正常的或静态的价格,都是成本价格,或者说都是无利润价格,它们都是导致利润均等化的价格,因为它们导致各行各业的单位劳动和资本的报酬均等化。例如,此类价格,在就对一定等级的劳动的支付上,是做到让钢铁厂商与儿童玩具、手推车等制造厂商一视同仁的;而且,还能使两类雇主都支付同一资本利率。自然价格和成本价格排除了一个行业小组可获得的任何特殊收益。

假如资本和劳动都是具有绝对流动性的,则此类价格实际上就会是流行的。要是某个行业的人们能够迅即离开该行业而全身心投入另一行业的话,则这后一行业在向他们提供的收益的数额上不会有失偏袒。此时,假如我们能够排除阻碍一位钢铁制造商成为儿童玩具手推车制造商的一切因素,那我们也就能够排除一个阶层作为一个整体获得高于另一个行业的薪酬的一切机会。只要我们消除了经济摩擦,那静态价格即可在任何一个时刻都得以实现。而如果动态变化是非止住不可的话,则摩擦就会继续存在,此类价格就会换种方式得以实现。例如,从此不准改进生产方法,且让人口、财富等等永不改变,那么,次年价格标准水平与目前水准相比,就会丝毫无变。现在,实际价格并非等同于标准水平,但在竞争影响之下,它们会趋向于标准水平。劳动和资本都趋向于达到报酬为最大之点,但这一变动会受阻于摩擦。随着动态变化的结束,此摩擦会逐渐被克服。尽管有这种情况,不过劳动和资本的流动还是发生了。阻止动态变化,等待流动发生,这就会导致工业社会缓慢形成,进而使静态因素趋向于利用它的那种状况。因此,这种状况丝毫未变,一旦社会达到这种状况,它就将持之以恒。每一个单位的劳动和资本就都在所在小组永不易地,价格也就经久不变了。

这里就有两种假设某种静态的——或者按李嘉图著作中的意思,也即自然的——价值体系的方法。由于动态变化不止,而摩擦已经消除,因此,价格标准每天都在变,但实际销售率却天天与之相一致,存在着无穷的一系列的各不相同的价格,但是市场所定的价格与理论所要求的价格从来就不存在任何差别。随着动态变化的消失,而摩擦不止,则价格的静态标准也即成本标准,就成了不变的一种标准。不过,一开始偏离标准价值的实际价值,还是需要时间与标准价值保持一致的。最终,实际价值与标准价值相一致,而且其后始终保持不变。

最好还是假设总是阻碍竞争的动态变化和摩擦都停止。按照这个假设,劳动和资本便都可以迅即投入利润大的领域;而这一变化,立即就会使价格降至现在为其静态水平的那种水平了。由于此后再无改变那种水平的变化了,因此,价格——包括自然的和正常的价格在内——其后就必定会保持不变,绝无实际价格偏离完全竞争价格的情况;绝无理想的竞争价格自身的变化;绝无定价条件的变化——这就是创造某种完全静态的构想。劳动和资本具有流动性,但流动并没有发生。这里,我们不妨研究一下那种纯粹的和简单的静态价格。

这里,也不妨注意一下某种理论上的自然工资率能否以某种相似的方式予以确定。只要注意一下劳资双方那种交易,我们就能明白工资围绕多少有些类似于商品的自然价格的某种标准的波动是由什么来决定的。我们发现,古典经济学家眼里的商品市场价格和市场工资率之间确有某种相似性。我们暂先不谈工资标准,工资围绕这个标准的波动要经历一个漫长的间隔期才能显现,我们现在来看看短期的工资率是怎样确定的。我们终会发现,工资率得以确定的方式与商品的即时售价赖以确定的方式,其两者有相似之处。下面我们就会明白,上述两种情况下,市场汇率都是围绕永久标准波动的。

我们现在用商业术语提一下"劳动力市场"。让我们记住何谓需求和供给行为,并指出需求与供给就像它们给商品定价一样,也以某种方式给劳动力定价。与此有关的是,此类术语的精确性还大有说头;初步研究中就这样使用这些术语,不会有我们竟至于会得出错误结论的危险。事实上,我们是能以这种方式确立一般劳动的某种正常薪金额的,这种薪金额与我们长期以来一直熟悉的那种正常价格标准会有某种类似性。

## 第7章 静态社会状态下的工资——独特的劳动产品

"劳动的产品",亚当·斯密说,"构成劳动的自然补偿或实物工资。在占有土地和囤积存货前的情况下,全部劳动的产品都归属工人。既没有地主与他分享,也没有雇主与他分享"。继而在同一章他又指出,现代工业改变了这种自然状况,工资现在是以雇主的资本形式付出的,而且工资也不再是劳动的产品了。按照亚当·斯密的看法,导致这种彻底变化的是地主和雇主的存在。

我们强调的是,无论在原始社会还是现代社会,工资也即劳动的产品一说,大致上是始终坚持的,这种产品还提供工资短期波动据以衡量的标准。实际上,整个*行业*的产品显然并不全归工人所有。如果劳动和资本的整个相关产品全都在我们考虑之中的话,那么,提供土地、工具、建筑物、原材料等等的那些人也就都享有其中的一份了。如果我们所指的是这一总量中可归因于劳动自身的那一部分的话,那么,工人所获得的全部就不只是可能实现的了,而且,假如竞争可以完全起作用——假如工资的静态标准付诸实施了——工人就能理所当然地获得其全部了。此外,有助于揭示何谓劳动产品的是雇主的存在,而使工人能够获得等同于那部分产品的工薪的则是雇主的行为。

假如我们准确地表达了那几种简单行业中所发生的情形,那么,我们就要说,不是"全部劳动的产品都归工人所有",而是整个行业的产品都归既是工人又是资本家的这位独立的人所有。在现实经济中,绝无如此原始且竟至于这一经济是绝不利用资本的;而且,但凡有资本者,该行业产品中必有一部分是应归因于资本的存在的。就"事物的原本状态"来说,一个人几乎不可能说他所得的产品中,有多少仅可归因于自己的劳动。不过,劳动的全部产品与全行业的全部产品之间的这一区别至关重要,因为全行业是非有劳动和资本的合作不可的。

让一个人用他自制的最简易的钓鱼线、钓鱼钩在一只独木舟钓鱼,他能钓上岸的鱼,就是他的劳动和资本的产品。借助于钓鱼的工具,确保了鱼能被钓上岸。在所有的产品中,有多少该归因于人,又有多少该归因于独木舟和渔具?这些问题,这个人毕其一生也讲不清楚。他能把这些鱼分成两堆,然后说"这一堆全归因于我的努力,那一堆则归因于我的设备"吗?每一条鱼都是连带产品——实际上一条鱼的每一个鳍或鳞片都是如此;而且,难还难在把其中的每一个鳍或鳞片再细分为——可归因于各生产单位的这一点。无望与资本产品合并的是独立生产者的劳动产品。固然有这样一种情形,在其中,劳动的工资与其他收入不难区分,而且是确定为"劳动的产品"的,但也有诸如实际上的确存在的这样一种原始经济,是劳动自身的产品无法说清楚的一种经济。

亚当·斯密所用的这个例子,实际上是假定其中没有资本的,因此,无论何种产品均靠劳动创造,他就这样避而不谈这一难题了。引证中提及的这种状态,是"先于存货积累"的一种状态。如果一个人是在既没有雇主又没有资本的条件下工作的,那他的工资也就是他所生产的产品了。他的工薪是物理规律而不是社会规律所能决定的。他将毫不夸张从地里找到他的工资,从海里取出它们来,在狩猎场追捕并俘获它们,如此等等,而且,他还不必与任何一个同行伙伴分享所得。就这种状况虽然并没有绝对达到但已接近达到的那种经济制度来说,观点和见解不可谓不多。亨利·乔治先生就提出了一种理论,即把处于这种状况下的人们所得的利润确定为总工资的标准。例如,擅自占地者,可以使用比一锄一锹还要精巧的农具耕种无须缴纳地租的土地。他可能就靠一只独木舟谋生,也就只有价值数美元的一点点适销资产。尽管这种事态日复一日地延续着,可这个人还是没有足以使这个工资问题复杂化的资本;为了说明起见,还不必让他拥有土地。要是他就像是按照美国政府的《宅地法》定居下来的移民那样成为农场主了,一种复杂的情况也就产生了,这种情况使他的工资归因于他所有的全部收入一说无法成立。

乔治先生曾经正确指出,只要土地充裕到只需要求一下即可获得,在这种情况下,愿意在一个工厂工作的人就可以对他的雇主提出付薪要求,而且这薪金额为数之巨,对他而言还足以补偿他因为不接受一个农场而放弃了的一切。在一大片国土适值处于移民开拓过程中而农业已成主导产业的这个时期,一切工资的标准,毫无疑问,都是由农场始终给予不仅耕种它们而且还拥有它们的那些人的收益决定的。不过,这些收益是综合型的。这种收益,无论如何,

## 第 7 章　静态社会状态下的工资——独特的劳动产品

它并不只是劳动产品而已。他拥有他的土地这一事实,就使按《宅地法》定居下来的这个人获得了一笔收入,这笔收入是对他仅靠劳动所得的那一点收入的巨额补贴。这种局面具有过渡性,而且是反常的。因为在工厂工作的这些人得到的薪酬,一般说来,与获得工资而且还有一大笔补助的那些人的收入相近了。政府已经给了按《宅地法》规定给所建农庄用的公地的这些人所得的酬偿,不仅在于种植谷物的收入,而且主要还在于土地自身附带的增值收入,这种收入是逐年都有的。按照美国法律规定拥有这种公地的人的收入中,大一些的一个组成部分,首先存在于土地价值中的那种所谓"非劳动增值"。这种人对这块公地提出所有权要求时,他的农场一英亩也许价值1美元。一两年内,一英亩增值达5美元,而且还会很快增至10美元。就为取得这一项收入,这种人才愿意蛰居山坡之下的家中,一时间,他一身破衣烂衫,以玉米为主食,等等。他的工作的直接产品取草皮的形式,而这草皮,是经由破土犁或交叉犁将地翻过来而成的,其劳动成果只有极少一点点是吃的穿的。与工资混在一起的,是收益中大一些的一个因素,而这个因素已显现,即随着人口的增长,这个人很快即可因土地自身而得平均每一英亩10美元的一笔收入了。

现在作一研究,详述并清楚说明获得州转赠一片土地的一个人,不是一个能为其工人提供与其产品相一致的某种工资标准的人,是适值其时了。前已指出,美国的工资,已经变成与按《宅地法》定居下来的人,凭借利用政府提供的钱物所能获得的一样多了。从表面上看这一说法固然不对,但它还是的确证明,工资与独力无助工人的收益一样多了。要是果真如此的话,那么,所证实了的也就是曾经有过这样一个时期,在此期间,工资等于数额大而且是复合的一笔收益,其中的很大一部分就来自于土地。只要有人可以有一个农场,而且这一农场还是只要询问一下即可获得的,他就不会愿意在一个工厂或一家商店工作了,除非条件是,他的所得与农场主的利润不相上下。在可以获得大量优质空闲土地的这一短暂间隔期,在此土地可达范围内的每一种职业的工资标准,可以说都是固定于新占有的、人们正开始控制并加以利用的那个新开拓的荒野地带内的。这种状况将导致了工资因永久标准而变动，而不是与之相一致。按《宅地法》定居下来的人，所得的多于以作物形式的收入。土地的递升价值，直接构成其利润的一部分；而且它还直接构成仅限于工厂、商店等等手艺人的工薪的一部分，这工薪，约等于定居者的收益。土地的价值就这样到处延伸，延伸所及，这价值惠及东南西北，各行各业，而且是完完整整的。木匠、铁匠、厨师、车辆维修工、售货员，甚至还有医生和律师，都发现他们的收入，因为有一个社区在空地上的种植，使那片土地升值，因而增加了。一百年来，所有美国人的工资，或多或少地都有这个要素在里面起作用。这工资，始终不见下降，就为了近似地与可通过耕作*并拥有*土地而能获得的收益相一致，而不是与通过耕种免租土地所能获得的收益相一致。

随着定居者收入的来源多数不再成为收入的来源，在农场工作的家徒四壁的工人的收益，就仅限于从土壤里所得到的呈作物收成形式的东西了。一个租金免付的土地的占有者，而非其所有者，他只能得到不附加土地价值增量的工资而已。无论价值有多大的农场，都不可能长期只需要求一下便可获得。美国广袤无垠的肥沃土地，现如今无人认领的已经不多了。工资规律要持久具有法律效力，就得适用于这种情况。

与乔治先生所持的立场一样，下列观点也是可以坚信不疑的，那就是劳动始终是趋向于获得劳动可以在诸如可供免费利用的土地上所能生产的东西的。在工业发达的先进国家，如此提供的只有土质太劣而无法要求缴纳地租的土地，因而理论断言，工资的永久调整者是劳动可从边际土地和免租土地上强求的那种收益。不过，理论中也有一个可信赖的要素，因为有土地和其他形式的工具所呈现的资本的那个人，不会与任何一个人共享收益。他会与亚当·斯密笔下的那种原始工人经历同一处境，那个工人的劳动"先于存货的积累"，而且他"既无地主又无资本家与他分享"。他的收益都会是属于他自己的，而且这些收益完全都会是劳动的产品。使它们决定一切工资标准的这个理论，具有这样的巨大价值，这就是，它指出了一种方法，凭借这种方法，徒手工作的产品可与其余一切产品分

## 第7章 静态社会状态下的工资——独特的劳动产品

开,而且就使它单独存在并予以单独计量。

我们现在就要证明,可单独归因于劳动的那种产品的确就是决定工资标准的;但是,要使没有价值的农场的耕种者,变成因其收益就制约每一个人的薪酬的这样一些人的话,那是绝难做到的。假如该理论标新立异,认为劳动的总工资由人们耕种免租土地即可实现的收益来决定的,那么,该理论就必然意味着,没有可观地租就不容出租的各片土地的占用人,也就是这样的人,即每一个人的工资都与他们的收益相近。根据这一点,这个国家任何工厂的一个工匠,就都得密切注意工匠们的简陋小木屋,看看各住户收益怎样,以期弄清楚他们可使雇主付给他们多少报酬。就其最合理的形式来说,该理论意味着,比利时一家工厂的一个工人所得,应当以其能力属于同一等级的一个比利时农民,以耕种海滨荒沙滩所能挣到的报酬。这就是说,瑞士制表工人必须接受这样的薪酬,考虑到各自能力有别,这一薪酬趋向于与其农民同胞可从悬崖峭壁中一小块、一小块草地上索取的那个数额相等。这就是说,在美国,免税土地一应分配给了所有从大西洋沿岸到太平洋沿岸各地的工厂、商店、矿山等靠工资为生的人们,按平均值所得,就相当于其中一个有代表性者所能生产的产品,假如他要在一片贫瘠的未被租用的土地上盖一间简陋小屋,而且就在土地所有人勉强容忍之下继续耕作的话。这是劳动力市场的一种"人民主权"理论。这个理论把简陋小木屋的人置于这样一种境地,这一境地是如此具有战略意义,乃至能够使他有能力支配各阶层的工人,决定他们的工资,而且还控制他们的生活水平。

尽管荒诞不经,然而至少该理论对工资趋向等于劳动所能自行生产的产品这一原则,还是具有吸引力的。假如该擅自占地者自有资本尚不足以称为某种生产要素的话,则他的全部收成也就只能归因于他付出的劳动了。置人于如此境地,这是区别劳动和资本、劳动的产品和资本的产品的一种方法。这一方法似是提供了有关先进社会的一个例证,这就是,我们可以注意到,亚当·斯密在谈及原始社会时认为,工人获得的是某个行业的全部产品,而且是独享收益的。然而,听凭临时擅自占地者发号施令地规定每一个劳动者的薪酬数额这一荒谬之举,却是从此例子的外表判断起来确有其事的一个特征。

不过,寻找一片免租土地,以期并不荒唐地探索制约总工资的标准,这是可取的做法。假如占有这种土地的人具有调节一般工资的能力,那就必须给工人提供比无价值农业用地还要多的土地。这样一种土地近在手边,占有这种土地的工人是徒手而来的。他们实际上是无资本进行工作的,其所有产品就是工资。他们得到的这种产品的数量,也就是他们所得的工薪,其他所有工人都必须拿等于它的工薪。

先看时价而不是看自然价值,我们就可以注意到,这里有一条商业原则,它使任何物品供给的最终或是边际部分,都对整个供给价值具有重要意义。例如,小麦总产量的价值与该产量的边际蒲式耳一致。假如有在具有小麦、棉花、铁矿石等等边际产量意义上的边际工人的话,那么,这些最后或者边际工人就同样处于某种重要地位。因为他们的产品是决定另外任何一个工人的工资的。

我们暂先采用重商主义的劳动构想,就把劳动当作某种商品在市场销售。任何一种商品的供给量中的最后一个增量,都是确定该商品的一般价格的,这是人们熟悉的一条商业原则。阐述这一原则的一种通用方法是,坚持以英国的报价估计美国小麦的价格——美国西北的农场主必须把其谷物的全部供给量,都看作是他们运往利物浦以后所剩余的部分。① 我们的小麦价格就是这样在利物浦决定的这种说法,表达了一个不容置疑的商业事实。大西洋沿岸西部的谷物价格,实际上等于东部的价格减去运输和管理的成本。其所以如此,就是因为欧洲是收货场,而美国谷物的全部剩余都在那里销售。假如我们增加5 000万蒲式耳的谷物出口,欧洲就会以稍低的价

---

① 这一观点会导致对价值规律的某种不完全的看法。因为直接决定小麦价值的当然是还在国内的那一部分小麦收成的最后效用。不过,英国仅代表欧洲市场;而这作为一个整体,美国小麦的输出足以明显减少美国国内的消费需求。如此留在国内的那一部分小麦的最后效用,提高到了这样一种水平,乃至可以如在欧洲一样,在国内获利颇丰地销售净尽。

## 第7章 静态社会状态下的工资——独特的劳动产品

格买下它,而英国的报价则将表明减少量。当地的小市场不可能是一般价格的调控者。冰岛或拉布拉多可以输入美国小麦,但来自那里的报价没有商业意义。这样一个地区所能做的一切,都不会对美国的供给产生影响;而且,假如由于某种灾害的原因,该大陆小麦中的剩余部分也得投放该市场的话,那么,在那里,很快就会变成一件需要加以处理的烦心事。该国最终一个单位的小麦的效用决定所有单位的价格,不过,即使那个最终单位也是完全销售海外的,而且非常分散。拉布拉多会有一小部分小麦的价格与其他地方的价格相同。调控其他地方的价格,对这里也不会有多大作用。

在寻找剩余劳动力市场的时候,必须寻找某种经济领域,在这种领域,有望实现无限数量劳动的就业机会。不过,这种市场缺乏免租土地,而这种免租土地,人们是有意前往以求的。流行的看法未能注意到,在所举的例子中,作为一个剩余劳动力市场,处于耕作极限的农业用地,与其说像利物浦,倒不如说像冰岛。因为冰岛完全缺乏吸收任何庞大劳动供给过剩的能力。把比利时的全部过剩人口都转向沙地谋生,那么,如果可能的话,他们的收益,按数学的必然性计算得出,得降低到饥饿极限的程度。比利时沙地和美国干旱平原的人们的收益,实际上是一致的,而且在极限内,计量着一般工资率。这是因为,在作为一个整体的世界中,存在着庞大而又无限弹性的剩余劳动力市场,其中免租土地肯定只能吸收其中极小的一部分。世界最终劳动的供给增量决定工资的部分,作为最终商品的供给单位决定价格的部分,但这个单位散布于全世界各行各业。各处都能产生的是一般工资标准。

我们不仅承认,而且还明确断言存在着某种工资与之相适应的边际土地。这种边际土地提供了一个庞大的劳动力市场;在这种边际土地上的人们所能获得的产品决定工资标准。实际想来,土地与劳动的关系,就像欧洲市场与小麦的关系,这是任何可能发生的劳动力过剩,都能按照某种生活费予以化解的地方。假如我们能发现这样一个市场,那工资规律的问题就迎刃而解了。

我们一开始就能找到此类市场,这种市场规模大,足以吸收相当大的一部分劳动力。这种市场固然吸收不了为数无限的劳动力,但它毕竟还是一个重要的劳动力市场,因此,它是工资理论中必须考虑的一个因素。人们实际上是徒手劳动的,他们的收入是他们在其他地方而不是在这一农业边际土地上所创造的。真正的耕作边际——精确地说,应该是利用边际——不完全是或者不是农业边际,而是遍布于整个经济体系的边际的。除土地以外,还有生产工具,这些生产工具都没有为其所有者生产租金;而且如果需要工人的话,只是需要一下便可得到。不过,工人本身未必能得到这一部分劳动力,而作为企业家的人们的利益却能确保将他们投入使用;这些人与企业家以及其他工人的工资什么时候有了保障,就在什么时候开始工作。棉纺织业、炼铁业、开店和客货运输以及其他各行各业,都有一个利用极限的问题。

劳动的一部分边际土地是由荒地构成的,这些荒地固然可以用于种植业,但它的收入在全部田地中所占的比例微不足道。还要大的一部分收益,则由他种免租工具提供;再大一些的一部分收益,是以使全部偿租工具存量都投入使用的方式创造出来的,使用过程中是租金免付的。利润颇丰的现代工厂,员工是以千人计的,他们的劳动产品的一部分,以及工厂自身所创造的产品的一部分,有的就被用作该厂的租金被支出了。假如有二十多人可在该厂找到职位,那这一批人一进厂,就会使该厂日产量大增。另外,增产部分或许就全部作为工资发出了,对此,厂主是不会提出要求权的。如果确实如此,这些边际工人就会得到他们的尽数产品。实际上,雇主也真的不会对其收益提出要求权,而就因为蒙所有者宽容,就当他们这是在耕种荒地,或是在经营一家已废弃了的工厂,而有的所有人都是会容他们在那儿谋生的。

由此可见,这里就有劳动供给中的一个边际部分,而且,看来似是能为全部劳动决定市场工薪额的。劳动力这一边际部分,与可以具体归因于这一部分的产品之间,这里显示出了某种直接联系。这一边际劳动的产品,就像一个最终增量决定商品价值的一般标准那样也决定工资标准吗?如果是的话,那么工资规律也就依然有效了:(1)按照某种商业规则,具有某种程度能力的人都必须获得能力相同的边际工人所能获得的报酬。这一原则决定了市场工薪额。

(2) 边际工人获得他们所生产的产品。此规则决定工资,但作用微不足道,只是通过决定工资的自然标准起到这种作用罢了。实际上,我们是用这一个公式接近于我们正在探索的这一规律,然而,我们还是没有完全接近这一规律。一旦加以精确说明,那项真正的原则听起来会是很像前述原则的,不过两者之间还是有很大区别的。①

---

① 欲知有关本章以及下一章的基本内容的早期出版物,请读者参阅美国经济学联合会的一部专著,内含一篇论述"科学的工资规律的潜在价值"的文章。该文是提交该联合会于1888年12月举行的一次会议的,后于1889年3月以书面的形式发表。该文所作的那种说明的一个先决条件,见于本著作第8章结尾处。

本书第9、10两章基本内容中,很多刊发于美国经济学联合会论述"资本及其收益"的一部专著,还有一部分发表于1893年11月号《耶鲁评论》,见于"资本的起源"一文。

# 第 8 章　劳动的具体产品可怎样加以区别

在竞争会充分发挥作用并使工资达到某种自然标准的那种静态条件下，劳动的工资就会等于可单独归因于劳动的那种产品了。我们已经发现了这样一种有限的领域，在那里，但凡生产出来的都得归因于劳动；但我们还得找到比这一个领域还要大而且富于弹性的一个领域。在这一领域，很多人都能前往谋生，而且进入后，他们实际上都会是既免租又免息的。除不纳税外，他们还必须能独力工作，以创造出某种可以辨别且全部归他们所有的产品。当然，少数人或许就得耕种一无用处的土地，因此，地主和资本家也就不会对他们提出什么要求了。为数多一些的人，很可能就得利用这样一类工具，即质次到根本无从对其所有人缴纳租金的那种工具。再多一些的人可能就会作为补充的工人在下述的农场中找到工作，在这种农场，有质优的工具，而且由于有边际工人，他们不付费就能使用这些工具了。

当然，我们不能由此得出结论认为，有的人由于希望他所在行业的那种产品不必给使用者报酬，他就得转身离开他们。独自耕种一片荒地的人，可能还有一个人与他紧邻工作，那个人也在一片类似的土地上为其所有人工作，所得工资就相当于他种植产品或饲养牲畜所实现的那个价值。这个人，就像是那种擅自占用土地的人那样，也是没有受过雇主勒索的。正如亚当·斯密所说，一个人，尽管是为了雇主工作，但他是"既无地主也无雇主与他分享的"。假如按价值计，他向雇主提供的等于雇主为他付出的话，那他的产品就会是完整无缺的，这一产品是完完全全作为工资归他所有了。大多数边际工人所处的也就是类似于此的状况。他们固然不是孤苦伶仃地在那里工作，然而，他们的产品还是有别于另外所有的产品的。

有的工厂，有的熔炉，它们都是如此老式如此磨损，或是配置如此不合理，以至于所有者从中一无所获；可是尽管如此，只要负责人薪金能照拿不误，那普通工人自然工资一文不少，这些工厂和机器设备也就还会照旧运转下去。有的机器陈旧过时，对于其所有者来说早已不再有用，可还是运转不止，继续在给此类设备的操作人员提供赖以创造的全部产品。有的铁路，有的轮船航线，也就是在那里支出营运费用而已。有的商品存货，也就尽是些边角剩料和过时滞销的产品，就连用作售货员处理这些东西的处置费也不敷所需了。免租工具随处可见，而且种类无定数，涉及范围又不明确，劳动时果真要用这些工具的话，那就得在企业的全数品种的工具中，左挑右挑折腾个够。总工资率一有提高，这些工具有很多就得被扔掉。什么时候工资率降低了，这些工具又会被利用起来。任由移民缓解一个国家的人口压力，而又使另一个国家承受这个压力，那么，在前一个国家，各种免租工具都会给抛弃，而在后一国家，原先闲置的工具就都会复又纷纷投入使用了。

下列事实清楚说明免租工具为数不少，这就是因为使用而慢慢磨损的每一种工具、机器、建筑物、车辆或其他劳动辅助器械，在磨损过程中势必都达到某个阶段，在这个阶段，这种工具不再为其所有者产生纯收益了。只要企业家不是弃置这一工具，而是始终用着，而且还总有所得，那么，他就会始终保有它。如果因为有这种工具他有所失了，那他就会弃而不用。这种磨损了的工具，如果他拥为己有，是既无得又无失的。也就是说，如果借助于该工具所得的全部产品，都必须以使用它的劳动付出代价的话，则此时，这一工具也就处于其经济使用期的终结阶段或是免租金阶段了。使用中损耗的一切，都经历这样一个先于废弃时刻的老化服务期，处于这种情况下的任何一个时刻的一切，都足以构成很大一套免租金工具，劳动就借助于这一套工具而得以进行的。要是其余一切都保持不变，那么，人口增长的效应就会是延长一切诸如此类处于磨损状况中的资本货物的使用期的。为使现成的资本货物存量可供更多人使用，那就有必要使磨损了的工具、摇摇晃晃的发动机、不适于航海的船舶等等的运转时间，比处于以前那样使用的状况下的运转时间长一些。不过，一旦处于报废时刻，则使用诸如此类工具的劳动也就只有形成工资而已了。

利用质量最差的工具所创造的全部产量，都归使用这些工具的人所有，这些工具是始终在起作用的。这种产品的数量与一般工资率相一致且又体现一般工资率，这种产品的数量还是调节这种工资率的一个重要因素。使用这一类工具的人是劳动的最终增量的一个组成部分，而这一增量的时价则调节全部劳动的价格。不过，这些人不是这一最终增量的全部，因为在此领域，还有不用任何一类没有价值工具的其他边际人。一个人，如果不想使自己仅限于使用无价值土地和工具的话，则他很可能是只得顺应资本家和地主的要求了。

假如这是一个失业者可以利用的唯一可供选择的东西，那么，我们研究所揭示的工资规律就会类似于乔治先生所指出的那种情况，即他坚持认为，一切工资都取决于耕作免租土地所实现的产量。不过，对此有一点我们要加以纠正，这就是，要是坚持此说的话，要是所有人都选择利用边际土地和*其他没有价值的工具*的话，那么，他们就都得接受他们当中任何一个人所能生产的产品作为他们的收益了。因此，按照一种观点，可供求职者利用的这一个领域，就比仅由农业所提供的边际领域还要大一些；但是，这并不构成可供他们实际上利用的全部田地。我们必须实事求是地看看人们可能而且的确会前往何处谋生。

再说到农业，我们发现有一种既适于粗放经营又适于集约经营的边际土地。固然是有人从耕作区到免租地去找工作，但很多人还是靠辛勤耕种支付租金的土地谋生。每当有一个荒芜的农场复又投入利用了，新来的人很可能就给安排到很多好的农场干活。实际上，肥田沃地终究是吸纳劳动力最多的；导致劳动力外流进入劣质地的，正是工人们在越来越集约耕作这些高质量土地时所得到的那种递减报酬，于是，人们就从集约化耕作的中心被挤向外围了。向良田增投的劳动数量不再盈利的地方,可以称为集约化耕作边际。这些良田已经获得了一个又一个增量的劳动力,此时,如果劳动力再有增加,就只能对别处有利了。

由此可见,一个人可以耕种一片多岩石的土地,但是这种耕作并不尽如人意,充其量也就只能是这里铲一铲种点庄稼,那里铲一铲种点庄稼,如此而已。此时,利用这片土地的这个人就堪称边际人了。再就是,三个人固然可以合种一块地,但他们的耕耘种植缓慢且不说,而且田地里还会有部分得不到漫长生长季节之利的。不过,四个人合种,这田野播种起来可就快一些了,因此,也就能使最后才种植的那一部分田地的作物,其成熟的时间就能长一些了。在此例中,这第四个人就是边际人,因为他的存在而引起的全部增产增收,即可作为工资而归他所有了。再一次地,收获季节收割田地里的庄稼有三个人也就行了,但四个人收割起来就能快一些,因此,也就还能使庄稼免受秋雨突袭的危险。这里,这第四个人就又是边际人了,他的全部产品就属他的工资。由于有了他而得以获得连年免遭破坏的小麦的产值,就可以作为劳动所得而归他所有了。或许还有一个在收割机后面拾散落的麦穗的人,他获得的也就是相当于他从地里拾起的散落的麦穗的价值。这样一个一个相继增加的人,常使种植过程或收获过程日臻完善。但是,如果其中的每一个人与实际所做的相比,他们生产的和得到的均较少,那他们就会相继离开贫瘠的土地。

由于假设了雇主之间存在完全自由的竞争,我们这才可以说,处于农业劳动力集约化耕作边际的那个人,他就将得到他的产品的价值。每当这样一个人心甘情愿地为一个雇主效劳时,他实际上就是在为该农场主尽心竭力,既增产又增收。假如对这增收部分,有的农场主就是不按市场价格支付,那就会有另一位农场主按照市场价格支付,只要竞争是完全地起作用的。不过,摩擦势不可免,这是必须加以考虑的一个因素。因为此类调节,在任何一种社会都是不尽完善的。然而,我们所作的这一探索惟独在于确定工资往往会与之相适应的那样一种标准——在一种无摩擦社会工资会与之相适应的标准,因此,我们的回答是,工资与可归因于边际劳动的那种产量是相一致的。

我们还在设法弄清这种边际劳动究竟是何所指。在农业中，边际劳动中有很多是存在于优质土地集约耕作所利用的边际劳动的最终增量中的。这种劳动并不要求农场主的资本的投资非有相当大的增长不可。他无需购置更多的土地，或是把更多改良措施应用于他已经拥有的土地上。在很多情况下，他都不必给其全套工具增加任何一件。他就是要使其劳动力中增加这一个空手而来的人。任何超额的产量均可归因于这个人的劳动，而且也就是归因于他的劳动而已；再就是，完全的竞争往往还会把这一产量的价值作为工资付给这个人。

就劳动而言的这片农田的这样一种集约化边际，绝不仅限于农业，归根结底，这种边际在整个经济体系中都存在。到处都存在这样一个边际，在使利用真正适于工业工具的工人人数增加这一点上，超过这一边际就没有任何好处。尽管一百个人就可以使一艘轮船启航了，但一百零五个人可以使它扬帆行驶得更好。既然是那样，额外的这五个人就是处于该轮船集约利用的边际上，因此，实际上是租金免付的。凡是利用该船本身就必须给船主付费，由全体原先的船员驾驶时，也得给船主付费。因此，上了船的那最后五个人，就创造了某种独特产品。他们使那家运输公司成了一家效率更高的运输公司，并把钱放入所有者的口袋了；但他们领取工资时，又把这笔钱从所有者口袋中取回了。在工厂、矿山、商店、熔炉等等，都常有以此方式在狭小范围内使受雇人数改变而又不影响所有者收入的机会。如果吸收新成员，那么他们的全部产品也就都归他们所有了。

不过，工业体系内也有工人人数没有弹性的某几个时刻。这些工人可以是雇用而且雇用起来又是经济的。一定的机器总得有人操作，而且一个人也就够了。由此可见，在一个大企业，劳动力或扩大或缩小，而资本货物配备的性质并非无论何时都不加改变的。然而，在商业中，在可与某种适销商品一起使用的劳动数额上，则常有相当可观的弹性。在制造业和运输业中，劳动力也常常可以加以改变，而与劳动力一起使用的资本货物的数量或性质则保持不变。

当然，这种改变必须仅限于相对窄小的范围内。在工业中，在某一具体的时刻，五个人可增至多达一百人，可是所利用的资本数额，不仅不必加以改变，其形式也无需加以改变。在另外的领域，在同样的方面，一百人中可增可减的也就仅一个人而已。假如在社会为了生产而组织成的各个大组的每一个小组中，每一百人的人数就可增加或减少一个劳动力，而且还不必使他们使用的成套工具、机器、原材料等等作什么改变，光此事实即足以为一种工资规律提供某种理论基础。百人劳动力中的任何一个人，都可以离开他的雇主，而且还不至于就伤害或是惠及该雇主；而且，如果是他给另一人提供服务，并且要求其薪酬是他将为他自己生产的产品，那么，假如他得到了这雇主所提供的工作，那他就既不会惠及或伤害这第二个雇主。由此可见，确实有我们称之为的每一个企业家控制的就业领域中的无差异地带。在此范围内，人们来去自由，而不至于影响雇主的钱袋。非金钱利益的动机可使雇主接受提供给他们的新人，而且还有有限数额的劳动在经济体系内小组与小组间流动的有限机会。如果竞争在理想完全的情况下发挥作用了，那么，这些工人无论前往何处，他们都能得到他们作为工薪的实实的产品；尽管事实上竞争并非完全起作用，但这些人所得的，也就是近似于他们的产品而已。

任何一个人离开雇主时，决定他的价值究竟有多大，都是通过弄清楚劳动力中少了一个人进而造成了多少损失来确定的。情况或许是，离开的这一个人的特征并没有什么重要性。重要的或许在于下列事实：在工厂某处，原来是八个人一个组的，现在是七个人一个组了；或者原来是二十个人一个组的，现在是十九人一个组了。我们说，这个人是普普通通没有什么技术的工人。如果没有下述情况，他是可以改变自己职业的，即当一个掌握了某种获利专业的人，他从一个小组转到另一个小组时，留下了转由他人承受的相当数量的浪费和摩擦。需要回答的一个问题是：因为这个人的离职，给前雇主造成的损失有多大？另一个问题是：因为有这个人的到来，这第二个雇主又能获得多大好处？

就向一个雇主效力的这些人来说，他们之间的可互换及可互补性是如此之显著,以至于他们中有哪一个人离职,对雇主来说都毫无关系。假如离开者一直做着对本企业非常必要的事,那么,雇主就只得以一直做无关紧要的事的人接替他。由于一个人的离职而虚位以待的工作,总是属于边际性的。在工厂的工人,则按层级自行安排,以示他们所从事的工作的重要性。第一个层级的人做的是必不可少的某种事;第二层级的人做的事固然很重要,然而终究没有第一个层级的人那么重要;最后一个层级的人所做的事对于本企业的生产几乎是谈不上什么贡献的。假如第一个阶层的人离职,雇主只得以最后一个层级的人取而代之,那么,虚位以待的就是最不必要的工作了。任何这些可互换互补的人对其雇主的*事实上*的重要性,都以做着最无必要的工作的这个人的绝对重要性予以计量。

此外,我们还会发现,凡是有并非如此可完全互补互换的人的地方,如果有一个承担重要职责而且是卓越的人擅离职守,那类似于此的以一个人取代另一个人的情况就会照常发生。那项职责可不能任由其处于虚设状况。于是,就会有另一个人被安排以接替离职者留下的工作,而这一工作,一如以前,还会是属边际类的工作。为导致这一结果而必须作出的替代,的确是使雇主承担了一项特殊损失,因为有几种重要工作会做得不如以前那么好了。如此引起的额外损失所计量的是优秀者的特殊价值,这种人一旦离开就得有接替者才行。不过,各个层级的劳动最终实际上都是按照边际标准予以计量的;整个计量过程,当我们就有关边际劳动生产率所作的研究终于达到下面一点时,就可以理解了。

现在,我们必须指出的是,就人具有可互换性这一点来说,在我们姑且称之为*有效生产率*的这一点上,人们都是相似的。有一个人实际上或许就是做着某种必不可少的工作的,而另一人则是在做着另一种微不足道的工作的;但让第一个人离职进而造成的该企业产量的降幅,并不比让第二个人离职所致的产量减幅大,因为这第二个人固然的确是放下了他自己的工作,但他并没有停止工作,而是去做原先由第一个人做的那更具实质性的工作了。我们姑且称之为某个人的绝对生产率的那种生产率,就由这个人在做着的那种工作的重要性予以计量了。就让这个人腾出职位,留下他此前在做但未完成的工作，该企业因此会承受的一定的损失，就用以计量这个人的绝对生产率。由此可见，我们所称的一个人的有效生产率，在这个人离职，在雇主重新安排其劳动力，以期更为必要的种种工作照做不误的情况下，就由其雇主所承受的损失予以计量。雇主将安排 B 取代 A、C 取代 B，如此等等；余下没有人来做的工作，就是那最没有必要的工作。假如人们可互换性强，则其中任何一个人的有效生产率，就都会等于最终或边际人的绝对生产率，而这边际人的工作，干脆就无需安排了。我们会发现，工资是由领取工资的那些人的有效的而不是绝对的生产率自然调节的。就人们可自由相互替代这一点来说，一批人中的任何一个人对其雇主所具有的价值，实际上就都等于该批人中的那最后一个人所完成的产值。

从雇主的角度来看，有这样一个地区，在这个地区内，他可以多安排几个人工作，条件是这几个人不会使他们的有效产量减至低于已在这个边际区内工作的那些人的产量。这种地区，我们把它称为*无差别地带*，所据的理由是，是否安排额外的这几个人工作，这对雇主来说是无关紧要的。假如这个雇主雇用他们了，那他还得以他们的产品的形式给他们支付工资，可对此他们却不以为然。一小点影响就会决定一个雇主是否雇用这样的人。当然，无论什么时候，雇主要增减劳动力，就总得要克服一定的阻力。按照工人的看法这是不言自明的。设想我是一个失业的售货员，你会把我招进你的工厂吗？要是我能为你带来稍多于你付给我的工资的那一点点利益的话，你肯定会的；要是我带不来这么多，那你可就不会招我进厂了。即使我给你以前的产量增加的恰好等于我所要求的工资的产量，那你也还是会在接受我和不接受我两者之间犹豫不决的。由此可见，我的劳动就在经济无差别地带内，人道或他种动机会使你有个决断。要是我是在你的工厂工作的，你会解雇我吗？我给本厂的其他各项收益增加的产品，在不足以抵付我的实际工资之前，或许你是不会的。但是如果你是在企业适值一派兴隆时招我进厂的，那么，工厂无疑是暂时从我的劳动中实现了不是太大的一笔利润的，而这就足以克服你反对扩充劳动力的那么一点点惰性了；反之，如果你是曾经招收我成为工厂员工中的一员的，那么，此时，惰性的作用就对我有利了；你会始终不让我走，直到因为招进我而引起了亏损，而且亏损还很大，大到足以促使你采取措施解雇我为止。

当然，我们现在在此探索的是与劳动的工资趋向于一致的标准；但是，正如此前我们已经以一应必要的强调语气断言了的，在旨在发展成为具有彻底性的一切经济理论中，惰性和失调都是占有一席之地的有影响的因素。不过，这一席之地，不是在那一部分理论的阐述中，那一部分理论的阐述是旨在确立工资的自然标准的，而有关这一类标准，我们是必须计量失调的影响的。不过，即使如此，在工资的调节中，也还是会意外遇见大量导致失调的影响的。要是竞争导致劳动的工资总是降至劳动总供给中那边际部分的产品所确定的工资率的话，那么，就我们现在所持的这种目的来说，情况也就足以证实这一事实了；而这会是正确的，尽管摩擦和失调——不在这里研究的几个因素——已经使实际工资率与实际情况相比较，远离理论标准很多了。

我们至此得出的结论可以概述如下：*工资往往会等于边际劳动的产品，因此，劳动力中占有无差别地带的那一个部分是属于边际的一部分*。操作租金免付的机器或侵占更好机器的产品的最后一个增量的人，就在这个领域内；耕种荒地或对良田精耕细作的人，也是如此。这些人都创造了一定数量的财富。竞争往往会使他们得到这一切，而且，竞争还往往会使另外的工人接受这些人所创造的以及获得的东西。如果无差别地带内的工人构成一支相当大的力量，如果他们可以自由地调换工作，那么，*显而易见，任何一个工人的有效产量，就都必等于在边际地带内的任何一个工人的绝对产量*。就听凭任何一个劳动力离开雇主，然而，那个人的劳动或许必然就是雇主将失去的边际地带内某个人现在正进行着的劳动。他将招进现在做着最后的拾落穗的工作的这个人，并把他置于要完成更重要工作的地方。按*事实上的*标准看，所有人的劳动都同样重要，假定这些人是可以互换的。相互交换遇到的摩擦又是一个需要加以单独研究的因素。在无摩擦的情况下可以作区际流动的人，是有同等实际重要性和可获相同工薪即边际工人产量的人。

现在，可就达到一般工资标准采取另一步骤了。一个雇主在无差别地带内所创造的产品,往往会等于另一雇主在无差别地带内所生产的产品。假如某个制衣企业的边际机器——存在于该国的一个偏僻工厂的、过时的、摇摇晃晃的织机——很差,用这种机器工作的人的产量就会极低。设在其他地方的现代工厂,其边际工具就好多了,使用这种工具的工人创造的产品也就更多了,而且,在自由竞争的条件下,他们得到的产品往往也就更多了。至此,就让我们说一说从一个领域向另一领域转移的工人的情况。老旧机器要报废,使用这种机器工作的工人进入好的工厂,但在那里使用的机器却比起这些工厂一直在用的机器要差一些,或是他们对大量的好工具的使用效率要低一些。总之,他们要把就业边际往下压,直至生产率降至低水平;而且,这种流动还会继续下去,直到在一个雇主的工厂,其边际劳动创造并获得与其竞争者企业相同的财富数量。

这就是说,分属几个雇主的田地中的那些无差别地带,合在一起构成了一个贯穿所有小组或行业部门的人们各归其所的一个无差别地带。该地带内的任何一个人都可以离开一个雇主,进而投身另一个雇主,而且在创造财富的数量上对这两个雇主都一视同仁。在完全竞争的条件下,这整个地带都既是劳动生产率趋于同一水平,而劳动工资又是趋于同一水平的。工业社会随时都可能进行的那种静态调节,是隶属一个小组的所有企业的那些边际工人都能实现同工同酬的那种调节的。

这里,再次出现了各边际区内各工业部门生产率和工薪趋于相同的趋势。一个行业小组的无差别地带内的产量,趋向等于另一个行业小组无差别地带内的产量;而且,实际上,还有一个包括当地各地区在内的社会无差别地带。例如,制鞋业的边际劳动与熔铁业、采石业、运输业等等的边际劳动,无论生产率还是工薪率,都是同样趋高的,否则,就不会产生从生产率低的地区向生产率高的地区的稳定的劳动力流动量。假如某一行业的边际工人创造的价值是一天 1.5 美元,而在另一行业是一天 2 美元,则这后一行业的雇主就会对从生产率、工薪率均最低的行业中雇人更感兴趣。工人由这一行业向另一行业的这种转移,使一些就业边际的人们的生产率趋同了。转移的结果是,人们转移而至的这一行业将不再使用最质次的工具,好的工具则取最高效的利用方式。就人们离开的这一工业部门来说，上述影响是使好一些的工具成了边际工具；而且，上述影响还使好的工具的更赢利使用，成了最终的或是租金免付的使用。它不仅提高了边际劳动的绝对产量，而且还提高了所有劳动的有效产量。人们要加入的那一个小组的情况正好相反。在那里，次而又次的工具的利用，以及好工具越来越低效率的使用，成了普遍情形。边际劳动正在被迫进入生产率越来越低的行业和部门。流动的工具不再任由流动了，流动止于最终劳动增量生产率均等的耕作、纺棉、采矿、制鞋、养畜等等行业。总之，边际社会劳动处处趋向于生产率完全一致了，个人素质同一的劳动，在此工业体系的各个组成部分，其生产率都均等了。是劳动的可相互交换性确保了这一点。因此，实施统一的工薪率了，因为工作领域无论何处的单位劳动的工资，都趋向于等于其边际部分的单位产量。因此，无差别地带扩展了，并通过每一个小组和小小组，一直扩展到了工业社会得以组成之处。有关这一点的显著事实是，对于一个雇主来说，到处都是一个无差别问题，不论是否在这个区域内，他要么雇用一个人要么一个也不雇用。

"地带"、"地区"和"行业"等等用词，都是比喻的表达方式；这几个用词真正表明的是劳动的机会。一块肥沃的土地或者一家设备充足的工厂，使一定数量的工人都有了高效率工作的机会。对工人而言的这种最好的机会，可以用这整个就业领域的一个同心圆图来表示。新增的工人创造的物品就要比先于他们进入的人少一些，因为他们的机会不如前者的有利；而这一事实，可以根据想象，用那个中心区周围的每一个同心区内人们所在的位置加以说明。有一系列的此类劳动机会，其中的每一个机会都比先于它出现的机会差一些，而最后的那个机会就是其中最不利的机会。各片田地中，最瘠薄的那一片，对劳动的机遇或机会来说，就是我们图中所示的最为外圈的那片田地，在这圈田地内，人们劳动所形成的产量只够支付工资。按照雇主的看法，这就是无差别地带。因为他要使人们在这个地带内干活，他就得倾他们所生产的所有产品都作为工资付给他们。假如有一个雇主付给他们的与按他们的生产力来说相比少了一些了，那么，假如竞争既是完全自由又是富有效率的，那就会有别的雇主付给他们高一些的工资。按理论来说，每个人的雇主之间都存在竞争，工人受雇于一个企业，这就给雇主提供了高出雇主付给他的工资的利润。因此，只有这种利润不复存在了，竞争才会停止。

就此而论，商品的自然价值与劳动的自然工资之间，有极重要的类似之处。早期的经济学家就曾经正确断言，某种物品的自然价格是一种仅抵补该产品的生产成本的价格，这种看法与日常经验是相吻合的。正常价格就是无利润价格。生产商品过程中直接有关的所有劳动，包括监督各家工厂、负责理财、记账、收取债款和管理业务等等在内的一应工作所需支付的工资，都由这种价格来体现。这种价格还要为企业所利用的一切资本提供利息，而不论这种资本是企业家自有的还是借入的。此外，如果价格正好处于正常价格水平的话，那就没有收益可说了；其所以如此，就因为企业家竞相销售产品，从而使价格降至无纯利水平了。

不过，价格长期维持严格成本价水平的情况很少，总会有波动进而使价格高于成本价、旋即又使价格降至成本价格的情况。因此，这种处于无利润水平的价格又是正常的。因为这种处于无利润水平的价格所保证的，并不是各种商品据以持续销售的那种价格，而是各种价格在竞争之处都总是趋于降低的那样一种价格。只要还有企业家净利之处，那就总会有商品的售价暂时高于正常价格的情况的。竞争的趋势是消除利润，而使实际价格达到公认的经济学理论以及日常经验表明为其"自然"水平的价格的，也是在于消除利润。摩擦有碍于以变动达到这种"自然"水平，这是后面要研究的一个主题；但我们已经注意到，如果没有这种摩擦，企业家的净利就永无可能存在。如果一应所需的价格都可以立即达到由其最低限度生产成本所确定的水平，那这样的一位企业家就会一无所获。

在雇用边际劳动时，如果竞争是自由而且是高效的话，那同样的结果就会发生：竞争会彻底消除一个雇主就他所雇用的最后一个增量的劳动可能产生的利润。雇主们都有同样的诱因，彼此为了能使他们获得纯收益的一种劳动而竞相抬价，就像他们不得不竞相压价以确保产生利润的货物的畅销那样。在后一种情况下,他们是把价格往下压,直至不给他们自己留下赢利的余地;但在前一种情况下,他们则是要抬高最后一个增量的劳动的工资,直至这种劳动无利润可图为止。由此可见,边际工资率自然是一种无净利的工资率,其原因就在于雇主之间的竞争。这里又遇到摩擦了,这是因为竞争并非是准确无误地发挥作用的。因此,也就有了与边际劳动联系在一起的时而盈利时而亏损的情况。不过,这种劳动的无利润工薪是自然的,商品的成本价格也是自然的,这一点的原因与此相同:在竞争的影响之下,无论何处的边际劳动的工资均趋向于实现这种工资率。

此外,由于边际劳动的工资都趋向自行改变,以适应这种劳动的产量,因此,其余所有劳动也就都趋向于自行改变,以适应该供给中那个边际部分的产量。假如雇主能够用这一个人取代另一个人,那么,在无差别地带内的一个人所获得的,另一个人也得同意接受。假如无差别地带一如所描述的那样,确是劳动的整个就业边际领域的话,那么,这一原则就会给工资提供某种充分有效的调节。不过,情况并非如此。除了利用无价值的工具以及发挥好工具的那种潜在可能性——也就是以在此作了描述的从广度和深度两方面扩大的整个劳动领域——使劳动力有一定增加以外,或许还能以另一种方式找到职业,而且在此职业中,劳动力的这一增加将创造一种独特的产品并获得其全部。因此,说无差别地带的劳动产品是所有劳动的工资与之相符的唯一而且充分的标准,这是不公正的。构成这一标准的是有面积再大一些的一片边际土地——刚才所描述的这一地带,只是其中的一部分而已——的产品。

已经以"无差别地带"这一术语作了描述的利用机会,存在于这样一种自由之中,有了这种自由以及资本货物也即具体的生产工具后,才能使它们的产量比已经达到的要高一些。就以世界的工具为例,假如我们在利用这些工具上多投入一些,那我们就可以获得多一些。这种情况有别于以某种相似强化劳动的方式从既定资本中多获得的一种情况。一家工厂,其机器数量不变,但它可以吸收比现在利用着的还要多的工人;但如果该厂价值百万美元,那么,这个资本数额就能雇用到比该厂现在所能利用的还要多得多的边际工人。美国拥有的庞大工具存量，能使比现在在职还要多的人实现就业；但不只是资本货物存在如此大的潜力，还有可以自由投资于任何其他东西的650亿"美元"，这是能使为数大得多的新增工人获得就业的一个有利机会。由一个特定*资本货物*存量确定的就业边际，与由既定*资本*确定的一个就业边际相比，存在着极大的差别。

在工业领域的很多部分，多用几个工人还是少用几个工人，这与已经在使用中的那些资本数额有关，而且还*不必对那种资本的形式作任何变化*。例如，就让农场连同它的建筑物、活畜、工具等等原封不动，你照样可以给劳动力增加或是减少一个单位，这都不会影响雇主的收益。一个工厂劳动力规模上可以获得的这一小点弹性极为重要，不过，作为一个基本事实，与某种既定的资本可以获得的劳动力规模的弹性相比，则无关紧要。尽管有的商店多招一两个人不会有所损失，但也有的商店再招一个人就不经济了。也有的机器是全天都需要由一个操作工管理的。农场、花园、矿山、帆船等等多增加一个人，就意味着劳动供给上的冗员和不经济；但是，要是*资本的形式可予以改变以适于工人人数的话*，那么，以一定数额资本工作的工人人数就无此类限制。假如无论何时都可以增加工人人数，那就可以经常地、不浪费地把你的资本投入你会选择的任何一种新的形式中，你可以使你的人力增加一倍、两倍或四倍，而你的资本额却不必增加。因此，假如资本是形式无限的，那可以利用资本的劳动在数量上也就无限了。

与资本仅限于一成不变的情况下所能实现的相比，这一事实终于能使全行业体系内劳动的小组间流动量大多了。不过，即使情况如此，能流动而且流动起来还不至于造成灾难性浪费和失调的，也还是仅限于无差别地带的人。假如有两种行业，分别都利用10万人和价值1亿美元的资本，此时，1 000人可以从一个行业自由流向另一个行业，而生产率却毫无增减。但如果有1万或5万人要流动，而那类行业中的资本形式又要保持不变，那会是行不通的。从那一批工厂中撤出一半劳动力，并把他们投入其余的工厂，那么，在那第一批工厂就会有很多机器不得不停工；而在那另外的工厂，这些人又会无所事事，而这些人原本是很有用的，足以使他们现在工厂的价值与他们原先工厂的价值一样大。然而，劳工具有完全流动性，这是我们的主要假设之一。除非劳动力流动了，否则就无法确保各行各业的盈利能力均等，以及一般或是社会工资率无从确立。显而易见，在以注重实效的方式思考决定一般工资率的方式时，我们都是不言而喻地认识到，*就其本身而论*，*资本*是具有利用不等数额劳动的无限能力的。由于各小组的资本都具有这一能力，因此，各小组也就都达成某种均衡，各小组的产量也就都变成正常了。由于社会资本作为一个整体具有这一能力，在正常条件下，作为一个整体的劳动力也就总关心着其产品能否决定其工薪标准的就业机会。在某种程度上，一个工业社会是能吸纳任何数量的劳动力的。假如资本在形式上是能自由变换的，那么，劳动力也就变成可以自由流动的了，而且能获得一个无限弹性的利用领域了。一个边际单位的劳动力在此弹性领域所能生产的，也就是可以具体归因于任何一个单位的劳动数量了。

# 第 9 章 资本与资本货物的比较

　　工资理论的下列主要论点，现在可以用一种易懂的方式加以说明了：各行各业劳动的工资都往往会与社会劳动的边际产品相一致的，而社会劳动是与某一固定数量的社会资本一起使用的。要使这种说法的完整含义变得清楚，科学必须确认的"资本"与"资本货物"之间的差别就必须给予详述。

　　资本由生产工具构成，而这些工具总是具体的和物质性的。这个事实极其重要。就断言资本就是一种物质存在来说，我们是胜过很多经典经济学家的，因为我们并不把工人后天获得的能力看作是生产资料基金的一个组成部分。任何一个人花钱接受培养或获得教育以谋取有用职业时，都并没有使自己的资本增加。实际上，他得到的是使自己的生产力提高了；不过，他们又不得不履行节制，为的是以后能够生产以前生产不了的产品。必须承认，投资接受技术教育与投资购置工具，两者的效应有某种相似性。但在使用资本这个词时，我们当以严谨的解释人的身份约束自己，而且坚持认为，资本决不会是人类自身用于生产的一种要素。世界拥有的资本，可以说都是劳动者掌握的一种利器——人类征服和改造自然界的耐久要素其外身包裹着的那种盔甲。

　　我们称为资本的要素最具特色的独一事实是永久性。经济要富有成效，资本就必须保持有效状态。侵占它——破坏了它的任何一部分，你就会遭受损失。你要是把你有的资本都毁了，你就得仅靠劳动，竭尽所能，从头开始谋生。然而，就为了不至于失败，你就得毁掉*资本货物*。设法使资本货物免遭破坏，但没想到却使你的资本遭到破坏,这都是你咎由自取。让你工厂里那些机器停止运转以免磨损,对机器又是包扎又是装箱以免锈蚀,可你的资本的生产功能消失了。更有甚者,资本自身最终也会毁灭。因为总有一天你的机器会变成如此陈旧过时,以至于再想利用也无法利用了。

由此可见,工业要获得成功,资本货物就不仅*可以*听凭毁坏,而且还*必须*毁掉;资本货物必须如此加以处置,资本才能保持有效状态。小麦种子必须腐烂,小麦才能生长。就起源而论,适用于生产的这种资源的一个名称是永久性,因为这种资源是如此至关重要,以至于就必须始终保持原样。就因为有这样一个名称,资本货物与免税收益才能截然不同,后者是既可用于一个人的生活,也可用于一个人的娱乐消遣的。把你的资本用于放高利贷,得到作为高利贷利润的收益,你就可以花费而且安全无事了;但花费资本,你未必就能安全。不过,保全经济中这一绝对必要的要素的那种方针,就是要使包括这个绝对必要的要素在内的物质工具几乎尽数损毁。资本与大多数资本货物之间最显著的差别之处就在于,一个具有永久性,另外一个则易受损,两者形成鲜明对照。土地是为求它所体现的那种生产资源基金得以永存的,因而它是不必予以损毁的唯一一类资本货物。

资本具有完全流动性,而资本货物则远非如此。把100万美元撤出一个行业进而投入到另一个行业,这是可行的。在有利的条件下,这样做可能不会造成浪费。不过,把属于某一个行业的工具如数撤出而后又投入另一行业,其可行性就小得多。曾经投入新英格兰捕鲸业的资本,在某种程度上现在是用于棉纺织业了,但捕鲸船并没有改作棉纺织厂用。这些船陈旧了以后,原拟用于造更多船只的捕鲸业的部分利润,实际上是用于盖纺织厂了。资本的船舶*形态*消亡了,但资本犹存,而且可以说是从某一类原材料的形态转变为另一类原材料的形态。实际上,资本通过改变体现它的形态从而改变它在行业小组体系中的地位,其基本能力是无限的。

现在,我们有与生产资料有关的一个科学问题的答案了。为什么商人要从钱的方面谈及资本?要是你向一个商人提出"你的资本是什么"时,为什么他会回答说"是我投入到我商店的10万美元"?

这是因为在他用"10万美元"这一说法时,他是意指一种持久不变的事情,而这是他刚开始经商时就必须面对的事,而且现在也还是如此,除非他的生意一直不成功。然而,体现他的资本的种种事物的性质,他通常不会牵强附会,而且尤其在他明白诸如此类的东西并不在于是金属货币,抑或是其他任何货币的这个问题时,更是如此。要是他的资本中,哪怕是微不足道的一点点,他也是给锁起来妥藏在保险箱内,或是银行保险库,或是散置于商店各存放现金的抽屉内,那他就是一个不成气候的商人。他的生产资料是存在于商品、房屋等固定设备中的,以满足商品卖出并交货等等时候客户提出的要求。然而,他还是出于本能并无意识地认为,资本就是钱。他可以储存他的"钱",而且可以把这笔钱从一项投资改用于另一项投资。用于生产的一种抽象数量的财富,一种永久基金——是我们的例子中那10万美元所真正表明的那一价值。一种价值、一定量的财富或是一种基金——假如其中之一,是被认为除体现它的那些具体东西外再无别的了,那就是一种抽象概念;但是,如果是被看作体现于某种具体东西的,那就不是一种抽象概念,而是一种物质存在。上述商人总是把他的10万美元看得如此具体化,而且能迅即说出体现它的都是些什么东西。他知道他的投资是具体的和有形的,但是他又是很本能地通过某种抽象的措辞想起它并提到它的。

资本曾以某种脱离现实的状态存在这一说,我们固然得引以为戒,但为了科学的目的,企业家的那种俗话和套话,我们还是可以很有把握地使用的。我们可以把资本看作是一笔生产资料,这一笔生产资料是投入不断改变的原材料的,但这笔生产资料就其本身来说还继续存在。可以说,资本就是要通过流动,也即从一批企业撤出旋即又投入到另一批企业,如此循环往复而得以存在的。在其他各方面都相同的条件下,商业活动的进行愈是活跃,基金自身便愈是充满活力。这样一种资本的寿命,就不像缓慢移动的一类爬行动物的寿命那样呆滞,倒是很像高度有组织的动物的寿命,此类动物是短期间内就淘汰和更新其组织的。①

---

① 在1888年5月出版的美国经济学联合会论述"资本及其收益"的一部

诸如此类描写某种具体东西的抽象套话,在每一个思想领域也都是常见的。我们已用了水力的例子。水力,就其本身而言,是一种抽象概念,但体现落水无穷系列的水滴的力,则又不是抽象概念,而显然是具有物质性的,是具体的。生命,本质上是一种抽象概念,但体现于无穷的一系列人的生命,则又是具体的。按单位计量、以货币表示的生产力是抽象的,但这种生产力一旦体现于无穷的一系列资本的货物之中,则它又是具体的。我们不妨就把资本,即我们作了描写的那种永存的东西,称为转移性货物,此类货物有着无穷的系列,而且始终是具有一定数额的价值的。一旦我们把资本称为

---

专著中,我希望人们注意到资本与资本货物的区别,而且把*真实资本*这一术语运用于生产资料的那种永久基金了,这种基金,本章就简称为资本。"真实"这个词,意指没有某种混合物,而被排除了的那种混合物,则是一种与诸如工具等等的具体的物结合在一起的一种混合体。不过,表达真实资本无需在这种混合体内就能客观存在的这样一种想法,这根本不是我的意图所在。然而,*就该概念本身来说*,我认为是必须摆脱这种混合体的。"它有持久性",正如我们所说的,而且"它有行业间的流动性";但工具则不,它们是无持久性的。作为工具,它们是不改变其所在的地方的。资金、"美元"或者说真实资本,都是可以易地的。当一套衣服破旧了,另一套取代它时,我们说这是资本在延续,不过,这也只是一个抽象的过程,而这一过程当真有一个继续的存在。该抽象过程的具体体现也就是有一种转瞬即逝的存在。有了这种理解,真实资本在理论上也就可以称为资本了,尽管客观上这从来就不是一个抽象概念。真实资本是体现于商品的价值之中的,其特性是变化不止,以便可由永久基金解释的任何一种事例予以证实,今天适用于一系列事物,明天又适用于另一系列事物,如此等等。在这里,这是合乎逻辑的区别的核心所在。就资本货物所作的一种证实以及需要保留的商品的特性这一概念来说,我们说"一切资本货物都易损毁",根本不是意指属于资本这一类的一切物质都会从地球上消失,而是指我们在断言中识别的那些资本货物会从地球上消失。上述专著所作的如实描述中称作真实资本的,在这里则称为资本,而实际上是均可称为生产资料的某种数量的物质,这种物质可以根据价值予以计量,而且具有永远改变其整个特性的一种特征。绝无商品可以证实为逼真的东西,因为具体的货物自身也不会是永远存在的。这样的断言唯就资金而论可以作出。

长期不变投入于一系列易损东西时的一定数额的"钱"时，我们的确就意指它了。

正是由于采用了这后一种表达方式，永久这个概念才得以最好而又最简单地表达了，因此，在这个方面和在另外几个方面，就有一致的见解支持这一概念了。制造商在获得获取流经其暖气管的无穷系列水珠的权力时，他所购买的是一种水力。地球上继续存在的是生物，人却是瞬息即逝、昙花一现的。在工业中得以延续的是一种基金，亦即一笔生息的生产性资源，随着一系列持续制造的生产工具得以留存，制造这种工具的工业则可谓是有生有死的。这里，当有一个例外给予指出：投入土地的资本没有理由抛弃它的实质内容进而换一种内容。总的生产基金中的这一部分，正如我们业已指出的那样，不必转移也可以永存，但这是可以这样做的唯一部分。

资本和资本货物都应该成为经济学的研究对象，这自属必然。这里有很多问题，而且都得加以解决，其中有的涉及资本，有的涉及资本货物；而这一事实令人遗憾的是，由此事实看起来在政治经济学论文中，资本这一独一无二的术语是用于指称生产资源的。资本这一术语，由用于我们下了定义的资本一律用于资本货物了，而且反之亦然。一个重要单词有双重意思，这就造成了无穷的麻烦和混淆。例如，工资是用资本支付的吗？工资就是如此予以支付这一点，是工资基金学说的实质，该学说长期以来几乎未曾受到过质疑。在这一点上，资本这一术语是什么意思呢？它是生产资源的持久不变的基金吗？如果是的话，那么如此长时期流行的这一说法，必然就意味着工业在其发展过程中是消耗这一基金的，而且使它减少了。商业中这个必不可少的要素至少暂时是必然减少了；不过，谁都知道情况并非如此。资本这个术语就像早期学者们所用的那样，真的是意指资本货物吗？如果是的话，那么，他们就这个术语提出的说法，也就只不过是断言一个工人的所得及与其家庭共享的实际工资，是取自商人的存货而已。诚然，在此以前，它们曾经是资本货物，但现在是消费品了；而且，它们在资本货物存货中的地位，已为其他类似的商品所取代了。资本未曾有过减少，尽管或许有过压缩以及其组织的更换。这会使这些事实变得清楚起来的一种说法，当会排除无数有关词义的争执和很多混淆；而有关把资本与资本货物区分开来的此类术语的定义，当能达到这个目的。

早期的经济学家都把资本定义为存在于生产工具之中，例如，存在于各种器具、建筑物、原材料等等中。由于思想上的混淆，他们通常都把满足工人需要的食品作为多种资本之一包括在内，而食品是一种典型的消费品；但除此之外，他们又说，资本存在于促进劳动的工具、建筑物、原材料等等之中。然而，既已采用这种方式给资本下定义了，那他们开始考虑利息问题时，也就不得不——就像人人都得如此——重提作为基金的资本的那种可根据钱描述的一般概念了；一间房屋，年平均5%的利息都挣不了，尽管投入该建筑物的"钱"或许就能挣得。

那么，什么叫利息呢？利息不是财富的一种永久基金自身每年所挣的一部分吗？它等于100美元每年所挣的5美元。利息通常以百分率表示，而百分率则意指资本自身及其年收益两者均以价值的单位数予以描述的东西。一间房子，或是一台机车，或者一艘船，真的一年就自行挣得了那一部分吗？这种利息在年终出现比年初出现就多1/20吗？世界上的各种建筑物如机车和船舶等等所体现的*资本真的就是这样自行扩大的吗？资本挣的是利息，而各种具体工具所挣的不是利息，而是租金*。

租金这一术语的某种通俗而又准确的使用，使它能够用于描写任何一种具体的工具所能获得的租金。例如，一间房屋能挣得了租金，作为房地基的土地也能获得租金，但事实上，该房屋可以承载的每一台机器或每一种原材料，也莫不如此。由此可见，租金是一种一次总付的钱，而不是一个百分率。就让一切都供出租，按照通常的用法，你能由此得到的就都是取租金的这一名称了。不论供出租的是一个农场、一间房子、一种车辆、一艘轮船、一种工具，还是另外任何具体的一种资本货物，它们都会挣到租金；就其本身而言，资本所能挣的却是利息。编制一份世界性的各种具体生产工具的库存清单，清单中包括有助于生产其他商品的每一种商品，而且就在对应于每一种商品的品名之处，都标上一年可以为其所有者挣得那个总数的每一种商品的名称，然后把这几项总数数值加在一起，所得总额也就是持有财产阶层的总收入，因为这一收入换算为租金的形式了。现在换种做法，使这些款额相加，再加上存货总额，由此得出的总额就能说明世界的永存资本规模了。求出该基金哪一部分一年自行所能挣得的金额，你就知道利息*率*是多少了。求出这一部分资本基金等于多少美元，而你得出的也就是利息总额了。这又等于拥有财产阶层的总收入；但这一次，这个总收入所取的是表达为产品的利息的形式，这种产品不是不经久耐用的工具，而是一种已用作投资的永久基金。就与实际的想法相一致，以及我们这就要证实的那些术语的一种使用来说，其用法是完全科学的，租金和利息就是以两种不同的方式描述同一收入。*租金是资本货物可以获得的一次性总付的总额，而利息本质上则是永久资本基金所得获的那一部分。*

计算利率时可以注意到，我们首先是要弄清楚几种工具合在一起时所能获得的绝对金额，或者是一次总付的钱。在某种意义上，利息取决于租金，经折合，利息等于一定百分比的总资本。就另外一种而且也更深刻的意义来说，租金是由利息决定的：任何一种工具所获的租金总额，都取决于此类正在使用的工具的数量。任何一类工具的数量一旦有所增加，其中每一件工具的收益就会减少；而数量递减，则每一件工具的收益就会递增。自然投入使用的每一种工具的件数都取决于利息规律。某一种工具、机器、建筑物等等的*资本*，与另一种的一样，都是要与另一类资本一样占有尽可能大的比例；每一种资本货物的数量就作这样的调整，以使它达到这一点。这种导致均等化的因素决定各种资本货物的数量，而这又决定各自所能获得的租金。要是已有如此多台的车床开工了，再有一台开工，其所能获得的租金，占其成本的份额，就不可能有另外某台车床所能占得的份额一样大，这另外一台车床，无论制造还是投入生产，都比上述的车床早。*大致准确地说来，租金确定利息。*已知有某个数量的各种资本货物，它们所获的就是这样一个数额，如果加以算术约化，也就折合为利息了。*从根本上说，利息决定租金。*已知某个数额的永久资本基金，而且是取了如此多种的形式，按某种具体形式，也即资本货物所获的租金，其数额与以另一种形式所获得的该资本货物的价值就一样大。有关租金和利息的规律的一种详细陈述,下面将会讲清楚。

约翰·斯图亚特·穆勒先生在对基本资本的描述中有这样一则断言,即凡是资本都注定要毁灭。他说,原材料将变成成品,而后用掉,工具必损耗,建筑物陈旧倒塌,如此等等。这里是对原义的一则天真的复原,这一原义是按照当时流行的资本——资本货物这一概念——的若干定义表达的。这些的确不是经久耐用的;但有关资本的基本事实——原是给它取的名字的事实——除非遭灾被毁,否则绝不可能是易毁的。

穆勒先生的另一基本论点是,资本起源于节制。按照这种见解,这里所指的也就是永久资本了。不过,称为节制的这一功能我们要想透彻了解的话,那可不能粗心大意;因为关于节制,在理解上,人们不仅过去颇多混淆,而且现代也还是有混淆的。我们不用某种东西,此时有的人就会说,我们这是"省钱"。的确,我们因为节制总是有所得;但我们弃用的与我们所得到的是迥然不同的。我们不拿的——我们弃之不用的和不消费的——不是资本货物,而是消费品,即我们应该购买和使用以使生活舒适——而不是为省钱才买——的那种物品。我们并没有弃用并毁掉一台机器或一幢建筑;我们使用它们及至使它们慢慢毁掉。不过,为得到它们,我们则是戒绝能使人身心愉悦的乐事和物品的。节制,无非也就是决定使我们的收入呈创造财富的商品形式,而不是呈提供商品的使人愉快的形式。正是在我们决定不买——因此,也就不是为我们生产的——这些货物的这一点上,我们是履行节制了。原本不存在的就更别提了,尽管只要我们需要,它们就会是存在的。

我们因节制而获得的是真实资本,而这意味着我们获得的那些资本货物,并不只是为着替代我们在耗费中的其他资本货物而存在的。那些资本货物都是新产品,体现着我们的基金的某种净增量。无论何种情况下,借名副其实的节制所获得的一种工具,都意味着这个人拥有的永久资本比以前多了。在适当时候,这种工具会自行耗尽,继而会有另一种工具取而代之。实际上,而且并非言过其实,总会有另一种工具被创造出来;而在此系列中的这第二种工具以及其他种种工具都会陆续生产出来,而无需进一步节制。每当我的棉纺厂的织机由于老化和存在缺陷而行将遭淘汰时,我都不会擅自动用我的收入去购置新织机进而丢弃我已习惯消费了的种种货物。因为除该织机已为我获得的纯收入外,它还提供了某种自行积累的偿债基金,而不会强加于我任何进一步的负担。由此可见,资本货物的创造并非都得履行节制。全新一系列资本货物的着手制造就是如此。这就是说,节制始终都是旨在一点一滴使永久资本积少成多。

在现代经济学的文献中,有把连续不断的生产分成几个周期进而使这些周期与资本联系起来的一种倾向。按照某种形式的分析,每一个资本都应该强行介入生产获得劳动果实进而消费开始的那个间隔期。不过,正如我们所注意到的,这就是资本货物所起的作用,即正是资本货物最终使劳动与享受分开,而这种享受,则是在劳动借以进行的某种特别东西成熟可用时提供的;而资本则反之,它使劳动与其成果同时发生。我们可以用某种资本货物强行介入劳动与其成果的那个间隔期计量一个生产周期。这是在用两种不同主观经验——生产某种物品时的付出的代价与使用这种物品时获得的个人收益之间的间隔期——予以计量的。采用另外一种方法,我们可以用工具自身的使用期计量这种周期;而且,要是它是一种提高效率的劳动工具的话,那我们就得用划分人类寿命的方法,把这种工具划分为一个增长周期和一个成熟周期。物品有在工人手中成形的一个周期,而且还有通过帮助其他工人生产完善其自身命运的一个周期。

资本货物是相继接连不断相互仿效而且是各有各的全盛期的;资本则反之,没有周期一说。它持续不断地起作用,因而没有把其连续寿命划分为几个周期的方法,除非是任意的划分,如天数、月数或年数。在其功能上,没有可以成为诸如我们涉及资本货物寿命的那样一种划分的基础。资本本身不存在起源、成熟,然后耗尽自己进而让位于其他资本的情况,资本货物则有这种情况。不过基金没有这种情况。未见永久资本先有成熟而后开始满足直接需要的:不成熟是资本的天性。有的现为资本货物的原料就是以这种方式成熟的;尽管是这样趋于成熟的,可它们还是跨越把生产资料与消费资料分开的这种分工,因为它们成熟供使用时,它们不再体现资本了。

我们后来用作例子的那个水库,单独考虑起来,每一滴水都是有其生产周期的。水从一端进入水库,而后缓慢流进整个水库;这里,它的作用就是帮助保持水面的某种水平状态——保持所谓水位差,以期能够按照某种高度驱动水车。最终,水迅速流经水车的专用坑,瞬间,其生产功能结束。那特定的水就这样达到结束期;反之,水力则没有周期性,除非一天中某个时刻人为地关掉水闸,停止发动机运转。要是水能用于驱动日夜工作的发电机,那么,就连溯及其作用的人为时期也都不存在了:电力是永动的。

近些年来,似是有有关使用"等一等"一词的讨论,该词是与节制同义的;所指的等一等,是与界定某种资本货物的寿命联结在一起的。如果有人节制了,他仿佛就是为自己制造会有鼎盛期的某种生产工具,而最终是在给他提供消费品的某种作业中耗尽了。情况仿佛是这个人计量这一工具持续到自然结束所需的时间长度,然后衡量和计算等待该消费品通过这样一个时期的成本。他仿佛是直至该时期结束才会获得这种消费品的。工具自行磨损,然后才有必要制造一种新的工具;而如此,此人当计量其持久期,并计算对他而言如此等待的成本有多大了。据此观点,若此时期漫长,那就需与特定资本一起有大量节制或等待需要作出;如果这个时期短,这些就会相对少一些。

如果消费品果真是按照周期生产出来的话,那么,贯穿于特定生产工具的那种经济有效期使节制变成对消费品的等待,这就会是合理的;不过,情况并非如此。各种消费品都是断断续续生产出来,而它们都是从工具开始发挥作用这一刻起,就开始相继生产出来的。从一加仑水流入水池上部的那个时刻起,处于底端的水轮机就因为发生的外流而运转了。工厂主观察水内流是纯系多此一举,要注意时间并计算那特定加仑水流要多长时间才能抵达水车专用坑。事实上,这一水流是缓解了与特定资本货物一起的任何等待的必要性的。在此时间开始之时,工厂主没有时机估量其结果,因为任何时刻都不会发生的,最终也还是什么都不会发生的。池中水滴的特性有某种转变，有水车在永久发挥作用；外流率是假设为既定的，可水流经过水池所需要的时间并不表明就是如此。

$$
\begin{array}{ccc}
A''' & B''' & C''' \\
A'' & B'' & C'' \\
A' & B' & C' \\
A & B & C
\end{array}
$$

当原料 A 开始其生产过进程时，就没有理由计算特定原料 A 变成 A‴ 以及变成进入消费者之手的最终产品会需要多长时间。该 A 一到场，A‴ 即脱离资本家之手进而作为一种用品进入消费领域了。于是，它就可以投入使用了，外流则另当别论。这样，一开始就不必计算 A 经过转化成为制成品的时间。消费者不必等待它，而且即使制成制成品的时间遥遥无期，此事实也不会使消费者感到有多大的不方便。由资本货物寿命界定的生产周期长度是一种实际事实，而此事实是完全无差别的，只要消费者获得生产的乐趣就行。假如水库大，那么，使某一加仑水流经水库的时间就会很长；而若水库小，水流就快，但同时又就会导致水外流了。

我们再举一个例子。种植一片树林，通过一棵棵树缓慢生长成林，届时可砍伐，这需要为期五十年。我们按行植树造林，每年植一行。在此过程中的部分时间属于等待时间；尽管在此等待期内，并不意味着我们非得有什么回报不可。新长的和正在成长的树木具有*价值*，这给了我们的劳动以回报，而且是随着劳动过程的进行会迅即给予回报的。不过，此回报是以我们无法用于消费的形式赋予我们的，即或是作为木柴用，我们也还是非等待不可。五十年后，采伐开始；此时，一切等待皆成过去。我们每年都可以砍伐林地已成林的那一端的一行树，而且在相反的一端又植上一行新树。从此时开始，即进入成熟林缓慢丧失重要性的漫长时期。新栽种的一行新树木与五十年前栽种的那行原生林，会是大相径庭的；因为从某种意义上说，此时的人工林是迅即提供木柴了。它取我们现在砍伐的那一行而代之，而且这一取代，还使这一砍伐根本不至于侵占这片森林所体现的资本；假如树木需五百年而非五十年才能成林，而且假定就那种情况而言，只有如此林地才会有五百行的话，则上述情形也就会有此结果。即使在那种情形下，作为树木种植者，我们也得断然决定，就种植橡树而言，只要这一树种能神奇地使它们很快即成树龄高达五个世纪的橡树即可。我们现在正在栽种的那些特殊树木所达到的成林的时间，有鉴于我们现在并不依赖于它们，因而它们也就失去了重要性了。只要这森林能给我们生产任何另外的等量成林，这就足够了；而只要我们以森林形式的永久资本得以维持足额不变，就能做到这一点。而年复一年，新的一行又一行的林木的栽种，老的一行又一行的成林，此过程本身就具有护林的作用。若此过程持续不断，就像是一片按不同成熟程度分级和分行安排的树林那样，此过程就会以同样状况持续到底。就花费于它们上面的精力而论，每年都是如此——植一行、伐一行，新栽树长成林就无需等待了。我们持之以恒地付出的一切的等待，全在于使树木的资本处于它应该完成其功能的状况之中。

假如以我们新表中的 A 列代表某一行业，且假定 A 要花五十年才成为 A‴，而假定 B 一年就能成为 B‴，那么，该第一个行业一旦按当前的顺次进行，就不会有比第二个行业需要更多的等待时间了。天天都会各有一个新的 A 和 B 的生产出来，而且每天又都会有一个 A‴ 和一个 B‴ 用于消费。总之，非节制不可的是*新资本的形成*。新资本的维持，也即对其浪费了的组织进行的更新，并不需要节制。特定组织的持续期间对节制数额没有影响。我们已经指出，取代一种老的工具的新工具的创造，没有招致所有者制成新工具的亏损；因为工具实际上——尽管并非真正地——是创造自己的接续者的。工厂的损耗和将被更新的织机，在其使用过程中，已为该厂的股东们挣出了它自己在股利中的份额，不但如此，它们还为他们挣出了购买一台新织机的款额。因此，没有必要从股东们的收入中取走新织机的成本，那会迫使他们实施真正的节制的，而且还不得不这样做。如果该织机总是在生产着那些产品——要是它没有建立更新自己的一笔基金——那么，或许就得为股东们估价一下那些新机器的成本了。这样一来，他们就只得节制了；不节制，这些新的机器就得侵占他们的收入，而且他们还得放弃某些消费品。

由此可见，节制*产生*新的资本：原为确保消费品用的收入，转而用于确保生产工具了。这也就等于说，节制在于获取呈生产资料形式的收入——是决定要获取可供使役的马而非可供驾驶的马、商船而非汽艇、工厂而非游乐宫，这些始终都是自行节制的那些人的收入的一部分。其结果，见诸于我们例子中的诸如树木、大量的水和 A 等等一系列配套的资本货物，一应齐备。一旦履行节制，就不再有收入的转移。成系列的资本货物安排就绪，在某种意义上是理所当然的。工厂、船等等，实际上是一有损坏就得去旧换新的。这些事实表明，在某种静态条件下，资本货物，固然是无论品种还是数量，都会无限地得以创造出来，但资本则无从创造。生产资料基金的任何净增量都无从发生。这只有在动态条件下才会发生，而这部分净增量构成动态经济学的典型的、重要的一部分内容。节制就是彻底放弃消费的某种满足和全新资本增量的获取。要是花钱购买了消费品，人们或许会得到某种享受；可要是节制了，他们就永远得不到这种享受了。他永远放弃了；而作为补偿，他会得到利息。只要不彻底失败，此后新的资本就总会创造出源源不断的产品的。

人们习惯于视节制为某种"节俭美德"，而且以此为理由证明获取利息是正当的。在我们看来，此番辩驳原无必要。假如我们使社会复归某种静态，而且就保持这种状态，那么，社会所拥有的资本就都会具有创造财富的固有能力。假如拥有这些资本的人都把这些资本归自己支配，那么他们会获得该资本的产品；但若他们把这些资本借出了，那么他们实际上就是出售该资本的产品，而且，就会像在做另外任何一笔生意时会做的那样，他们还会要求获得某种等价物。

对于维持生计之余还有收入的每一个人来说，那就都有一种两者择一的取舍，这就是，他们那些收入是借以获取一时之快乐而后终于化为乌有了呢，还是借以获取自身绝不会给带来任何快乐，但永远地，每一年都会创造一定数量的会使自己身在幸福之中的一种东西了呢。提供这种选择的是自然界，而不是人类的组织机构。对一个孤苦伶仃的猎人说下列这种话的不是政府："你可以徒步追捕猎物，能抓到什么就抓到什么，或是制作一把弓，从而获得多一些的猎物。"使猎人的猎物有所增加的是那把弓的性质；而且，还是那把弓的性质使他的产品增加到能使他腾出时间再制作一把弓。当第一把弓受磨损时，可供他捕猎的工具还是有。总之，物质不灭定律使资本富有生产力。既然是富有生产力的，物质也就既可以改变给其所有者的产品，又可以改变给另外某人的产品，此人会给其所有人付钱。支付利息等于购买资本的产品，就像支付工资等于购买劳动的产品一样。*由此可见，资本创造产品的能力是利息的基础。*

资本的产品可供出售这一事实，对形成节制的动机极为重要。资本所有者的资本总有用不了的时候。人没有永生这一说，但资本则永存；而且，尽管可以把资本传给自己还没有能力用的孩子或他人，但如果他把资本出借给他人，因而也就是把产品卖给其他人的话，则继承人还是会获得那些产品的价值的。这就揭示了积累生产资料的动机。积累生产资料就是旨在获得永无止境的一笔收入；因此，这动机也就是旨在获得一项收入，而其中也就是仅有一小部分会给他人而已，而不是给予因节制创造了资本的这个人。资本每年都会得到一个增量，只要不发生灾祸，资本就会一直得到这一增量，直至最后——此时期，比起任何一个人的一生来都要长得多。

我们假设社会处于静态状况以及没有损毁资本的种种灾祸，还假设资本数量固定、获利能力也固定。如果这种静态状况持久存在，那利率就会永远维持在开始时的那种水平。不过，这种固定状况维持不了多久，除非从人们的收入中取出一部分作为储蓄。在这种静态条件下，根本没有节制或是创造新的资本一说。因为现有资本在手，人们坐享其乐，结果是其基金规模大到得不偿失的程度。正如刚才所说的，创造资本的问题属于动态经济学的一部分。此过程包含现时快乐与无穷系列程度低一些快乐的一种两相对比，其结果主要是惠及履行节制之人的继承人的。

新近提出的一种光辉理论，① 是把利率与所谓生产周期，也即我们提出的这样一个间隔期的长度联系在一起了；在此间隔期，正如我们所指出的，只要有人生产出一种工具，就势必会出现劳动与那

---

① 见冯·庞巴维克教授的《实证资本理论》。

种具体工具之间的联系。当这个人开始为制造一把粗糙短柄小斧而把石头磨尖时,这几个时期中的一个便就开始了;而当此工具完成对木柴的劈和砍之后,除使主人有用起来方便的木柴外,便再无别的结果。而这时,该时期也就结束了。平均周期愈长,利息就愈小。不过,实际上还得考虑此首把短柄小斧的接续物。它指的是首把小斧的实质上的产品;它继续体现首把小斧所体现的同量的永久资本。此资本的生产周期不受任何一种具体产品的寿命制约。若此首把小斧在其使用前就创造了资本,且仅以劳动创造的,那么,该单位生产资源的寿命就有一个开端了,但它无结束之时。其存在仅以一方为界,而不以另一方为界。当我们创造相对数量的新资本时,我们也就开始了另一个无穷时期,不过我们不延长任何一个业已开始的时期。这样,我们即可给我们的设备增添一种又一种的工具,直至我们创造出了某种社会现在借以运行的复杂机制;我们可以继续此过程无限地发挥此机制的作用。但我们不会给这样一个时期哪怕只是增加一天,这个时期介于创造首件工具的节制与标志其生产过程实际上的结束之间,或者说与标志首件粗制工具所体现的那种真实资本的生产作用的结束之间。事实上,就没有这样一种结局,即有一笔永久资本投入其生产过程,那处于静态状况下的资本的使用期也就无限了。

我们可以做的这件事就是使相当数量的新资本得以产生,并以类似的无穷周期使用这些资本。仿照这把短柄小斧,我们就可以生产一把铲,然后待这一把铲完成了使用过程后,又会凭借它而给我们另一把铲。由此,我们这就又发现,这是开始了第二个无限系列的资本货物了;而这就是说,我们会对永久的资本倍增我们的贡献。总之,使漫长时期存在的资本单位数量增加,这是做得到的,但使资本存在的时期增加至几百年,这做不到。

要是我们漠视实际上创造着自己的接续物的生产工具的作用,那我们就要说,与这样一种工具联系在一起的生产周期是在有人开始制造它时开始的,在所有者把它扔了时结束的,然后,我们有了长度明确的周期待处理了;但现在,我们遇到了这样一个难题,就是再给这种周期增加长度未必会使现成资本的数量相应增加。假如如此，那么，即使增加周期长度也未必会产生系列影响。卓越的奥地利经济学家曾归结这一延长所会产生的影响，因为这一延长并没有降低利率。实际上，利率是时期长则高而时期短则低的。不过，利息是在永久资本数量增加时才降低的。保持有效的时期短的很多工具所体现的资本，与保持有效时期长的几种工具所体现的资本是一样多的。假如我们要以十来只渡船替代水泥砖石结构结实的一座桥梁，一开始，我们会有同量的资本投入；而且调整如果自然的话，那我们还会得到同样的利率。然而，生产周期———一如不是按资本的使用期而是按某种资本货物的使用期界定的——就会大有缩短。

冯·庞巴维克教授所持的观点是，短期生产率高、周期愈长，则生产率愈低；就平均长度的增幅来说，同一个行业产量的增幅必比其前的增幅小一些。在我们看来，现有的永久资本数量每增加一些，同行业的产量必有的增幅也就必小于其前的增幅。我们还认为，诸如我们现在在讨论的此类周期的平均长度，不论再长一些还是再短一些，不论现有资本数量还是其收益率，都不会受到影响。这是因为，与资本自身的持续期间有联系的时期是不能予以延长的。这里有一种困境，要是我们按真实资本的持续时间计量生产周期，那它们是无限的；要是我们按照特定资本货物的使用期计量生产周期，那它们的生产周期，无论予以延长还是予以缩短，都不会影响利率。就此例而言的更深刻的事实是，按资本货物持续期间计量的生产周期，在对资本家认为非等待不可的消费的满足的数量的影响上，没有什么重要性可言。总而言之，节制，也就是永久放弃某种东西，而不只是推迟使用它。①

---

① 使新的一系列协调的资本货物得以产生，这是需要时间的。我们所举的例子中说明的一开始的那种植树造林，需等整整五十年后才有首行树木可供采伐。不过，这倒不是利用资本上的那种不可或缺的等待。要是根本就没有形成什么新的资本，那么，现存的巨额资金就会长期起作用。利息还得要形成，而且，如果资本是靠贷款筹集的，那么，利息就得由一个人支付给另一个人。就此而论，那当然无须等待了，而最初的那个造林者则是非等不可的；我们已注意到，这是整个过程中涉及的唯一等待。

此外，在形成诸如森林的树林或是我们所举的日常例子中，那些A、B和C等某种新的协调一致成系列的资本货物的那一等待，等的并非是*收益*。就是收益，资本家也还是每年都有的，但他是不得不以更多资本的形式获得收益的。森林一旦到可供采伐之时，其价值就会比每年林地养护所花费的金额高五十倍还要多。假如到时候，这价值还不足以给投入造林的全部资本支付利息的话，那这就是一项亏损的投资了。投资人就得放弃呈木柴形式的股息，而且就投资公司而言，还不得不接受现实资本过剩的这一状况。决心获得栽种林木工具、挖掘运河和隧道等生产工具的资本家，在此类工具处于生产时期，必须放弃*呈消费品形式的一项收益*。不过，即使在那个期间，他也不会等待他的真正收益；其后，他不再等待消费品或其余一切。就其本质而言，这一工具实际上是创造它遭废弃时取代它的新工具的：成系列的资本货物是能使自身永久存在的。资本货物始终都会为其所有者产生呈消费品形式的一笔纯收益；这种形式的收益的形成，就像资本起作用那样，会日复一日地继续下去。今天的工作带来明天的收益，明天的工作照样如此。

值得注意的是，就随着资本增加以具体工具的始末为界的周期而论，其平均长度会有某种缓慢的增加，这是因为这一增加是以耐用品替代易损品这种形式的。有的边际资本呈现为诸如用钢结构桥梁替换木结构桥梁，但是体现真实资本的该*系列*钢铁桥梁的持久期限，与木桥的并无不同；该系列桥梁中的任何一座，它的持久期限，按照以特殊收益自行替代的假设，对于资本家而言，都是一个没有差别的问题。此外，平均期限的延长与资本的增加不是成比例的，最后一个单位的资本的生产率就取决于这一资本的数量。

关于前一章所下的地租和利息的定义，请参看本书第19章和第22章。

# 第10章 资本和资本货物的种类

资本分为"固定"资本和"流动"资本两类。这两个专门术语是对真实资本恒常基金的两个不同组成部分,而不是对两类资本货物所作的贴切描述;正式表达思想和发表演说时,这两个术语以这种方式使用的情形就要多一些。例如,提及商人时,是说他有固定资本5万美元和流动资本20万美元。不过,按照科学的用法,这几个术语现在是用于说明两种资本货物了。于是,混淆的情况复又出现,这种混淆是由下列情况引起的。这就是,与资本联系在一起的那两种不同概念,它们本身就是可以笼统地互换使用的。正如经济学家所告诉我们的,称为固定资本的是某几种工具,而另外的某几种工具则是流动资本;建筑物、机械设备等代表前一类,而原材料、半成品等则代表后一类。

粗略地说,这几个名称都是描述两类不同工具的运转情况的,科学的术语自有证明它自己的正确之处。家具木工手上拿着的木工刨,在这里可以说是固定的,因为为了发挥其工效,它无须离开这个人而归另一个人所用。但是,木匠正在刨着的那块木板或许就得改变其所有关系了,因为可能性是无法确定的,这个人加工的某种物品或许是归另一个所有的。照此看来,情况是某几种工具似是完成着或许粗略地堪称为流动的工作的,而另外的那几种工具则不这样。一张桌子在细木工工厂一竣工,或许就直接送到需用它的那个人家里,而且就留在那里了。但凡流动的,而且总会有竣工之时的一切,就这样一概归结为从一个所有人到另一个所有人的某种单程流动。资本货物除了一两种例外,实际上都不是真正流动的。货币是例外，因为硬币、纸币等等都是在必然无限易手中完成其职能的。另外任何一种商品，固然也流动，但这种流动势必是比较少的。人与人之间不断发生易手的情况，这实际上是存在浪费的：从制造商到使用者，流通环节愈少对社会愈有利。制造过程中所有权发生几次变更，这或许在所难免，而且在各行各业组织化程度高处，这种变更次数较情况相反的次数要多，这甚至可能在所必需；但就一定的社会组织阶段来说，我们已经提供了生产方法，有了这种方法，各种产品的流通环节是愈少也就愈好了。

另一种区分——约翰·斯图亚特·穆勒曾经采用过，而且现在经济学的专著仍然常用——则断言，意指固定资本可以利用很多次，而流动资本却只能使用一次。例如，锤子，木匠常常是用上一会儿接着就放一边了。他也许日复一日、年复一年地随身带着，而且还无数次地用它钉钉子；然而，从另一方面来说，一旦他把为某个顾客做柜子用的木板都给钉成一块儿了，那么，他就得出钱购买赔偿用的木板，而且他就不想再看到这块木板了。因此，这原材料就称为流动资本，而锤子则称为固定资本。

这一区分是一种模糊的区分。在某种工具的使用上，是什么构成如同上面所使用的那样的一"次"呢？一个人可以带一柄锤子，使用一阵而后放在一边，再使用一次再放一边，如此循环往复，乃至无穷，这是显而易见的；但是，对于原材料他也可以照样这么办。他也可以先加工木板，然后停一停再加工。要是这个定义完美无缺会有什么价值——就像在几种形式的说法上该定义所达到的——说构成流动资本的商品，*若要不经历质变*，就只得用一次。在木匠依次的巧妙处理之下，首先是粗糙的木板变成了光滑木板，继而成为一个柜子的一个组成部分；尽管除了不可避免的损坏外，木工刨及锤子都是完好无损的。假如就这样定义资本货物所用的"次数"的话，那我们也就能了解到一定程度的真实情况了。事实上，体现固定资本的这种商品可以一再使用，而在其经济地位上不会发生任何变化；而体现流动资本的商品，则是每使用一次就获得一种新的经济地位的。假如我们就这种商品经所经历的经济地位改变这一特征加以描述的话，那我们就能就这一类资本货物与另一类资本货物作出绝对必要的区别了。

资本货物协助生产有两种全然不同的方式。有的，例如石匠手中的工具，是有助于使自然界所提供的物质适于人类利用的。这类资本货物能起一种生息的而非无息的作用，因为它们是把效用给予其他东西了。改造物品的机器、运载物品的车辆和保护物品的建筑物都属于这一类；而且，在人与自然的竞争中，所有的器械无不加入人类的行列，帮助人类力克阻碍人类利用种种要素的抵制因素。这些工具构成具体资本中的生息资本的一类。

反之，工具作用所及的那些原材料则属于机械而无息的一类。它们是获取效用的，而不是提供效用的；它们经受改变，却改变不了其余一切。在人类与自然的竞争中，它们加入自然一边，对人类的行为及其生息类工具持接受的态度。棉花是不生息的，而纺锤则属于生息类；铁条是无息的，辊轧机和锤子则是生息的；因此，在整个经济领域，都是过程自身的特征，在生息类工具与无息类材料之间——人类的进攻性武器与自然界的防御性对象之间，也即与遭征服的因素之间——划清了界线。无息的工具这一类，不仅包括工业据以开始的未加工物质，还包括以非成品形态从一个劳动小组向另一个劳动小组传递的产品。在这些产品中，不仅包括矿石还包括铁，不仅包括羊毛还包括纱、布，甚至还有等待购买的成衣。它还包括商人手中的一切商品库存，而这一库存是在等待形态、地点效用的，它是使之完全可供随时消费而必不可少的微小效用。

这个区分奠定了通常所谓的"固定"资本和"流动"资本的那一区分的基础。列为固定资本——建筑物、工具等等——的各种工具，都具有要完成的生息的经济功能；而列为流动资本者，则有无息的功能。不过，务实的思想通常并不把固定和流动这两个术语用于资本货物，而是把它们用于真实资本的永久基金的各个不同的组成部分；这里，通常的用法又得经受仔细分析的检验。正如前已谈及的，具体的东西并不存在任何真正意义上的流动，它们经过一系列的易手，这才为使用者所有而且不再易手。但是，也有真正流动的。真实资本是经历过无限系列的外形的改变的。我们把真实资本称为永久基金，它的确就是永久基金，但它只有不断从一个人之手抵达另一个人之手才能成为永久基金。它依靠迁移存在，而其流动则必须始终持续。

应当强调而且有关这个主题的现行讨论也经常强调，构成一种工具的一部分的原材料使一种具体的资本转变成了另一种资本。从五金店进入铁匠铺的锤子已说成是固定资本了，可此前是流动资本。这里清楚的是，这把锤子此前的功能是无息的，可现在它呈现某种生息的经济功能了。这把锤子连续重击铁水，这就使这种铁水具有效用了。在钢条形态上尚属无息类资本货物的钢铁，在它变成锤子时就成了生息类的资本货物了。无论什么时候都不难确定某种东西的属性，因为它的功能即表明它不是给予效用就是接受效用的。因此，我们就是按照其功能把两类资本货物区分为生息类和无息类的。

如果抱着那些过时的词汇手册不放的话，那么，就这种区分来说，差不多每一个人的心目中或许都会有某种想法，人们会尽力说哪一些是"固定资本"，又有哪一些是"流动资本"。人们会本能地选择一台发动机、一种工具、一幢大楼，或是选择不易损耗的那些产品，或是选择可供吃的产品，或是选择直接满足欲望的消费品，如此等等，把它们当作前一类的例子。就其实质而言，这一些都是永无"成熟"之日的商品。它们是永远有别于熟透了的水果的。水果是适时投合消费者味觉需要的，并能补偿他们体内那消耗了的能量。生息类货物完成其功能时，永远不会变得更完善一些。这一类货物从其生产过程一开始，就不存在为人们所直接消费的可能性，而且永远不会接近于此可能性。它们始终是人们进行繁重工作的生息的辅助物，而这种工作是在人们在把自然界那种无息的原材料改变成可供使用的那种状况时所进行的。工厂绝不会一空而净，它随时都会帮人们获取可供消费的食物。

因此，固定的和流动的这两个术语可是丢不得的，因为确有用它们的一种方法。我们曾经指出，严格说来，它们也就适用于永久资本基金的两个部分。事实上，这个总基金是由三个部分组成的。而就流动性来说，其中的每一个部分都与另外两个部分无相似之处。其中，一个部分是注定流动不止的，而且是其所有者能使之流动多快就流动多快的；另一部分则是其所有者能使之流动多慢就流动多慢的；还有一部分则根本毫无流动性可言。后面这两个部分，我们就把它们归于固定资本名下，前一部分则归于流动资本。

要是有企业家说"我有一笔5万美元的流动资本"，那他这是意指他有取货物形式的5万美元，而这些货物也即他那仓库里的制成品，或是他那工厂里的半成品，他是急欲尽快销售一空的。他非时刻留意它们不可，也即使其具有某种效用，然后赶紧脱手。这些货物一脱手，它们所体现的资本也就呈现新产品的形式了。资本改变其形式愈是频繁，对其所有者就愈有利。这就是所谓的"薄利多销"，这是一种有利可图的举措。假如这个企业家有固定资本5万美元，那么，这个数也就呈现出这样一种特点，即这个人保存这笔款额有多久，其价值也就会有多久保持不变。鞋在工厂制成后售出得愈快就愈好；但厂里这些制鞋机器则就不是迅即予以更换为好。在机器那里的"6便士硬币"不会因为是灵活的而使其增益，在这里最好的即是"迟钝的先令"。

在5万美元这笔固定资本中，有的或许投资于土地了，这一部分是永远不会耗尽的；有的或许投资建房了，这些会是缓慢损耗的；还有的或许投入于机器和工具了，这一部分损耗就要快一些。在诸如此类的投资中，值得注意的基本事实是，此项资本消耗殆尽对生产没有好处。5万美元这个总额有可能不得不改变其多种投资形式，但是对这种改变，资本所有者或许会持异议，因此，他会尽可能长时间地往后拖，以期久悬不决。不过，最终他还得拿定主意。除投入土地的那一部分资本外，其余资本都得靠迁移谋出路。最后，还不得不撤出一些投资领域，进而进入另一些投资领域。甚至就连在大型建筑物中，资本也不会久留不撤，因为就连建筑物也会逐渐毁坏。而如果对该建筑物持续维修的话，那它会慢慢更新，但就连这种情况下也还得注意实质性的流动。最后，或许旧楼果真坍塌而终致另盖新楼了。由此可见，就连生产中体现的大量生息工具来说，资本也是流动的。因此，使固定资本与流动资本有别的，看来并非在一些投资领域持续的时间的绝对长度，而是下列事实，即在一种情况下，流动是生产性的，是人们尽可能快地使之流动的；而在另一种情况下，流动不是生产性的，而是浪费性的。一个工厂处于缓慢损耗中，因而必须重建甚或整个儿另建新厂，这一事实本质上是不利于生产的。这在工厂主的经历中不是什么令人愉快的事，他听凭它发生，无非也就是因为这是不可避免的。①

现在，我们准备检验各种资本与工资的关系，以及各种资本货物与工资的关系。把这两个问题分开，我们就不会遇到常使询问者难堪并使荒谬言行貌似有理的困难了。尤其是不是与工资基金学说本身有关，就是与该学说的任何一种伴随的谬误推理有关的一切困难，我们都可以避免了，而后者就是与这个学说联系在一起的。

确有纯粹就是一种"维持劳动的基金"的资本吗？果真有如亚当·斯密所说的以及百来位学者一再说过的，先把食品积累和储存到足以度过一个漫长的时期，然后在那个时期里使某种东西例如船、帽或工具变得有用这样一种资本吗？储存的食品就是原始资本吗？按照我们的检验，假如资本就是存在于食品之中，那它就必须存在于经过工业加工过程的食品之中才行。小麦是一种无息类资本货物，因为它是接受效用的；磨制中的面粉、揉制中的面包、烘烤中的肉等，也都是无息类资本货物。假如不是原料，而是该词完全意义上的食品——是既不接受效用，也不把效用给予其他商品的，而且是唯为食品而已者——那么，它就根本不是资本。研究资本这个问题

---

① 某几种不生息资本货物的纯基金的性质保持不变的时间，要比某几种生息工具的资本纯基金要长。例如，金刚砂是一种把金属擦亮的生息要素。在用于擦金属时，金刚砂给予了效用，但没有接受效用；然而，它本身保持有用的时间并不长，可将它用于擦亮金属，则可以以某种不生息工具的形态留存长得多的时间。煤炭也是一种生息工具：煤炭置存于工厂并不是为获取更多的效用，而是旨在有助于工人传递效用。煤炭的作用是变成动力，从而使工人能够少消耗体力，但其自身很快就会化为灰烬。就煤炭来说的一个基本事实是，工厂需要煤炭，而目的就为着工厂主的砂轮得以维持有效运转的时间尽可能长，煤炭保持燃烧的时间也就尽可能长。资本呈蒸汽的形态可以留存瞬间，而由它获得的燃料可以留存一个小时；但半成品所体现的则可留存几个星期。体现于机器的资本能留存数年，而体现于兼容资本的建筑物也能留存数十年，但体现于矗立着建筑物的土地中的固定资本则永不消失。固定资本的形态总能保持很长时间不变，而流动资本则很快就会改变形态。

的那种传统方法，是把这样一种东西看成是资本的最重要而且也是最典型形式的东西，而这种东西就是指耗竭自己以满足消费者欲望的东西。假如这样一种东西从根本上来说也可以看成是资本货物的话，那么，这也只有采用把工人当作发动机、把食品当作使发动机运转的燃料那样一种奇特和有悖常情的东西，那才能做到。相对于创造财富的机器来说，肉就是煤炭了。

这里，一个明显的难题出在目的论这一方。整个经济过程的目的是什么？我们说就是利用。而利用，也就是消费者的神经兴奋和高一些的敏感性中出现的那种满足。过后，要是消费者工作了，那么，这一劳动可不要以为是他吃了的那种食品驱使所致；这一劳动是其后能获得并接着吃的那更多的食品，以及他还会享受的营养品以外的很多东西所致的。劳动之后的食品是劳动的吸引力之一，而且，就那个意义来说，它还是引起劳动的原因。先于工作的食品，则无论按何种正常的目的论来说，无非也就都是食者本人的一种影响效力的起因而已。随着这吃而来的是一个经济周期的结束，因为属于那个周期的种种活动都已经产生其完美无缺的效果了。随着另一天的黎明的静悄悄到来，有更多劳动开始之时，但见一个新的周期启动了；而待到本文中的人享用一天成果之时，这新的周期又会与前一周期一样结束了。

不过，食品本身为什么不应视为一种资本货物，或是视为一种永久资本基金的任何一部分，这还不是最有说服力的原因。实际上，就按反常秩序安排的种种现象这一思想所作的整个经济学研究也是可望完成的；就解决实际问题而言，甚至还是可以大有作为的。尽管其理论是被某种不合逻辑的目的论歪曲了，但结论性的反对理由却是，任何地方都没有这样一种食品储存这一事实。实际上，有鉴于冬季势必到来，为土里不长庄稼的时节储存原料，乃必不可少之举。如此储存的原材料，属于无息类的资本货物。换句话说，它体现的是流动类永久资本。这种资本未到转变为严格意义上的食品并端上餐桌之前，便总要获取效用。小麦是借助于能进行吊卸、储存、有时兼附加工的谷物仓库，进而磨成面粉以获得"时间效用"的；而小麦的价值，则是随着其经碾磨而获形态效用，经运载而获地点效用，经烘烤而进一步获形态效用的。

当然，但凡存在周期性生产之处保有储备，这都是确保消费得以连续不断进行所必不可少的举措。一天一次注满水的储水池，可能整天都不间断地泄水；有鉴于此，零售此类每隔一定时间才生产的商品的一种储备，按 A. T. 哈德利校长所讲的贴切的话，可以"把周期性的生产流解释为不间断的消费流"。这一类商品的储备，也可以采用缓慢而又连续的生产予以积累，然后又一举迅即消费净尽。水库可以凭涓涓细流，日久天长，终于注满；同时，又可以一天一次通过泄水闸门，急剧放水，即可使库底裸露。烟火可以是在年内制造而在 7 月 4 日就用了的。这里的不间断的生产流是解释为某种周期性的消费；一年中一定时段才能用的多种商品，就用以说明这一过程。

这是一种与考虑中的这个理论所指的储备不同的一种储备。与生产是不间断的还是周期性的诸如此类的任何一个问题都无关。这里提出的观点是，资本，就起源而论，按照有代表性的说法，就是为求劳动得以维持而加以利用的一种储备。随着生产和消费稳定且按均一速率日复一日地进行，就得借助某种储备给人们提供食物，如上所述，此举必然发生。

由于农业存在的周期性，食品原料所经历的这一储备，就其性质来说，是与亚当·斯密和另外很多学者，作为一种独特样式的自产资本加以援引的那一种不同的储备截然不同的。这一假设的储备，是独为"工人"形成的，仅由资本家完成。形成这一储备的目的，是把工人作为一种生产机械加以使用。这种情况是假定由于资本对劳动的关系而发生，而根本不是由于收获季节存在的那种周期性而发生。有的人获得以食品形式呈现的资本以期供养工人一天进而获得某种形态的资本。工人是资本货物的传送者，只要有必要，即使一年四季，他们每一天都能种植小麦，而每一天也都能有所收获。不过，诸如此类的食品储备，也还是必不可少的。①

---

① 凯恩斯教授后来致力于重振工资—基金学说，他把资本分成了见诸于原材料、固定资本和工资基金的几类。假如不折不扣地理解他所用的术语

## 第10章 资本和资本货物的种类

| $A'''$ | $B'''$ | $C'''$ |
| $A''$ | $B''$ | $C''$ |
| $A'$ | $B'$ | $C'$ |
| $A$ | $B$ | $C$ |

的话,那么,按照这个分类,要得出一个总数,那就非得把两种质量与一种纯粹数量加在一起不可了。工资基金是现有各种资本的一个数量部分;而原材料和固定资本,按照凯恩斯教授用此术语的含义,则指的是工资基金的物资形态——各种资本货物。

然而,假如我们把这三个术语解释为就是指各种财富而不是指数量的话,则我们就又遇到了另一难题,而这个难题又同样是具有决定性意义的。且让我们把见于这个上下文里的工资这一术语,理解为就是意指工人的各种消费品,于是,我们现在就有原材料、固定资本(意即生息的生产工具)以及工人的各种消费品这样三种资本货物了。不过,这第三类资本货物是无处存在的。工具类财富全包括于前两类了。这一类财富要么不是见于生息的生产工具类之中的,就是见于无息的工具类之中的;它要么不是见于性质会改变的工具之中的,就是见于性质正在改变的物质之中的。

显而易见,凯恩斯教授谅必不至于打算要用工资基金这一术语称呼零售店商的商品,因为零售店的商品有很多是专供他人而非供工人使用的。假如这些商品既不是原材料也不是固定资本的话,那么,在凯恩斯教授的分类中,它们是无法对号入座的;不过,此类货物显然又是代表商人资本的一个组成部分的。打算把各种各样资本全都包括在内的一种一览表,可不能漏掉零售商的存货,它们不是向工人销售的商品。假如这些商品不是原材料的话,那么,按照凯恩斯教授的分类,它们也就根本不是各种资本;而若它们是原材料的话,那么,存货中工人将购买的那些商品,就都属于同一类,因而也就不应该第二次看作是"工资基金"的。

事实上,零售店的存货是承接效用的无息资本货物。例如,一家商号货架上的鞋,除非有人认为正合他的脚穿,否则他无法获得其全部提供的服务;而成卷摆在柜台上的织物,也只有顾客来了,而该织物又正合他的意,这才会充分显然现出它的充分的效用。尚待按正好的数量打包并在顾客家中交货的所有商品,都是在等待生产者对它们作最后画龙点睛似的修整的商品——就像其他任何原材料一样,它们都是在制造过程中的消费品。

再来假设 A 代表原料，并相继成为 A′、A″和 A‴，而且在最后的那个条件下，就可供消费者使用。令各 B 和各 C 代表生产过程各相应阶段的其他产品。有生产原料 A 的两类人即工人和资本家，以及把 A 改变为 A′的人，接着的每一次改变都由工人凭借必要的工具、建筑物和其他工具付诸实施。有一系列按相似方式组织而成的生产企业，它们从事生产 B，并把它相继改变为 B′、B″和 B‴。还有类似的一系列生产和转变原料 C 的生产者，各小组都由工人、资本家和企业家构成。A‴、B‴和 C‴都是便于消费者使用处于最终形态的商品；而按照逻辑的一致性来说，这些商品作为资本货物处于生产过程的最后一环上。现在，它们是在零售店等待购买者。如若再前行一步，它们就不复为资本货物，而是成为消费品了。作为一个生产有机体的社会，将把它们交付欲购它们的每一个消费者。于是，生产社会就不复掌握不是工具的那种形态的资本了。A‴、B‴和 C‴一旦为个人所有，它们也就成为消费品了。

假如我们坚持我们的静态假设，因而假定资本的数量和劳动的数量都保持不变，而且各行各业所用的生产方法也都不发生变化，那么，一切收入也就都必须视为无利息类的成熟的资本货物了。除了取制成品形式的 A‴、B‴和 C‴可得的那部分收入外，谁也得不到收入。因为把资本货物看作是一个人的收入的一部分，仅仅会使资本有所增加，因而这会是一种动态过程。各种产品情况竟至于成了收入的一个组成部分时，它们其实是一直在接受效用，因而成为流动资本的体现又构成每一种产品的收益了。那么，为工人独立筹措而又专门储备的粮食基金又在何处呢？它无处存在。确认它为一种资本的困难在于下列事实，即这一基金根本就不存在。工人和其他人的衣、食和其他消费品，存在于现成可用的 A‴、B‴和 C‴中。流动资本的物质性组织浪费了，因为其中有的是因其是制成品而获得了收

---

S. N. 帕滕教授发表在《经济学季刊》（*Quarterly Journal of Economics*）1889 年 1 月号上的一篇论文，绝妙地论述了有鉴于农业的周期性而不得已为之储存食品的问题，而且，还与资本及其功能一起，对时间这个要素作了一项敏锐的研究。

入，但同时这种组织又被工业所替代了。

假定商品为供工人使用而储存于某处的理论不应涉及下列事实，那就非有资本家所用的消费品的某种类似储备了，这是非常值得注意的。帮助生产原料 A 的资本家，必须拥有取 $A'''$ 形式的每日收入，等等。他每天都在生产原材料制品，并使用现成可用的产品；他的态度与同他一起工作的工人如出一辙。无论是资本家还是工人，开始时都既不吃不穿也不用粗制品。未等此类完全相同的原材料开始使用，三个性质上决然不同的生产周期也就必然过去了，而他们在此过渡期还得生活。他们是资本家也好还是工人也好，$A'''$、$B'''$ 和 $C'''$ 三者都缺一不可。难道储备以及原材料制品在可用前非让他们得到满足不可吗？对这个问题，我们已经作出回答了。至于不断出现的 $A'''$、$B'''$ 和 $C'''$，资本家是迅即各获一份的，而工人也得到了 A。无论哪一种情况来说，都无须等待。现在我们坚持的论点是，假如为满足生产 A 的那个小小组的工人的需求就得有一个供货的商店的话，那么，正是由于这同一原因，在 A 的资本家的需求也得予以满足。资本并非有增无减的这一静态假设，正如我们刚才所说的，意味着资本家阶层的纯收入总额是以消费品形式用完花尽的，它还意味着，资本又并非是递减的，因而还有可用于满足资本家需求的并非是他的生产资料基金的一种收入。实际上，他还有一种最终避免挨饿的预防措施，工人则没有；因为改变他的生活计划，他的资本就会用尽耗竭，但他自然不会这样做；而且，这里的静态假设也规定他绝不能这样做。而*假如工人需要有一笔勉强糊口的财物的话，那工人就得有这样一笔财物才行*。不过，有鉴于业已作了充分阐述的理由，那他们谁也不必有这样一种储备了。

一方面，有各种各样货物在接受效用；而另一方面，又有货物在给予效用。这一情况也就使整个门类的资本货物终至于耗尽枯竭。货物接连生产了，货物接连消费了，循环往复，无穷无尽。它们在这里被赋予了富有特色的名称，使资本的这个独立存在体得以长存。

# 第11章　社会劳动的生产率取决于社会劳动与资本的数量关系

贯穿全书，资本一词所描述的，就是企业家按照该词所理解的，即资本是生产资料的永久基金，也即投入产成品的"钱"的通称。不过，这两者的同一性又是不断变化的。体现这一基金的各种货物，就像江河的水珠，都是在消失中的；而该基金自身，则又宛如江河，是持久不变的。

劳动也是一种永久的因素——一种永不枯竭、作用不止的人的能量的储备——这是引人注目的事实。人与资本货物一样都不是长存不灭的，但劳动与资本作用也都具有永久性。工资与那种永存的生产要素——劳动现在具有的和将来仍然会具有的那种持久的利润率——有关。问题是，今年、明年、后年等等，劳动会创造并获得什么呢？假如工资率是此后呈现提高之势的，那就意味着劳动会是年复一年地获得相应提升的生产力的。重实际的人们注意到的是涉及具有永久性的劳动的利益、权利和争夺，而不是单个工人的利益、权利和争夺。

正像资本一样，劳动这种持久要素既不是一种非物质的东西，也不是一种抽象的东西。我们看它就有如我们看戏，不是只看剧情细节而不看演员，因为这种要素是由情节发展中的人物所构成的。此外，这些人是以消费者的资格获得工作的收益的，因此，他们有决定他们的工作当取何种形式的特权。就像一个资本家决定由哪几种货物构成他的生产资料一样，工人也决定他们要把他们的体力和智力投入于何种生产。也就是说，到底是成为农民、矿工、织造工呢，还是做一名印刷工呢，这全由他们自己决定。作为消费者的个人是作为生产者的个人的所有人的形式存在的，他决定把他的能力投入到某种具体的活动中，这在他看来，就是答允产生最高产量。

一代又一代的人变化无定，劳动所取的形式也持续改变。1800年的条件需要有某几种劳动，1900年的条件是需要不同的几种劳动了。年轻的工人相继登上工业舞台；而当他们那个时代的条件类似于他们父辈时代的条件时，他们或许就会从事他们父辈所从事的行业了。不过，即使到了那个时代，他们通常也还会采取新的方式投身于那些行业的，而且只要环境允许，他们都会掌握全新的技艺的。劳动这一永久的人的要素，就其形式来说，与资本这个永久的物的要素一样，也是变化不止的。正像一种用旧了的工具会由另外一种工具接续下去一样，一个退休工人也会是不乏改行的后继人的。人固然是瞬息即逝的，可是工作会永远继续下去。不过，由于人总是变化的，所以，工作的种类也处于变化之中了。

因此，这也就有了两种长期不变的实际存在物，使世界的经济兼而有之。一种是资本，或者说是财富，资本或者说财富是以抛弃和更新有形的物体即资本货物而得以永远维持原状的；另一种是劳动，它以相似方式得以维持原状，今天由一组人予以体现出来，明天又由另一组人予以体现。这两种永久的生产要素都有整体变化的无穷能力：它们是每年每天都在改变它们的体现特定思想的具体形式的。

这里称作经济动态的这个因素，迫使劳动和资本完成这一变化。有新的欲望就得予以满足，因此，人们必须生产种种新的消费资料，而且他们还得采用有别于已往的方法，利用有别于以往的工具做到这一点。种种机械发明既改变了劳动的形态，又改变了资本的形态。以一家大工厂取代很多小厂，然后又把此类很多大厂置于一个管理部门之下的这种集中化过程，做的是同一类事情。劳动本身绝无停止的时刻，但劳动的某几种形式则是被废止了，并由其他的形式取代了。资本绝不会消失，但资本的某几种形态不复采用了，继之以其他形态。这两种永存的生产要素总是处于无穷的自我质变的过程之中。

## 第11章 社会劳动的生产率取决于社会劳动与资本的数量关系

就此而论，已经出现的而且使我们忐忑不安的是下列事实，即与某个既定数量的资本一起加以利用的劳动的数量的任何增减，都使资本不改变其形态就不行了。按平均计算，每一个工人拥有500美元的资本，此项基金呈现某种形式；而每一个工人拥有1 000美元的资本，则此项基金就呈现他种形式。此时，劳动也以同样方式改变它的形式。现在，在以数额不如以前大的一些资本进行工作的工人完成一类任务，而以资本数额大一些进行工作的工人完成另一类任务。资本倍增且呈昂贵而又精巧的机械的形态时，人们总是练就新而改变了的技术以完成职守。但凡劳动和资本的相对*数额*改变了，这就意味着两者的*形式*均应改变，也就是说，每一种生产要素都必须适应另一种要素的需要。不论这两种要种素在何处加以组合利用，都必须相互适应，这就是规则。

我们现在就检验一下这两种永存生产要素中的每一种要素的最后一个增量所具有的生产力。工人总数1 000人，数十年来人数既不减也不增；有100万美元的资本，这些资本也既不减也不增。情况如此，单位劳动的产出有多大呢？提供工资和利息规律的这个问题的答案是：*这些收入是由作为永久生产要素的劳动和资本的最终生产率决定的*。

有一个曾用于解释地租的公式，我们也可以换一种方式利用这个公式。我们不妨暂先不理会有耕种土地的劳动所需的辅助资本的这种情况，且举一个简单例子。我们假设每一个工人都持有一种简单工具，这种工具的成本很低，体现不了任何规模的财富。因此，这个工人是一无所有的，他徒手耕种一片土地并创造呈作物产量形式的一定量的收入。这里要指出，即使把辅助资本不折不扣地减为零，也不会对我们这里正在研究的这一原理产生影响。这是因为，即使是我们用了一个更难以处理的例证，但如果我们这里的工人具有一应俱全的工具、种子、活畜等条件，那么，我们所必须予以证实的，也还是能相当准确地给予证实的。不过，由于有关劳动的最终生产率原理的那个最简单例子，可以溯及用于土地的最后一个单位的劳动所能获得的产品，因此，其所提供的也就是最可获得的那一部分，而且仅此而已。

这就是我们正在探索的一种静态工资标准。田地和劳动力都假设保持不变，方法和环境也假设恒定。按照这些条件，多大的恒久收入当归因于那最后一个单位的劳动呢？我们从这支劳动力队伍中削减一个人，再削减一个人，而且就照此逐一削减乃至解雇剩余的所有人，而这一削减人数的行为并没有导致该行业多大的混乱。这片田地依旧如数耕种了，不过，活计是不如以前精耕细作了，产量也有一定的减少；反之，我们也可以给这支劳动力队伍增加人，而且对这批人施以重组，以排除增人所致的失调。结果就会是，土地集约耕作程度提高，产量也随之大幅度增加。

劳动力中削减一个耕种者所致的产量的减少额，是计量能力相同的每一个工人的有效生产率的。选择哪一个工人进行计量，这无关紧要。减去任何一个人，这支劳动力队伍也就都只减少了一个单位；而我们想要计量的，正是那一个减产额，它由劳动力减少一个单位所致。不论减去谁，人们所能实现的产量，就都不如有这个人（对产量作出贡献）时，由土地和劳动所能创造的要多。

不同的人从事的工作种类有别，一个人所能做的，对于确保任何产量或许都是必不可少的，而另一个人所能做的，或许就无关紧要了。播种者是不可或缺的，但对土地作最后几方面的微小变动以及为土地接受种子作好准备的那个人，对其不加利用所致的损失就会少一些。不过，这一个工人与另一个相比，只要他们是可互换的，那么，其实际重要性就是不相上下的。让播种者离去，另一人就可取而代之。要是离去的那个工人是负责次要工作的，收获量就会与原先不相上下。实际上，作为个人，所有的人都是不相上下而且又都是可互换的，这样，他们的产量也就都一样了。可归因于任何一个人的产量，但又唯归因于其中独一无二的那个人的产量，对这种产量进行检验，那就必须把那个人撤出劳动力队伍，对剩下的工人则予以重组，而那最次要的工作，则任由无果而终就是了。

现在要是暂先假定这片土地仅属一个种植园，而工人不存在行业领域间的流动现象，那工资率就由一个人对这个独一无二的种植园实际上所具有的价值决定了。一个人可以提出要求获得他在这里实际上给予他工资的雇主的那样一份收入，而不是从他处获得收入。

只有在这种情况下,工资才是由可归因于最后一个单位的劳动的产量所决定的。

假定劳动力是持久减少的,因而劳动力规模越来越小,而且永远如此,那么,由于劳动力这一递减,产量也就逐年降低了。增加一个单位的劳动而不是减少一个单位的劳动,类似的检验也可以做。在那种情况下,若增加是持久的,而劳动力是继续一个单位和一个单位增加的,那么,平均产量就会大一些。这就使我们能计量可归因于一个单位的劳动的永久性收入了。

工资是由如此计量的那种"最终"劳动生产率决定的。"最终"这个词,意指某种相继接续的顺序,它表示有要加以挑选出的第一个、第二个和最后一个单位的劳动。按照举例说明价值规律的常用方法,就是某个人所消费的某种最后一个单位的商品。我们给他某种产品,然后再给他另一种,再过一会儿再给他最后一种,此时我们发现,随着该系列进行直至结束,这一个一个单位的产品对他的有用性是越来越小的。最后那一个单位的效用之小,甚于另外任何一个单位。按照业已为奥地利学者的研究使人们熟悉了的,此系列某种商品中任何一种的价值,都由最后一种的效用所决定——最终效用无一例外地估计价值。

我们着手用于各种不同的生产要素的生产率的这一原理,此前刚用于劳动了。只要有这想法,我们就可以以某种相似的虚构的系列,安排个人能力相似而且可以互换的这样的一些工人。然后,我们再把这些人一次一个地引入田地,看看各人实际上是如何生产出产品来的。一定面积的一块田里安排一个人,按平均计算,就可以获得某种产量了。但如果安排两个人,产量的增幅达不到一倍,则第二个人所创造的产量就比第一个人的要小。一旦确定耕作固定面积的一片田地,则连续几个单位的劳动生产率的这一相继递减,就为一条一般规律奠定基础了。

当然,如果两个人能以富有成效的方式组合他们的劳动,彼此采取必不可少的方法互相帮助,那么,具体生产率就未必下降。两个人就可以形成某种初步劳动的组织了,而这是一种新的影响,某种全面的研究必须予以考虑。假如我们以一个人耕种的面积很大的田地开始，在工作中他很可能会处于不利条件；第二个人不仅能确保产量倍增，而且还比第一个人处于更有利的条件。第三个人，第四个人，第五个人，等等，或许就使此组织日臻完善，乃至使我们业已引用的报酬递降规律暂时归于失效了；但最终，此规律复又会显示威力。例如，田里有二十个人时，再增加一个人，这第二十一个人于改善该组织，就无明显影响可说了；反之，人数过度增加，反倒会导致拥挤，土地不堪重负，乃至利用过度。我们现在必须研究的就是这种利用密度过大所致的影响。我们可以通过对劳动加以组织，而不理会该过程的前几个阶段所得的利益。这对劳动力人数多的情况来说确是如此的，因为工资标准就是由这最后一个单位以其产量予以决定的；而这一单位所起的作用，并非使该组织尽善尽美所必不可少的。

研究土地上工人安排过多，乃至人多误事这一纯粹影响，最好还是首先暂不顾及组织所带来的利益。这种利益，我们必须遵循专用于经济动态的分工理论进行单独研究。组织，就像机械发明，也就是改善应用接续几个单位劳动的条件而已。这也仿佛就是所来的人随身带来了好一些的工具。假如我们要单独研究并计量就因为用人过多而对土地造成的那一纯粹影响，那么，我们就得假定这一情况以及另外的情况都暂且先不加改变。

这样，我们就得假设有一个人被安排到一大片土地上，然后又有人接二连三的人被安排到这片土地上，乃至最后共有二十人被安排在这片土地上。我们还要假设他们的这片土地耕作方法保持不变，对劳动力在一开始增添人数那几个阶段相互合作所致生产能力的那种提高也不加置评。当然，如此形成劳动力的全过程纯属凭空想象的产物，它体现的是经济动态的某种不真实而且片面的过程。此种实验无处可找。实际上，一个农场主绝不会是二百英亩土地就安排一个人，让他在那里计量一年的产量，然后，接着再在下一年里在那里再安排一个人并计量产量的增长情况。他肯定不会连续二十年始终如一地进行此项实验的，乃至使他的那个农场竟成了一个实验室，任由经济学家全程观察耕作中的土地的报酬递减规律。既已给那两百英亩土地安排了二十个人，实际上，采用某种实验方法，那

## 第11章 社会劳动的生产率取决于社会劳动与资本的数量关系

农场主是肯定能弄清楚多大一部分产品当归因于那第二十一个人的劳动的。他会检验那最终的劳动生产率,而且他还会发现,可归因于那第二十一个人之存在的产量,是小于一个人在尚未如此拥挤时就进入而能使之出现的产量的。这一事实,是凭经验得到充分证实的,而且以演绎推理给予进一步确定了的,是经济学中毋庸置疑的真理之一。一定面积、一定质量的土地,随着耕作的人数越来越多,人均产量势必越来越低。说明此规律的最简单而又最自然的方法,首推这样一种想象,那就是在一片田地上配置人力,一次就配置一个人,直到计有二十个人时就位为止。其中,每一个人在对导致产量的增长所作的贡献上,都可以看成是比先于他的那一个人的产量——递减的。可归因于任何一个人的产量,随着整个劳动力的逐步形成,乃至达到无以复加的程度,这始终是越来越小的;而可归因于那第二十个人的数量的,则是其中最小者。假如其中所有人都需把这最后一个人的产量作为工薪接受下来,那我们也就有了这个工资问题的解决办法了。①

在某种静态条件下,劳动力是既不增也不减地保持原状的,生产的方法和条件也永不改变。劳动力中的人员经历了有人去世就有人替上的必然的一致的变化,但劳动力本身并无变化,劳动的过程和环境也固定不变。不存在从少数几个人开始逐步集聚劳动力的这一情况,而按人均计算的产量也不变。然而,人们的收益则还是按最终生产率规律予以决定的。实际上,在现成劳动力中没有一个人会不复工作的情况下,这就意味着每一个工人之所得,也就都等于雇主之所失。计量劳动的这一最后产量,以及支配总产量的一项原则的一种方法,就是设想劳动力是逐个单位地增加而达到其现有规模的。有助于劳动力增长的每一个单位,暂时都先后分别是最后一个单位,它还暂时决定工薪标准。但到那真的最后一个单位到来时,

---

① 在劳动力的最初几个增长阶段,如果人们的组合得到改善,或者是耕作方法有了改进,那报酬减少的可能性是可以予以排除的,这一点,就像另外的动态影响一样,也得在经济学理论的单独的一个分支学科中加以研究。

这一单位的产量遂成了永久标准了。这是因为劳动力的规模不再扩大,而人们的工薪也不再改变了。这整个过程都是想象的;但它说明了两项原则,它们共同控制着劳动者的命运,这就是:(1)任何时候工资都等于最后一个单位的劳动的产量;和(2)此产量在其余一切均不变的情况下,不是变得越来越大就是变得越来越小。前一原则是静态的,它调节各个时期的工资;而后者则是动态的,它连同其他动态原则控制工人阶级的命运。在无进一步变化的情况下,人口增长一项即为一种致贫的影响。

现在,可归因于最后一个人的产量怎样竟又决定所有人的工薪呢?这里,我们可是马虎不得,务必设法使我们所举的例子与活生生的事实相一致。一位农场主在一个综合市场雇工,其所依据的工资率是该市场以某种方式决定的。然后,他把雇来的人投入到田地上,直至按照报酬递减律最后那一个人的产量变得小到仅能产生工资为止。须知工薪率主要是在该农场外决定的,而该农场最终劳动生产率又得与此工薪率相一致。

要是根本不存在决定工薪率的外部市场,那情况又会怎样的呢?农场即为整个经济领域,它又会怎样?这一设想会简化经济,乃至使它荒唐地迥异于现实世界,不过,它会把在现实世界中起作用的工资规律阐述得非常清楚。如果该农场是一个与世隔绝的社会,它既不销售产品又不购买产品,而且也不按照其范围外决定的工薪率引进劳动力,那么,工薪率就会在农场内部根据那里所雇用的劳动的最终生产率予以决定。

例如,假设有一个船只无法出入的海岛,岛上有一定数量的土地再加上恒常的人口;没有需加考虑的工业,不过有农业。我们无须谁告诉我们说这种状态是想象出来的,荒唐到与现实世界毫无相似之处。不过,在下列某一关系重大的细节上,这种状态与现实世界又还是有些相似的,那就是,在此不存在流动性的人口中的最后一个人所生产的产品所决定人们的工资。任何一个人对他的雇主的有效价值,都是这一个人万一不再工作的时候所可能发生的一切所决定。劳动力中任何一个人的有效产品数量,都决定劳动工薪在大多数情况下与之一致的标准。现在,尚未顾及外部劳动力市

## 第11章 社会劳动的生产率取决于社会劳动与资本的数量关系

场——该岛不存在进口——工薪率，该工资率由外部周围世界决定。我们把该岛即看成一个世界，而且认为，任何诸如此类的社会都把所有工人中最后那一个工人所生产的东西给所有工人，且视之为他们获得的自然的酬偿。

如果要使我们的这个例子无所或缺，那就是要使我们的种植园成为一个完全组织化的社会。我们要使它地域广阔，而且使它的居住者不仅从事农业，而且还经营各行各业。我们使这个社会有自己的铁匠、木匠、编织者、鞋匠、矿工、印刷工等等这样一些配套的行业。我们会提供所有需要的资本，而且保证有必要的种种形式的资本。我们要确保每一种具体行业都占有其社会基金总额，而且还要精心维护原始风貌，即该社会是与世界余部相隔绝的。它自身就是一个世界，而且不存在其他易接近并可从中得到其工资标准的另外世界。那么，劳动的工薪率又是由什么予以决定的呢？显然，它是由与各种各样附属的小组和小小组，或者是各行各业的生产资源的基金总额，它们共同加以利用的劳动的最终生产率决定的，而工资标准则是由最终一个单位的社会劳动所创造的那种产品所决定的。

事实上，根本就没有可作为依据的决定工薪的其他标准。从其他某个地区的商店、铁路等雇用工人的某个农场主，我们原以为对于工人的工资他会是商店等等支付多少就支付多少的，但实际上，农场主既已雇用了如此多的人了，因此，农场主有限的土地上的最后一位工人，也就是仅挣工资而已。其中的这最后一人的产品并不决定工资率，而只是使工资率与外部的工资率相一致而已。在一个独立的社会，工资率不应该是一种引进的工资率。而且既然就此例来说，根本就没有*外面*一说，因此，也就根本不存在从*外面*雇用人进入这个社会，以及以高薪雇用他们来工作的这个问题。既然这些人从一开始就置身于这个社会了，那他们也就还是留下为好，而且人人都得有工作。但凡愿把自己奉献给某一雇主的人，就总有可惠及雇主的一点什么的，既然无论受雇于哪一位雇主他都能提高那里的产量，那么，按照一定的工资率，那位雇主就一定会雇用他的；而如果竞争是完全的，则工资率实际上就会与雇用他的那家工厂、农场或商店因他的加入而提高了的产量相一致的。如果这个人的付出多于雇主所给予他的,那就会诱使另外的雇主按高一些的工资率雇用他。另外,各行各业的人也都处于同样地位,社会劳动的工资等于这种劳动的某种复合的最后一个单位的产量。

　　这一产量如何加以计量呢?我们需注意一下,因为削减这样一个单位的社会劳动而减少了什么,或者是因增加了这样一个单位的劳动而又增添了什么。无论就哪一种情况来说,我们注意到,全都有可归因于一个单位的劳动要素的产量,却不见有可归因于另一种要素的产量。接着,让我们撤出我们称之为一个社会单位的劳动要素。这是一个复合单位,它由该社会所包含的每一个行业小组的某种劳动构成。我们还要按照经过仔细校正的比率,减去耕作者、铁匠、木匠、织造工等等的劳动,结果,最终一个单位的劳动在各行各业中都突然不见了。

　　我们削减工人时,各处资本的数量都是维持不变的,但是各行各业中的资本形式,我们则都需加以改变,以使资本精确无误地符合那稍有减少的劳动力的需要。要是我们的检验结果是合乎理想的,那就绝不会有减少这个单位的社会资本所引起的混乱。全部资本都必须持续得到利用,一旦那些离开的人们把他们的工具扔掉时,那就绝不允许任由他们把工具弃置于地上,因为那是代表着如此多的浪费的资本的。而若果真如此,这些人的离去也就意味着,那就不只是失去一个单位的劳动的产品而已,而且还有如此多可归因于那些人所用的工具生产的那些产品的进一步丧失。留下不走的人或许并不需要这些丢下的工具,但他们的确需要这些工具所体现的资本。我们必须履行节约,而且我们已采取描述过的那种促进变化的方法履行节约了。那丢弃了的镐和铲,凭借奇迹般的改变,体现为马和马车质量上的提高了。现在,专职干挖掘工作的人是少了,但是他们所拥有的资本却与以前一样多,而且,他们现在所拥有的资本是以拥有资本的人数减少这种形式给予体现的,这种资本他们可以利用。类似地,在工厂有废弃的机器,而留下的工人却无法使这些机器运转起来。不过,这些机器所体现的资本,假如转变为留下的工人在用的那些机器在质量上的提高的话,那就等于还是给利用起来了。现在的情况是,无论何处工具都少而精,而资本则一丁点儿

## 第11章 社会劳动的生产率取决于社会劳动与资本的数量关系

无减。

这个假设是,揭示工资实际标准的是对一个单位的徒手劳动的工人的生产力进行的那种检验。如果100人构成我们描述的那样一个单位的社会劳动,而如果他们的离去使各行各业的产品减少了相当于200美元这么一个数额的话,那么,这些产品就是唯可归因于那100人劳动的产品的。如果他们是具有相同生产能力的有代表性的工人的话,那么,日均2美元也就是一个人的自然工资了。

对工人的生产力进行的这样一种检验,多么富有凭空想象的色彩。实际创建我们所假设的那种种植园所构成的微观世界,其可能性又多么微乎其微!在各行各业中分配劳动,实际上是无法做到恰如其分和不差毫厘的。在就工资规律所作的某种实验室检验中,这种分配是应该具有代表性的,或者说就撤下的人来说,数量应该是恰好的。最后一个单位的劳动还应予以减去时,这种检验的那一实质性内容,就会迅速把资本变成那种削减了的劳动力会持续所体现的那种形式,这是多么不可思议!

然而,这一切却又是在实际行业中发生了。世界天天都在不假思索地而且是不作观察地做着此类不可思议的事情。依靠普遍存在于经济体系中的影响,世界对每一种行业都提供了它在整个社会资本中应得的那一部分资本。在各种情况下,这种影响都把那一部分资本具体化为各小组的工人所需要的那种形式了。无论工人过少还是过多,这种影响都会改变资本的形式以符合人们的需要。这种影响作了一种无意识然而又是实际的最终劳动生产率的检验,因为它不仅仅只是揭示一旦有一个单位的劳动要撤出,一旦资本持续得到充分利用了,这个世界会失去什么;而且它还使劳动的工薪符合这一标准。这个过程还涉及一种永久的社会资本基金,一支永久的社会劳动力队伍,以及对经济体系各个组成部分的工资的某种自动调节,这一切都旨在与作为一个整体的最终劳动生产率相一致。

**附注**:假如在这种静态研究中我们能把目光放远,并使发生着变化的那一部分田地尽收眼底的话,那么,我们就会明白,表述现行自然工资标准的那个公式就揭示了那几种影响中的一种,而且是这种影响导致该标准提高了。如果资本是变得充裕起来了,而劳动的供给却保持不变,那么,就像劳动的供给递减而资本的供给维持不变一样,这同一结果还是会产生的。某种环境下安排的工人过多这种情形,它是一种逆效应,它是使一个人的效率越来越高而不是越来越低了。世界的资本愈是充裕,工人的生产力就愈是提高。这个思想领域我们现在未必就要进入,但是我们现在或许就可以正确指出的是,在财富增长期的任何一个时刻,劳动都将实现其由我们讨论过的规律所决定的那种自然工薪率。再过五十年,工资会比现在还要高,但是那种工资会是由处于其时的更富有成效状态下的劳动最终生产率所决定。

# 第 12 章　工资和利息的调节者——最终生产率[①]

我们即将要考虑的,不是我们前例中的那类种植园,而是具有不可胜数的各行各业以及一应齐全的生产要素和生产设备的这样一个世界。当然,这是一个与世隔绝的世界,因为无论产品、工人还是工具,都无从输入也不会输出,而且就连它实行的工资率,也必须完全在其内部决定。

现在,我们可以从逐个单位地为这个社会提供劳动的这个虚构过程中得到某种好处,条件是,我们这样做不会得出最终生产率规律的作用全部依赖于这一虚构过程。这只是阐明这一规律的作用的一种方法而已。如果也就只是从整个劳动力中抽出一个单位而已,如果进一步发生的产量的降低被注意到了,那么,单个劳动的生产能力也就得到实际而又实质性的检验了。这种检验我们付诸应用了。现在,我们假设某一支劳动力队伍是通个逐个单位增加而形成的,同时又假设资本总额维持不变,而其形式则因有每一个新的单位的劳动的加入而加以改变,这全是旨在对最终生产率规律的作用有一种更为全面的看法。对于每一个劳动增量单位,我们都会以 1 000 名工人予以构成,而且每一个增量中,都会按照精心调整的比率使农场主、木匠、铁匠、织造工、印刷工等等无所不包。在这个劳动的

---

[①] 本章以及后面的两章提出的这个理论,先是以两篇论文的形式发表于《经济学季刊》上的,这两篇论文题目分别为:"地租规律所决定的分配"(1891 年 4 月)和"经济变差的普遍规律"(1894 年 4 月)。

增量中，各行各业都有代表在内，这些代表的相对人数按照某种规律予以决定，这一点很快将成为我们的研究任务。有关这一规律，我们现在必须了解的是，它如此在各种小组和小小组间按比例分配，乃至各行各业的劳动的生产能力都具有了某种相同性。通常的和适应性的劳动成果在一个小小组与在另一个小小组是务必需要达到一样多的。

现在，就给这个孤立的社会提供价值 1 亿美元的资本，而且还要逐渐给它引入一支相应的工人队伍。如果给具备这些条件的那个优越的环境投入 1 000 名工人的话，那么，他们的人均产量就会是巨大的。这些工人从事借助资本劳动的程度，可以达到人均 10 万美元之巨的水平。这个资本金额会以工人能以最高效率利用的多种形式，以及可供每一个工人使用的工具、机器、原材料等等形式来体现。要是我们想象一下这样一种条件下还有什么不可或缺的生产资源的话，那我们就得让自动机械、电动车以及瀑布发电、潮汐发电和波浪发电等等都成为人们屡见不鲜的东西。我们应该获悉制造原材料、人造土壤等等的化学奇迹。我们应该把工人安置在具有大自然威力的那种不可一世的主管的岗位上，这种威力是如此显赫，如此多种多样，乃至这种主管看上去与其说像是世界贸易的工具，倒不如说更像是空中的超自然的力量。不过，情况是，资本固然是缓慢而又平稳地增长的，但相对于人口的增长却还是要快一些，而且就显示出它取相对少的工人会需要的必需品的形式。诸如此类的一切，是种种自然经济增长的目标。

现在，再给这支劳动力队伍第二次增加 1 000 名工人，不过人均产量会是比此前更低。这是因为供工人使用的各种工具更为适于更多人使用，它们所体现的形式改变了，而这种改变是必要的。这第二次劳动增量，只有供其使用的资本也即人均 10 万美元的一半，而这还是取自原用它的人的。在使用资本的过程中，新来的工人与原有工人均分。原有工人中，一个人有一台精密机器，但现在，每人只有一台价廉而低效的机器了，而新工人也仅有廉价类的机器。原有工人所用工具的效率的这一降低，在估计新工人能给工业产量增加多少时，是必须加以考虑的。有了新工人，首批工人所用的工具价廉了,这使他们的效率有所降低。新工人在原先资本中所占的份额,是由原在其相邻田地上工作的工人转给他的,它们存在于价廉而低效的工具之中。因此,由于这两种原因,新工人所创造的财富是不如首批工人创造的多的。

在全部田地上,可以说会有数亿美元用于满足倍增的工人之需的。其中有几种工具有以前的两倍那么多,但这些工具无论是价格还是效率都比以前降低了。建筑物多则价廉,这就是规则。铁路弯曲处多,斜坡多;耐用桥梁少,真正好的工厂少。现在有两艘帆船,而原来也只有一艘;现有两艘木船,而原来也只有一艘钢制船。该社会的资本总额未变,但取了较前有外延性的形式——工具到处倍增,但是价更廉了。

有关计算这一变化的技巧,我们得小心谨慎。当然,可以归因于这第二次劳动增量的产量,根本不是这一增量*借助于前一批工人转交给它的资本*创造的;使此前所创造的产量增加的,也仅仅是由于有了这一个增量而已。在有1 000名工人使用这整个资本的情况下,产量的价值是4个单位;在有2 000名工人使用这整个资本的情况下,产量的价值是超过4个单位;而略高一些的产量,则不论何所指,都是计量仅归因于第二次劳动增量的产量的。计算可归因于最后一个单位的劳动的产量时,有一个必须加以考虑的负量。首先,假如我们获取该劳动增量借助于转交给该增量的资本所创造的一切,然后减去来自前一批工人的产量及其由于他们转交新工人的那一份资本,那么,我们就获得了新工人给该行业的产量创造的净增量。

尽管会是比第一个单位所创造的产量要小一些,但在巨额资本得以利用后,该新的一个单位的劳动,给在没有此笔巨资的条件下就形成的那个产量所增的产量,还会是很大的。此新的劳动力中,每一个人的产量都足以与一个幸运的淘金者相匹敌。劳动的增量一个接着一个,直至该劳动力增加至10倍;而可归因于最后这一增量的产量则还要大,一增再增,直至该劳动力增至10万人之巨,而且仍还有价值10亿美元的资本,只不过形态改变了。届时,工人们的装备水平,与当今美国工人就不相上下了。认为劳动的这一最后增量应该实现的,而社会根本无须借助于规模相当于该国劳动力的这样一些劳动力就能实现的那个产品增加量,通过增加再就业就能单独予以创造出来。

现在,假如劳动的这第 100 个增量是这个与外界隔绝的社会所有的最后一个增量的话,那么,我们就得谈一谈工资规律了。我们是所有人口储备都用于安排就业了,因此,我们即使有虚位以待的工作也是久等而无应聘者了。最后这一个合成单位的劳动——最后 1 000 人构成的单位——创造了其自己独有的产量。这部分产量,比可归因于此前任何一批中的产量都要小,不过,既然这一部分劳动力是在野外的,因此,这一部分的劳动比其他任何一部分劳动都卓有成效。假如早一些的任何一批劳动力都是需求比这最后的一批的劳动力都大的话,那么,雇主也就可以解雇他们,并就以最后一批人取而代之。从 1 000 人中去掉任何一人,雇主所失去的应当以决定工作的最后一人生产的产量予以计量。

由此可见,对于雇主来说,每一个单位的劳动的价值都是以最后一个单位的劳动所决定的。当劳动力完全时,1 000 人中没有一个人离去而不会减少整个社会的产量,这个产量相当于我们最后安排工作的那一个人的同一数量。劳动的任何一个单位的实际价值,都等于全社会以其全部资本所生产的产量减去那个单位的生产量。这确立了通用的工薪标准。在假设的例子中,一个单位的劳动由 1 000 人组成,而这一单位的产量就是 1 000 人的自然薪酬。假如这些人都一样,此产量的第 1 000 份,也就是其中任何一个人的自然薪酬了。

当然,我们这是在探求一种静态工资的标准。但是,如果形成了由 1 000 人到 10 万人的规模,并导致资本随着劳动力增加而改变其形态,那么,这个过程就不是一个静态过程了。使劳动力聚集而达到其静态足数是一种动态活动。不过,从这支劳动力队伍人数一应齐全之时起,我们就任由它不再变化,我们就听凭如此达成的那种静态状况始终保持下去。完成这个作为例证的动态过程和逐个单位地组成这支永久劳动力队伍的重要意义,在于这样一个明确的观点,那就是它产生了可归因于那个"最终"单位的产量。

实际上,没有最终单位一说。有以亿美元作为单位计量价值的资本人数即 10 万人,他们年复一年地工作,因此,没有哪一部分的

1 000人可以单独游离出去,而且就把他们看成是以其产量决定工资的。对雇主来说,这样一批人的价值都是等于那最后一批人的产值,即使我们以我们作为例子描述的那样一种顺次使他们开始工作,他们仍会获得这一总额,而这是由雇主间的竞争所确保的。这最后的作为一个劳动单位的1 000人,当其为雇主服务时,其手中握有某种潜在的产品。要是有一批企业家不给这批人的产品确定价值,那么,只要竞争是完全的,那就会有另外的人会给他们的产品确定价值。有了某种理想的自由竞争的制度,每一个单位的劳动就都能获得确属最后一个单位所生产的价值。不过,即使竞争不完全,每一个单位的劳动也都还会*趋向于*获得这个数额。劳动的最终产品决定劳动的薪酬标准,而实际工资尽管变幻莫测,但也趋向于获得这个数额。

我们曾经指出这样一个事实,即企业家的净利润是对竞争的一种激励。这种利润是商业利润,意即雇主是在以获取高于他们的工资和利息总额的收入方式销售他们的产品,也即商品的售价是超过构成商品的各种要素的成本的。我们曾经指出下列事实,即按照经济学家所下的定义,"自然价格"是一种工资加利息的价格,因为它等于这两种支出之和。一种产品的利润的价格大于上述两种支出之和,而又趋向于消除那个利润的那种竞争,会使两者的利润归于零。在销售商品时竞相出价的结果,会使雇主降低价格;而在雇用工人和资本时,通过竞相出价,他们则又是使工资和利息上涨了。只要劳动力中的那些人所得的总比最后一个人所生产的要少,劳动就总有利润;但是,竞争又总是趋向于使劳动的薪酬与最后一个单位劳动的产品等值。

正如一再所说的,我们在这里建立了略去一切干扰事实的一种理想社会,而且至此我们一点也没有描述过现实生活中的纯粹规律所遇到的那些障碍。我们没有对工人薪酬实际上暴露的那种偏离最终生产率标准的数额作过估计。诸如此类的这一切研究,在本书的动态部分中都占有一席之地。一如万有引力那样不容置疑的是把人们的实际工薪,拉*向*由最终生产率规律所决定的一种标准的那种力。该规律是适用于万物而又永恒的,无论何处,它都经受得住改变其作用的那种局部的和易变的影响。我们就是要获得我们所生产的产品，这就是首要生活规则；而我们借助于劳动所生产的产品，则由最终一个单位的劳动的增量所决定；*最终生产率调节工资*。现在，我们可以按照下列论点概述我们就工资的自然标准所得出的结论了：

（1）与商品一样，劳动也是受某种边际评价规律支配的。市场安排其中的每一种供给的最后一个单位劳动的价格，市场也给整个供给安排了。正像最后一个单位的消费品是一种决定价格的商品一样，最后一个单位的劳动也是决定价格的一种单位。

（2）*最后*一词并不指明可以辨别出并与其他各单位分开的一个特殊单位。例如，在美国谷物仓库中，就没有一批特殊的处于某种战略地位而又是他种小麦所没有的那种定价权的货物。这种商品的单位无论是怎样的一个单位，在经济学的意义上都是一个最终单位，就是因为有了这样一个最终单位，才使某种商品的供给与它当时生产的实际产量相一致。与此相似，*最后*、*边际*或*最终*一个单位的劳动，也并非由某特定的几个人所构成的。尤其必须警惕的是这样一种见解，那就是，其产品决定一般工资率的那最后几个人，也就是由于其能力是最差的因而也是极少受雇用的人。我们一直慎言的成为工资规律基础的就是这样一些人的若干单位的劳动；而若要构成这样一个单位，这批人就得具有普通工人的平均素质。

（3）描述最终效用规律时，按照惯例，是把某种商品的各个单位安排为呈某种假想的系列，然后逐次逐个地展示它们，并弄清楚各个单位对消费者而言有多重要。不过，对商品来说，迄今未见有过如此投放市场的通例。如若有某种商品现有全部供给都在市场以备出售，则售价视最后一个单位商品的重要性而定，*假如这批商品的供给是以这样一系列单位出售的话*。

以同样的方式给工人安排工作时，一次就安排一个人或是一批人工作，以期发现市场对最后那一个人的重视程度，进而采用这样一种虚构的方式来表述工资赖以决定的规律，我们认为也是很有用的。这里揭示的是生产率递减律的作用。不论我们是把一个人还是一批人都看作是一个单位的劳动，*只要这些劳动力是以这种方式被安排劳动的，那么，作为工薪，任何一个单位的劳动力就都能得到相当于最终一个单位的劳动力所能生产的产品价值*。

(4) 如此决定的工资标准是一种静态标准。只要劳动和资本量不变，继续按照相同工艺规程和不变的组织形式生产同类的东西，那么，工资就会继续处于这一检验确立的等级之上。使人们处于连续工作的状态，这属于一种想象的动态，但它所揭示的却是一种*静态规律*。

在图 12-1 中，劳动的单位数假定是按线段 AD 计量的。让这些单位的劳动与某种固定数额的资本加在一起呈现系列工作状态。第一个单位借助于所有资本的劳动，由线段 AB 计量。第二个单位的劳动使产品增加的部分，系线段 A′B′所示的数额。第三个单位，使产量按 A″B″所示的数额计量。第四个单位，使产量按 A‴ 和 B‴

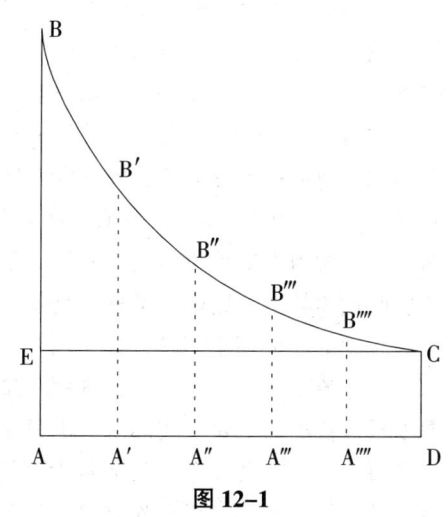

图 12-1

所示的数额计量。第五个单位，使产量按 A⁗ 和 B⁗ 所示的数额计量。最后一个单位，使产量按 DC 所示的数额计量。线段 DC，计量该系列中任何一个单位的劳动的有效生产率，并决定一般工薪率。如果第一个单位的劳动提出的要求超过 DC 所示的数额，那么，雇主就会解雇他，且以最后一个单位取代他。雇主们因解雇他整个劳动力中的任何一个单位而招致的损失，都是线段 DC 所示的数额。

极其重要的一个事实现在显现了。我们使该规律的应用颠倒一下，便得到了一条利息规律。假设劳动为数量不变的那个要素，再假设资本为有一系列增量得到供给的一个要素。

AB，现在是以与整个劳动力相关的一个资本增量获得的产量。A′B′，系以第二个资本增量创造的额外产量。A″B″，是第三个资本增量的产量。DC，为最后一个资本增量的产量。DC 这一产量决定利率。该系列的各单位资本中，没有一个单位的资本能为其所有者获得比最后一个单位所生产的产量还要多的产量。假如第一个增量的所有者为使用它而要求比这还要多的增量，那么，企业家就会放弃这一点资本，而且就使最后一个单位取而代之。就产品而言，他所失去的就是最后一个资本增量的直接产量，也即 DC 所示的数额。这体现每一个增量的*实际产量*，因为它是该系列资本中撤出的其中的任何一个资本就会失去的资本额。

我们曾经就资本总额既定而劳动力有增无减的这种情况，在资本形式上必然发生的变化所作的一切说明，在这里，在这些条件都倒转的情况下，一概适用。在劳动总量固定的情况下，不断增加的资本就会使形式不得不发生某种类似的变化。有了一个单位的资本，再加 10 个单位的劳动，所用工具就会既简单又廉价了。手工工具通常就会占相当大的比例，而建筑物、道路、桥梁、车辆等等都会属于临时代用品类，这样，每种工具就都会以相当小的成本使人们在某种程度上即可用于工作。如有两个单位的资本，某种改良型工具即可开始流行起来。资本总额的每一增加，都主要在使质次类的工具变成改良类的工具。实际上，不只工具多，原料也多，然而，突出的事实是，工具等等都是成本大而效率高的。有了第十个单位的资本的增加，状况就可看作是接近于我国当今的状况了，例如，有那么多贵重的机器、年深月久的大楼、供给充分的巨轮、高效率的铁路等等。

对成本我们或许是有些喋喋不休，但至此叙述的是一种递增了的资本的变化，因为这就是的的确确发生了的。资本在过多积累和高速增长，进而使劳动成了无足轻重的一个要素。我们可以把实际存在而不是虚构的世界看成是我们的例子。随着资本积累的实际进行，现有工具有了越来越多的品种。社会拆车棚，盖其他又好又庞大的建筑物；社会使摩天大楼拔地而起，直冲云霄，而且既防火又经久耐用；社会以钢制船舶取代木船，以汽船取代帆船；社会消除了铁路上的弯曲度和坡度，建造经受得起时间考验与磨损的桥梁和高架桥；社会挖通穿山越岭的隧道，以免除爬山之难；修建跨地峡运河，以缩短船舶航程。随着资本变得非常充裕，隧道和运河越修越长，它免去了此前工程中的陡坡和短航程之苦。但上述工程项目也代表着收益小、支出大的一种局面。社会还使一切机器的自动化水平能达到多高程度就达到多高程度，以便只用一个工人的控制就能使很多机器高效运转。社会到处都发生着以巨额资本适应相对较少劳动力的情况。

有鉴于资本数额的增加，因此，资本形式上不得不施以的变化，就说明了资本收益率递减的一个原因。能够制成的简陋的短柄小斧，就可以大大提高小斧所有人获得木柴的能力。这把小斧或许用一年就磨损了，可是在这一年里，它却可以节省很多时间，而这些时间，如果没有这把小斧的话，人们就得以某种缓慢而痛苦的方式全用于采集木柴，而有了这把小斧，人们就能制造出六把新的短柄小斧来。尽管人们或许不用这节省出来的时间就能达到这个目的，但是不论用它干什么，人们投资于这第一把而且也是生产效率最高的工具的资本，均能使他们得到此项资本的百分之五百的利息。第二把工具可以节省出自我替换五次的劳动。它的所有者实际上只更换了它一次，而且会用能给他这一工具的四个复制品的时间制造供自用的其他东西；但是，因有这第二个工具才会有的业余时间，按独立劳动计算，现在是这一工具的百分之四百了。

当然，就人们精确判断工具的几种生产能力而言，工具是按其生产率顺次加以利用的。给某种年产量多倍于其成本的任何东西，这是不可能的；而资本，它那最终增量的利息则成了该资本自身的一部分。而这一部分，随着生产基金变得越来越雄厚，其不断递减，而且随着工具等等质量的提高，进而成为越来越多积累的一种投资形式。粗制或质次的短柄小斧，与一把好一些的短柄小斧的差别，代表了一个资本的增量，但是，这一个增量就其数额来说，其生产能力不如原有的工具那样大。

随着积累的继续，总有昂贵的机器被生产出来，进而是体现着资本密集度的提高；使用这种机器所获的产品，占其成本的比重则越来越小了。把铁路的所有弯道都弄直，是资本借以找到投资的方式之一。采取此举的成本，或许与铁路相应部分首次成形时的那笔支出一样大；但此举所致解放的劳动，与其成本相比，却并不像当年修筑那弯弯曲曲的铁路时所致的成本一样大。为避免翻山的一处短程陡坡而挖通一条长隧道，就资本而言，并没有造成一样多的收益。这资本是为修筑一条短隧道以避开一处陡坡而投入的。资本的各种形式无处不显示出收益率的差别,而资本的所有者首先选择的是最高产的那些形式,然后才是生产率低一些的那些形式。目前出现的低利率应归咎于这一事实。我们这是在利用处于各系列后一些位置、就生产率的等级来说低一些的投资机会。

我们曾经指出,绝无资本增量能为其所有者获得比这最后一个增量所能生产的还要多的产品。换种方式来说,这就是,绝无哪一种资本形式可以肯定在一年内为其所有者消耗的成本势必比其在最低效形式下所能生产的产量还要高一些。在现代条件下,假如为了获得极其必需的一种工具而愿意出借"钱"的那个人,要求获得因为使用这一工具而确保全额的话,那么,身为借款人的企业家就会拒绝这一款项,而且为了获得如此急需的这一工具,将会使用包含于产品一览表中那最后且也是最不重要的那种工具的那笔款项。就更为原始的生活来说,假如承担生产一种非常必要工具的这个人,要求获得这一劳动所创造的整个产品,那么,企业家就会拒绝利用这种工具进行劳动,进而将那最不重要的一部分的劳动转用于制造他最需要的那种工具。由此可见,资本的形式完全是可能发生变化的。社会可以停止制造某种设备而制造另一种设备,因此,资本货物是可以相互交换的。不过,尽管如此,那也还是绝无资本货物能为其所有人,获得比最后一个增量所能生产的还要多的东西。

当然,随着资本的积累,劳动也在改变其形式,这是自不待言的。看管某种复杂机器的人,日复一日地重复着某整套动作,这与以手持工具工作的人所完成的工作迥然不同。每当我们改变资本的形式时,就凭这一事实,我们也就改变了工人的特征。形式上的相互适应,是这两种生产要素的一般原则。仅仅因改变其中之一与另一种的数量比例,你就得因此而改变两者的性质。既然十个单位的资本配以十个单位的劳动,就会有某一个等级的工具和与这些工具共同完成某几种工作,那么,十一个单位的资本配以十个单位的劳动,就会有颇有些不同的工具和不同的工作方式。此外,这一双重变化还必须从理论上加以延伸,直至扩展至整个资本和劳动过程。届时,到处都会出现新而改进型的资本货物,以及利用这种资本货物的各种新的方式。

有了这一限定性条件,我们就能够以逐个增量这种形式逐步形成社会资本基金,并计量其每一个单位的产量,进而表述利息规律。我们在这一个虚构的过程中,揭示了各种不同生产率当中共同存在的一种真正规律,这正如我们所说的,它就是,最后一个单位的资本所致的产量的增加额决定利率;每一个单位的资本都能为其所有者获得最后一个单位的产量,而且它不可能有再多的。总而言之,最终生产率规律在两个方面起了作用,并提供了一种工资和利息理论。

# 第 13 章　按地租公式计量的劳动和资本的产量

按照惯例，地租历来定义为从土地上获得的收益。此外，尝试解决分配问题时，按照惯例，首先必从社会收益中减去地租的要素，然后再设法找到能说明剩余部分原由的原理。地租与工资、利息或*企业家*利润迥然不同，这从来都是最为流行的看法。按照这种看法，土地的收益就是某种差额所得，是由它自身的一条规律所决定的，这条规律再无别的适用之处了。计量某一片土地的租金的做法是，以它的产量与在最贫瘠土地上投入的等量劳动和等量资本所取得的产量进行比较，然后确定。按照这一独立测算，社会收益中减去源自土地的那一部分收益后，这就朝解决分配难题的方向上迈出了一步。一旦对土地的产品置之不理，那么，解释工资、利息和纯利润就会容易些。

不过，现在变得明显起来的是，工资由劳动的最终生产率决定，而劳动又是与固定资本总额共同加以利用的，因此，在计算资本总额时，假如各种资本货物不一并加以考虑的话，那我们岂不搞乱了？构成与劳动共同起作用的那种复杂的力，是呈多种形式的生产资料的基金总额。一旦作为整体的生产资料总额保持不变，而劳动数量有增无减，则我们所阐述过的报酬递减规律也就起作用了。劳动——它是与土地以及另外每一种工具共同起作用的——这个要素的最后一个单位，随着该要素的单位个数越来越多，产量也就越来越少，工资标准也随之降低了。劳动力增长停滞之时，工资率便固定不变了。

如果假设各种人造形式的资本数额都保持不变,而劳动力规模不断扩大,那就可以断言,同一结果也会产生。土地的数量可以认为是由自然界决定的;假定我们可以计量以建筑物、工具、原材料等形式存在的生产资料,而且还假定其数量不变的话,那么,我们描述过的那种状况也会出现。于是,生产资料的总额固定了,那我们就可以让劳动按逐个单位增加,就像我们已经做过的那样去检验劳动最终生产率。

这种阐述方法固然可以把有关劳动生产率降低的事实讲清楚,但引起这种结果的真正原因还是没有给予说明。与劳动相结合的不只是人造资本,而是人造资本*再加上土地*,它们合为一体,从而创造出了总的促进劳动的一种力。随着劳动人口的规模越来越大,其中有的就致力于利用迄今为止免收租金的土地——劳动力规模的这一扩大,就把土地利用的边界向外推了。此外,在劳动力处于增长的同一时期,又不断有新的工人参加优质地的耕作,各处土地的耕作和利用方式的集约化程度都趋于提高。人造资本就其本身而论,仅可谓得到了它自身的那种递增的劳动力中的一部分而已。这一部分劳动力促进了土地的开发利用,而两部分合在一起,则是获得了全部新来的工人了。由于这样的资本和土地合在一起,两者便无法使第十个单位的劳动像第一个单位的劳动那样富有生产率,因而工资便下降了。

因此,要理解劳动的最终生产率何以降低的原因,必须加以考虑的就是人口赖以不断增长的整个经济环境。土地和人工制品浑然一体,而那最后一个单位的劳动则生产这整个复合生产要素能生产的东西。在此复合体内,只有两个普通成员是可以决定工资率的。因此,正如我们所注意到的,既决定工资又决定利息的是劳动和全部资本这两种生产要素相对数量的变化程度。

单就术语表这个问题来说是没有什么可以争议的,倒是有必要找到用来称呼这种生产资料的整个永久基金的某种专有名词,而这个专有名词的名称就是资本。① 包括该永久基金在内的各种各样的

---

① 可以注意到,这里没有把土地称为资本。但凡提及土地时,都会以其通

具体货物,也都得有一个专有名称才行;我们姑且就把包括土地在内的诸如此类的一切都称为资本货物。随着我们继续有关分配过程的分析,但愿能以其成果证明这个术语表述的是正确的。无论如何,重要的是在于强调决定工资和利息的自然或者静态的标准,一方面是劳动的数量,另一方面则是所有生产资料的数量。

地租,我们应当把它作为某种资本货物的收益——无非也就是利息的一部分——予以研究。①现在,我们可以设想工资和利息尽管是由最终生产率决定的,但是它也完全与地租一样是能够加以计量的。这就是说,说明一片土地所获得的报酬的李嘉图公式,也可以用于表述整个社会资本基金的所获。我们可以使一切利息都取某种差额的所得或剩余的形式。因此,李嘉图公式又可以用于说明整个社会劳动力的收益。至于工资,作为一个整体也是一种差额所得:一方面它是所有劳动的收入,另一方面它是所有资本的收入。两者竟完全地类似于地租,这是最引人瞩目的经济事实之一。它们是两种一般的租金,而假如用此名称,我们就当意指差额产量了;而土地的收益则构成其中之一的部分。

现在,且让我们暂不理会在先进的农业国大量用于土地的那种辅助资本,以此我们来简化地租规律。假设我们用作例子的土地由实际上一无所有的工人耕种。每一个工人都带有一件工具,但是这件工具所体现的资本的利息,也就是这个人一年中所得的可以忽略

---

用名称称呼它。由土地和人造工具体现的永久生产资料的总基金是常有必要提及的。现实生活中把这(总基金)看作"用于投资的钱"时,用于称呼它的是资本一词;本书中,这也称为资本。要是所有生产资料都可以"抽象地"称为资本的话,那么,反对称土地为一种资本货物的理由也就站不住脚了。有可能导致反对这一用法的任何意见都不如下列意见尖锐,即反对通过漫长的讨论后才使用诸如"生产资料的永久基金"这一类说法,或是某种相当的和用起来同样不方便的表达方式。我们采用的这个术语不只是防止把土地与这一基金混为一谈,而且还防止把任何另外的工具——具体的备受重视的——与它混为一谈。就此而论,至少这是一种不折不扣的信奉构成主义的术语。

① 参看本书第22章。

不计的部分。因此，我们也就只有两种生产要素尚需讨论了，体现所有资本的土地和劳动。辅助资本不加考虑，也不会对我们正在研究的原则产生任何影响。因为，要是我们把各种资本都考虑在内，从而使我们的例子复杂一些，那么，我们所必须予以证实的，也就可以完全——虽然精确度小了点——得以证实了。劳动的*差额所得*，独此一项应用于肥沃的土地，这就提供了可用李嘉图公式加以计量的那种不同收入的最清楚的例子。这是各类租金中最典型的一类。①

劳动一旦应用于土地，也就立即受到报酬递减规律的支配。给四分之一平方英里的一片土地——这片土地上有草甸和森林——安排一个人的话，他准会得到丰厚的报酬。同一片土地上安排两个工人，每一个人所得就会比此前少了；安排三个人，所得还要少一些；而若增至十个人，此时，那最后一个人或许就仅得工资而已了。不过，为什么这第十个人仅得工资而已，要弄清楚其原因，我们只有深思熟虑才行。假如这些人都是按照通用的工资率受雇于该土地的所有人的，那么，发生的情况也就是这支劳动力队伍业已扩大到直至最后这一个人的产量仅够支付他的收入的这样一个规模程度。在这种情况下，正如我们在第10章中所说的，决定这片田地的集约耕作范围的是工资了。我们必须据以支付这些人工资的工资率，为我们决定了可为我们的农场雇用多少人。然而，要是我们的农场是独此一家的，而工人又独自形成了一个社会，要是从中我们雇用了十个人，那我们也就会安排他们一起工作，而支付给他们每一个人的工资也就与最后一个人所能生产的一样多了。情况如此，决定工资率的也就是边际劳动的产量，而这一点我们在前一章中就提到了；这里的这种情况，也就说明了何谓真正的地租规律。②

---

① 这些分别是指（1）所有资本的租金，（2）所有劳动的租金，（3）特定资本货物的租金，和（4）特定工人的租金。

② 地租规律，要是按通称的表述，有一种如这几个情况中的前者所说明的那样一个缺陷，即在那种情况下，它是用于指劳动的报酬的。在有关该规律通用的那种说法中出现的农场主，是按照在他周围经营的各行各业中通行的工资标准雇人的，而假如他发现雇工人数过多，多至他们的产值不足以抵补工资时，他就不再扩大劳动力规模了。早雇的人中，每一

该系列中早一些进入的所有人,他们都创造了剩余产品,而且都是比最后那一个人的产量要高的产品。可他们所能获得的也就仅限于那最后一个人的产量,其余是全归农场主—地主所有了。土地所有人之所得是一系列产量之和,而这些产量是分别取自可归因于早一些时候进入的那些人当中作为被减数的一个人的产量,以及可归因于作为减数的那最后一个人的产量的。

那独一无二的一个工人在整个一片田地都归他所有时所创造的产量,这里称为 $P^{第一}$。有能力从事生产的第二个人所添加的那个产量,这里称为 $P^{第二}$,如此等等;称产量中最后一个人的增加额为 $P^{第十}$。

$P^{第一} - P^{第十}$ = 第一个工人所创造的剩余产品
$P^{第二} - P^{第十}$ = 第二个工人所创造的剩余产品
$P^{第九} - P^{第十}$ = 第九个工人所创造的剩余产品

假如我们把该系列这种减法一无省略地做完,而且把 9 个差数相加,那么,所得之和就等于这片土地的租金了。这等于所有工人借助于土地创造的产品总额相对应的的价值金额。

$P^{第一} + P^{第二} + P^{第三}$ 等一直到 $P^{第十}$,而且包括 $P^{第十}$ 之和在内,就是这片田地以及花费于这片田地上的劳动的总产品。这是前面系列所有被减数,再加上最后一个人增加给它的产品的总和。$10 \times P^{第十}$ 等于减数之和;该田地地租之和等于这两个总数之差。换言之,该田地地租之和等于总产量减第 10 个、也就是最后一个单位的劳动的产量

---

个人的产值都抵补工资而有余。我们考虑提供一种使用有限的一片土地的租金核算方法,即把这种租金当作起减数作用的工资,而不是劳动的最终产品。因为决定最终产品的是工资。假如我们要的是某种真正的差别产品的话,那么我们就必须使我们的工作组织与世隔绝,然后计算工人人数,给他们全都安排工作,且让其中最后一个人竭尽所能进行生产。这样,前面那些人每一个所生产的,都与这最终的或者说标准的产品之间只有一个差额了。无论在何种情况下,这都是一个真正的差别产品。对这一产品的计量,不是通过比较农场主所创造的产品和其所支付的工资进行的,而是通过对一种产品与另一种产品的比较进行的。

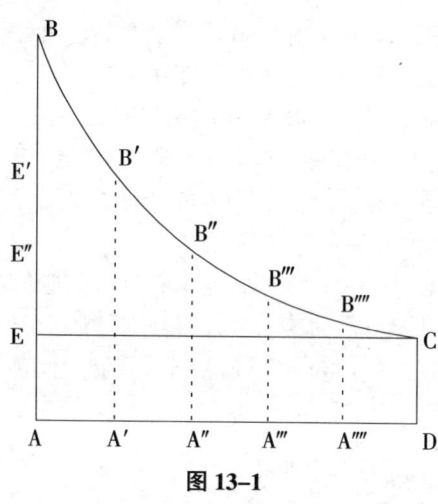

图 13–1

的 10 倍。

根据图 13-1，我们再来按照线段 AD 计量工人人数，以及按照线段 AB、A′B′等计量接续几个增量的产品。假如我们能使这几条线都具有相当可观的宽度，乃至这一系列的线段能使整个图 ABCD 填满，那么，该图的面积就能计量我们这个作为例子用的农业社会的所有劳动和所有资本的产量了。资本实际上是完全呈土地形式的，因而我们就可以把实际由土地创造的那一部分产品归因于土地。

最后一个单位劳动创造的产量由线段 DC 来表示，因此，每一个单位的劳动具有的价值，实际上也都正好等于那个雇用工人的农场主所得到的数额，而且，每一个单位的劳动都是作为工资而得到了该数额。AECD 计量工资总额，EBC 则计量地租总额。该数额，我们把它说成是由一系列剩余或者差额产品构成的，它在每一例中都是通过早一些的劳动增量之一的产量与最后一个增量的产量之差来计量的。线段 AB 减线段 CD 得出这样一个剩余，而这是地租的一部分。粗一看，还以为土地具有这样一种能力，即削减并自行要求获得部分*劳动*产品，也就是似是*土地*的*租金*那早一些的全部劳动增量的部分剩余产品。

实际上，这项剩余是土地所提供的辅助的果实，而且也就仅可以归因于土地而已。正确了解任何一种租金的性质，就都能使这种租金得以有具体的增加额，而这种增加额是一种生产要素能给可归因于另一种生产要素的产品的增加额。土地对劳动的最后一个单位以外的每个单位的产品都作出了贡献，并使之有所增加。仅有一片土地可供利用时，如果不投入劳动耕作它，那么，其所得产量即为零。一个单位的劳动与土地结合一起时，产量是线段 AB 了；按照这种说法，我们是把全部产量都归因于劳动了。①第二个单位的劳动不借助于资本而投入田地，是一无所有的一个人使劳动力增加了。不论这一个单位的劳动的产品是什么，它都使某个人的耕地增加了。增劳动而不增资本所创造的产品是线段 A′B′。线段 AB 与线段 A′B′ 之差，即线段 E′B，它计量的是一个人在有整块地助他生产时实现的超出他孤立无援时的产量的那个部分。最后这个人给整个生产小组增加了劳动，但没有增加资本；第一个人则是有土地，而土地使劳动实现的最低限度产量的增加额构成了差别数量，也即地租。地租科学是对产品穷源溯流的一门经济因果关系的科学。获得地租的人也是产品的创造者。

也是一无所有的这第三个人，他创造的是数量 A″B″；E′B + E″E′ 是计量土地到此时为止对土地和劳动的连带产品所作出的贡献。使各垂线延长，并使其宽度足以让这些线填满该全图，于是就有了 AECD，也即所有劳动在逐个单位地投入以后所创造的产品。ABCD 是劳动借助于土地所创造的，EBC 则是土地与此联合体的产品共同

---

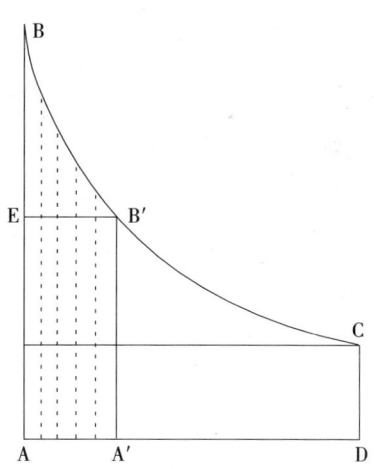

① 就第一个劳动增量而论，我们可以采用各种不同的辩证法，把全部产品都归因于土地。单凭劳动什么也创造不出来，而如果增加了土地这个要素，则就使全部产品都生产出来了。而如果再把一个单位的劳动分成小一些的一系列单位，我们就可以把产品部分归因于劳动的部分归因于土地。最后一个单位的劳动产品就会确定这样一个标准，即工资或者所有各单位的劳动的有效产品都会与之相一致的标准；而表明这一事实的图，如右图，A′B′ 为可归因于各单位劳动的产量，AA′B′E 为可归因于全部劳动的产量，EB′B 则是可归因于土地的产量。多少应归因于全部劳动，多少应归因于土地，这只有在不仅仅是一个单位的劳动起作用时才会变得清晰起来。

所作的贡献,它所计量的是 10 个单位有助劳动的产品与 10 个单位无助劳动的产品的差额。

现在,我们可以使报酬递减原理付诸真正重要的应用了,这一原理是确定边际生产率和地租的。实际上,商业领域到处都在使用这种原理。独一无二的一个农场其全部资本也就是土地,这只是一个例子而已;而与农场相对应的真正的劳动领域则是世界,它拥有整个经济领域连同其复杂的资本设备。

现在,对于面积固定的一片土地来说,应该把它理解为永久社会资本的一项固定基金。此刻,该基金是一笔精确的数额,而且会使此现状得以持久且规模保持不变。当然,人造工具是损坏后旋即又更新的;但是,要是资本的形式根本就无须改变,那么,一种损坏了的工具就会以另一种一模一样的工具予以替换。以锄替换锄,以船替换船,这些新的生产工具将成为旧的生产工具的不折不扣的复制品。在完全静态的条件下,这会是显而易见的。不过,我们是要把劳动的逐个增量逐步地引入这个总的经济领域,因此,这当然会迫使我们已经作了描述的那一类的资本形式加以改变。资本总额固定不变,而工具则随着劳动力的规模增大而变得越来越多且越来越廉价。

劳动一旦指定投入土地和其余所有工具体现的全部资本基金中,那就要受报酬递减规律支配。如图 13-2 第一个单位的劳动产量为 AB,第二个单位产量为 A′B′,第三个单位的产量等于 A″B″,最后一个单位的产量等于 DC。这最后一个单位的产量决定工资率,而 AECD 的面积则计量工资总额。该面积不包括 EBC 面积所表示的社会资本基金中的租金总额。由此可见,一切利息都是盈

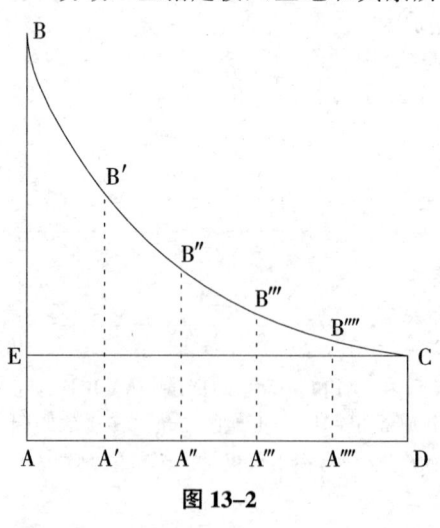

图 13-2

余，与地租是完全属于同一类的，就像李嘉图的公式所表达的：利息是可归因于值得作为某种收益的一种要素的具体产品的。

此外，这种租金还由一系列真正的差额所得构成。这种租金不像我们前例中的那种农场租金，那种租金我们认为实际上是取决于到处通行的工资率的。社会资本全部基金的租金，则是某几种产品与最后一种或者标准的产品的一系列差额之和。真正的差额存在于各种不同产品之间，而不是存在于产品与工资之间。规定工资率的线段 DC，首先体现于最后一个单位的劳动产品。我们是假设全社会的人都工作，然后才计量劳动力最后增加的那个人所创造的产量，而且我们还计量了此前每一个单位的劳动所创造的高于此数额的盈余。在每一种情况下，此盈余都是一种真正的差额产品。这是因为，它不只是支付工资后留下的一种存货，而且还是一种产品量与另一种产品量之间的差额。这个盈余是辅助劳动的产品产量与实际上独立劳动的产品量之间的差额，而这些差额之和等于社会资本基金的租金。

现在把情况倒过来，即假设劳动为固定的要素，且让社会资本扩充，而且在扩充中改变其行为方式。

见图 13-3，ABCD 是总产品。AB 为第一个单位的资本产品，A′B′ 为第二个单位资本的产品，A″B″ 为第三个单位资本的产品，DC 则是最后一个单位资本的产品。一个单位的资本在不给整体生产小组增加新的劳动的情况下，产品的增长数量是 DC。这个增产部分是单独考虑的，任何一个单位的资本都会形成这样一个增产数额。每一个单位的资本的事实上的重要性都是相同的。尽管资本货物不是可互换的，然而，真实资本则是完全可以互换的。因此，真

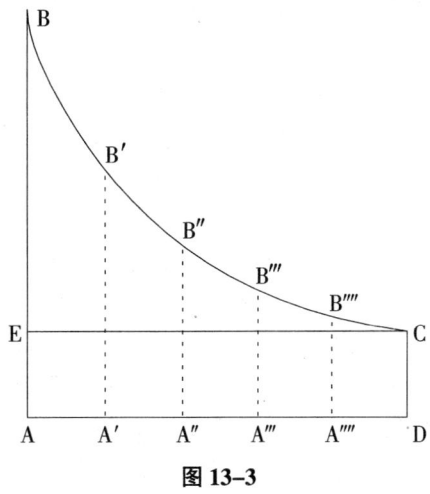

**图 13-3**

实资本的各个组成部分都处于收益能力的同一水平上。一个商人、一个制造商或是一个农场主，假如他们能确保安全的话，那么，他们就能按照这样一种利率借到自己需要的"钱"，这种利率是确保他们以最少的钱投入他们的企业，而产出又能确保他们偿还借款的。这有剥削前几个单位资本的成分吗？这些金额的借款人敲诈出借人了吗？

假如最后一个单位的资本的产量是 DC，那么，该单位的资本就能得到作为利息的一个金额，当然，也就不会再有任何一个单位的资本得到什么了。AECD 即利息总额，而 EBC 则是盈余，不过，这是偶然可归因于劳动且只可归因于劳动的盈余。仅可归因于资本与可归因于资本加上另一生产要素的产量之间的差额，就是那另一要素之存在并起作用的结果。

假如我们要把*租金*这个词用于诸如此类的所有盈余，那么，我们就得说 EBC 是与资本共同起作用的那一批工人的租金。这一数额由一系列差别产品构成。显然，AB—DC 是首个单位资本的产量与最后一个单位资本的产量之间的差额，A′B′—DC 是第二个单位资本与最后一个单位资本的产量之间的差额，如此等等。*劳动的租金*，要是我们就用这个措辞的话，那也就等于与前几个单位的资本一起但又不归因于它们的那些剩余产品之和。工人们好似获得了前几个单位资本的部分产品了，但是，实际上，这是资本加上劳动的联合产品与资本单独对此联合产品的贡献所致的产品的两者产量之间的差额。因此，EBC 是仅可归因于劳动的那个产量。

有一条规律决定工资和利息，那就是最终生产率规律。按照对此规律的一种表述方式（图 13-4-Ⅰ），我们是获得作为直接决定于这一规律的一个数额的工资的：这个数额的工资等于图中 AECD 的面积。按照数学的表述，所有的劳动收益都等于最后一个单位的劳动乘以单位总数之乘积。在表明工资就是这样确定的图 13-4-Ⅰ中，利息是具有租金性质的一个剩余。如果换一种方法表述最终生产率规律（图 13-4-Ⅱ），那我们就得出作为由最终生产率规律明确确定的一个利息数额了，而工资则是类似于租金的那个剩余。这两个数额相加，就构成了社会静态收入总额。

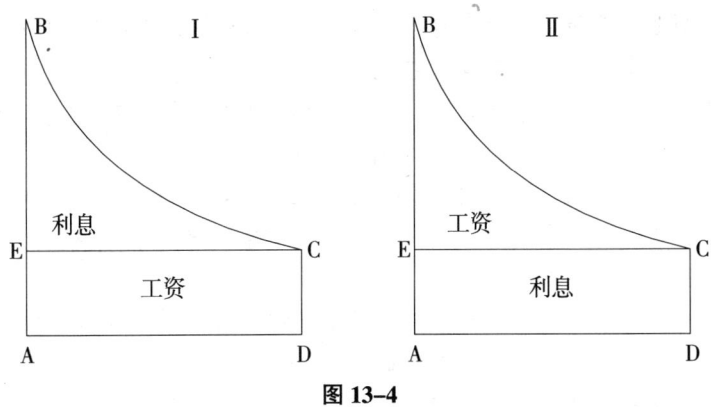

图 13-4

在这种静态条件下,利润是不存在的。永久然而又与动态变化无关的那两类收入,分别是劳动的产品和资本的产品。其中的每一类收入都由最终生产率规律直接决定,而且每一类又都是一个余数——不是一个剩余就是一个差别量。按照这几个术语的普遍用法,社会各行各业的全部产品减其他收入所得之差,就是租金。

这样一个余数归于自然获得它的人们,就因为它是一个余数而就没别的人对它提出要求吗?在图 13-4-Ⅰ 中,表述利息的 EBC 是由地租规律决定的一个剩余,资本家就因为劳动不能得到它吗?整个产量等于 ABCD,而劳动仅能获得 AECD。假如不存在利润,资本必然能得到这个余数。那么,资本家仅仅是由于这些工人留给他们的才能拥有这一项收入吗?

这个问题相当重要。争论中的这个问题无非也就是任何静态收入是否都是由剩余来决定的,显然,从来就未曾如此决定过。绝无这样一种情况,即静态收入是从社会产品中扣除另一种收入而留下的某个余数。这项余数呈现的任何收入,都必须归企业家所有。因为图 13-4-Ⅰ 中的 EBC 不在劳动要求之列,因此,它也就归企业家所有了。至此为止,它一直就是一项剩余额。此外,重要的是,这个数额就当以此方式归雇主所有,因为就凭这一数额,他才能支付资本家所要求的利息。然而,仅此一个数额,他并非就非得给资本家支付利息不可。资本所有人迫使企业家支付的利息是由资本的最终生产率决定的。资本的使用者必须为资本的最后增量支付其所生产的那个产量值,而且他们还得按同一利率为另外所有增量偿还利息。假如这个必需品从中获取劳动归他们的全额即 EBC,那么,EBC 也就全归资本家所有了。不过,其所以如此,仅仅因为资本家可以凭借最终生产率规律的作用对此提出要求,而且就得到了它了。按照这个原理资本家所能得到的,见图 13－4－Ⅱ所示。这里的 AECD 是直接和明确决定了的利息总额。无论如何,这个总额必须由企业家转移给资本家。

由此可见,*企业家支付如图 13－4－Ⅰ中 AECD 所示的工资后,手中还有 EBC,他可用此支付利息。他必须支付的利息是图 13－4－Ⅱ中所示的 AECD*。如果图 13－4－Ⅰ中的 EBC 面积大于图 13－4－Ⅱ中 *AECD* 的面积,那就会有归企业家所有的一个余数。这就会是一项纯利润,而且是曾由余额决定的唯一一类收入。

从这些事实的外表判断起来,这两类静态收入,即工人和资本家的所得收入,显然都是由企业家支付给他们的,该企业家不仅获得而且还售出了他们合作生产的那种产品。在棉纺厂,把纺织品投放市场并以所得收入给工人和资本所有者付酬的,是资本和劳动的雇主。假如雇主先给资本家支付应用于资本的最终生产率规律所要求的,那么,他也就会有一个余数,他必须用这个余数支付工资。现在,决定他以什么作为支付工资的是最终生产率规律。要是还有什么的话,那么,在作了这两项支付后,还有可供他自由支配的也就是利润了。由此可见,*利润*和*剩余收入*这两个术语是同义语。

这一事实,我们可以反向按顺序用我们的图加以说明。在图 13－4－Ⅱ中,*AECD* 是直接决定的利息,*EBC* 则是由企业家掌握以供支付工资的那个余数。企业家必须付给工人的是图 13－4－Ⅰ中的 AECD,假如它小于图 13－4－Ⅱ中的 *ECD*,那就是归企业家所有的剩余,也即利润。不过,静态条件由于能使这两个面积相同,因而也就能使此类利润不复存在了。

于是,我们确立的论点如下:

(1) 工资和利息都是由最终生产率规律决定的。

(2) 作为例证,这些收入之一如此决定时,另一项收入也就是一项剩余了。

(3) 作为一项剩余,这样一种收入当归企业家所有,不过,其中的一部分实际上还是因为有最终生产率规律的某种深化作用而取自企业家。

(4) *企业家的利润与剩余收入是同义词。*① 本书中假定的静态状况排除了此类企业家利润的存在。

---

① 上述论点似是与已故弗朗西斯·沃克校长提出的工资理论相对立的,按照他的工资理论,工资是称为分配中的那个剩余份额的。实际上,工资是一种手段,要消除论述陷于混淆的起因,并赋予这位著名经济学家的这一理论应有的评价,只要提一下下列事实即可明白,那就是,他的研究实系有关动态经济学的一个研究主题。假如工业总产品产量比此前提高了,而利息、租金和利润却没有比以往高,那么,此时工资就必定会吸纳其全部的增长额。按照这种观点,剩余额即可看成是一个余数,即全行业现时的产品产量减以前的产品产量所得的差额。对劳动获得动态变化所致的全部增长额的这种观点,当与这样一种观点相一致,即在无论何时发生的静态调节中,工资总是按最终生产率规律直接决定的,这与总产品的其他份额也是如此决定是一样的。我们可以断言,这会使全行业生产率更高,因而也会使部门的劳动生产率更高,而其他要素的生产率则不变,这是一种进步。于是,在发生的每一次静态调节中,就像资本家会做的那样,工人也会迫使企业家给他们以自己的产品。在静态条件下,工资会是直接决定的;而在动态条件下,它们当有部分存在于某种余数中,这一余数是从现时的产品里扣除全行业以前的产品形成的。

我们认为,生产方法的进步使劳动和资本的生产效率都提高了,而进步的成果即为两种要素按照进步赋予它们的具体生产率程度所分享。其时,劳动并没有得到全行业以前的产品与现时产品之间的差额。我们试图说明的是,工资和利息分配的份额必须由静态调节直接来决定,而不是由剩余额来决定。支付利息后,企业家有工资留在手中,但他是不得不给劳动支付的,*因为工资是劳动的产品。*进行此项讨价还价时,工人享有自由竞争之利。工人实际上是销售即可获得产品的,而且可以求助于另一雇主,如果现雇主拒绝使他获得产品的全部价值的话。资本家在就利息支付签订合同时,是以同一方式在销售其产品,而且可以强求其价值。没有这一权利,工人和资本家都难以从企业家那里获得其应得的份额。本章提及各原理的某种原原本本的阐述,读者可参阅著者1891年4月《经济学季刊》上的"地租规律决定的分配"一文。

# 第14章 各行各业小组的收入

属于人们熟知的地租基础规律的一类原理的适用性,我们至此尚未穷尽研究。此类原理,按惯例是应用于土地的产品中的;我们已经使之适用于所有资本的产品了;而且,在把该原理付诸应用时,特定的工具我们是暂不置评的,而是把资本作为一个整体看成是永久的生产要素。此类要素的产品,也即利息,可予以转换成类似于租金的一种形式。资本,构成一种社会基金;而且要是经济规律继续发挥调节作用的话,那么,资本的适度数额就会见于构成生产的有机组织即社会的每一种附属产业中。社会基金在各行各业小组中的这一分配,有助于确定各小组即将生产的商品数额,而且还会使商品价值不至于失控。价值,一如我们业已指出的那样,是控制各小组的相对收入的。因为,按高价销售商品的这个小组的收入会相对大一些,而产品廉价的小组收入就不丰了。价值本身受决定租金的同一规律的调节,不过,那是在另一领域发挥作用的规律。我们不得不仔细观察,该规律在决定价值时发挥作用的特殊方式,而这与调节各小组相对收入是完全相同的。按小组分配以及决定工资和利息的最终分配,是受同一规律支配的。

我们已经注意到,成为地租基础的那一规律,实际上是调节劳动的收入的;在研究劳动时,我们没有专就具体的单个的人详加研究,而是认为,就其整体而言,劳动是一种永久的生产要素。是有某些工人不再干田地的活,可有人接替他们了,因此,工作是未见中断的。劳动是一种社会生产要素,因为它跟资本一样,也是按一定数量在构成工业社会的小组和小小组中加以分配的。是经济因素自由发挥作用的结果决定各行各业究竟该配置多少劳动。作为一个整体,劳动既是一种第二类生产要素,也是一种按比例与资本结合在一起决定生产者收入的要素,我们是以这种分配和配置为先决条件谈及这个要素的。一般工资率和一般利率,都是经由全社会的劳动和资本相结合才得以确定的,但所有小组莫不贯穿着这一结合的脉络,而且原则上简单但真的付诸实施又极其复杂的各种因素的作用,往往会使人们追求的每一种职业都获得明确数额的社会劳动力和资本价值。而这,又是通过分配过程使小组的产品、价值和收入得以实现的。在完全自由的竞争条件下,各行各业都趋向于获得社会劳动力的价值,有了这一价值,各行各业由商品销售形成的物品产量和集体收入,就会趋于正常。

凭借某种极好的社会机制,这些结果都实现了。全世界的生产都由某种附属小组或者相关的行业进行,这些小组或者行业相互依存度极高,其中的任何一个小组或行业的变化,都会波及整个复杂的体系。而且,正是由于各行各业的这种相互依存度,才可以在各种情况下把劳动和资本说成是具有某种整体性、社会性和一般收益率的。

至此,我们再就一种很一般的规律提出某种看法已不至于有失草率了。实际上,这一规律是如此包罗万象,以至于它对经济生活发挥着决定性的影响。但古典研究却因它们对农业报酬递减领域的作用有限在作了简单的探索后又终止了。正如古典研究所指出的,劳动和资本一旦以一系列增量或是"份儿"应用于土地,那么,按份儿平均计算,其产量是越来越小了。

现代价值研究则对该原理在一个完全不同的领域的作用也只是提了一下。研究表明,同一人所得的一系列消费品按份儿平均计算,效用是越来越少的。效用的最终价值理论和农业报酬递减理论,都是依据同一原理提出的,而这一原理具有广泛得多的新的应用领域。因此,规律适用于经济生活,而理论,不论是新的还是老的,都包含对经济生活的部分体现。价值理论是以这一一般规律的某种应用为依据的;地租理论则是以另一种应用为依据。由于这一规律可以溯及消费,而消费是某种物品的"最后增量"是越来越不如其前的几个增量有用的,因此,就生产而论,我们也就可以注意到,某种工业要素的最后增量不如其前几个增量富有成效了。由于价值取决于最终效用,故分配上的份儿也就取决于最终生产率了。由此可见,利息是由最后一个资本增量的产量决定的,而工资则是由最后一个劳动增量的产量决定的。一方面是商品价值,另一方面则是劳动和资本,它们的生产率均取决于同一一般规律。不过,控制作为一个整体的小组的收入的是价值,而最终决定价值的则是该规律在消费领域的作用。在本质上,消费和生产是决然相反的。在其中的一个过程中,是自然对人类倾其所有,而在其中的另一过程中,则是人类对自然倾其所有。然而,这同一规律也还是适用于这几种情况中的任何一种的。这堪称经济效果变差规律;而且,要是就作为一个整体加以表述的话,那么,该规律是能使经济科学达成出乎意料的统一性和完整性的。该规律还同时对价值、工资和利息作出了解释。

消费是一种产生主观报酬的过程,该报酬按人们的敏感度加以计量,它是生产的最终目的。而生产的直接目的却相反,它是影响消费者敏感度的那种物的东西,这些物的东西是客观上存在的,但它所以具有价值,是因为它们是为人类所成就的。人通过物作用于人,这就是整个经济过程。因有这个过程,人们可从中获得多少?这是需加以回答的实际问题。人们的所得取决于人们获得某种产品时,该产品给人们带来的利益;同时,还取决于人们所能得到的产品数额。不过,这只是说所获得者取决于货物的效用,同时也取决于创造效用的各种要素的生产率。于是,人们的所得便取决于受此规律调节的那两种变异了。

对于最终效用本身,我们已以某种限制过窄的方法加以研究了。即以通常援引的情况来说,某种商品是经消费者看中后接受,然后按想象以数量递增的方式为消费者所获得的。而消费者所获得的连续几个单位的消费品合乎他的需求程度,确是一个比一个低了。一个人获得一连串的很多片面包,这给他以营养,并使他满意,但最终还是使他生厌了。第 $n$ 片面包,要是他还得吃的话,那他是无可奈何强忍着才吃的,到最后,哪怕再多上一片面包,那就不只是不想吃了,甚至一看就感到恶心了。一套又一套地拿某种外套赠送给别人，而这外套很快就会失去了使人得到好处的能力。第四套，或许已是没什么用处了，以至于一个流浪者只需要求一下就可得到它。同一部书或同一幅画，一部又一部、一幅又一幅地塞满书架或挂满墙，人们的房间还就不如没有书和没有画的好。总之，非常出人意料之外的是"效用曲线"的下降，而图示中所表明的只是同一类接续几个单位消费品的服务而已。

改变商品的性质，你就会实现某种不同的效果。改变接续几套外套的重量、颜色以及款式，那么，这个人就会乐意要四套，甚或还嫌不够。如供他挑选的书是各种各样的，那他就会使其购入的书籍把他的住宅的贮存空间占得满满的。改变一下这些物品的质量，定会使你有产生各种欲望的冲动，而且只要人们的欲望尚需得到满足，那他就绝无理由不接受你所提供的。假如两身外套除重量而外余皆相同，那么，厚一些的服装所能满足的也就是另一种所未能满足的。单就该服装效用来说，他或许就得买下它了。不限于任何一种服装，凡是服装，它都显示出逐渐下降的一条效用曲线。一般食品其效用的递减，远不如面包一类单种物品那么急剧，与之相比是无法相比的。土豆加面包，再加肉，加油酥点心、水果和法国菜的精制品，你就会发现接续几个物品增量的效用的递减，远不如任何一种物品的效用的减少得快。但凡我们是如此改变着供消费者享用的某种物品的第二个增量的质量的，那我们实际上是给他提供了不同的物品，而这一物品是用来提供某种新而独特的效用的。

价值理论没有适当考虑下述情况，即某种质量同一的接续几个单位的物品向消费者提供时，其效用是急剧递减的。正常图示的那种缓慢递减效用，它说明的是对一类物品适用，而不是对某一种物品适用。① 因此，是需给价值理论提出某种纠正的时候了。

---

① 这几条曲线还表明，对可投入多种成品的原料也是适用的。可供销售的栎木，其效用会有所减少，但那是逐步减少的。因为可以用它制桌子、椅子、壁炉架、书架、门如此等等；但反之，若其用途仅限于做某种形式的餐桌，那么，这种木材的效用旋即变小了。不过，原材料并非消费品，因此，根本不应将它列入此项研究中。原材料具有生产力，但是我们一点也没有谈及其效用问题。

这还不是需要加以作出的唯一纠正。因为我们这是要概括作为价值理论基础的规律。实际上,这一规律是无所不包的。需要给予作出的第一个纠正,包括该规律应用于各种形式的消费资料,而不只是应用于某单个物品。人们越是富有,财富的效用就越少。单位效用越来越少的不只是均一系列的货物,还有财富本身形式不限的接续几个单位。给予人的不是外套,而是"美元",持续地给,最后一个单位的美元的效用就会比此前的任何一个都要少。前几个单位的美元供人们吃穿住,但最后一个单位的美元则对人们是几乎毫无益助可言了。如此用了的一个单位的美元,意味着对中间形式的消费资料的一定数量的需求;而财富如果是一个单位接一个单位地给某个消费者了,那么,其具体效用就会立即丧失。应用此效用递减规律于一系列类似的商品中,则仅能得出属于价值规律基础的事实中的一个而已,但如果把它应用于能生产出来的最大一类消费资料时,则是向前迈进了科学的一步。由此可见,一个人拥有的供自用的消费资料越多,对他而言其效用价值就越少。

应该注意到,构成消费者专供自用的一般消费资料的最后一个增量有很多,而且是各种各样的商品。例如,任何人一年的消费中,一两种食品就可以构成第一个或最必需的要素。普通衣服可能构成第二个要素。简陋住处,稍加改善的食品,以及供热采光的某种燃料,它们可能构成第三个。但是,后面这几个要素将包括已有商品质量的变化在内,因为人们所需要的商品不仅量要多,而且质量还要好。他改进且多样化他需要用的原料,消费资料中的这后一个增量,具有很大异质性。消费资料几个增量的组合方式具有重要科学意义。就通行的阐述来说,按相同成本购入供消费的各种不同商品的最后一个增量,对于购买者来说,它们具有相同效用,不过,当然是打了一定折扣了。例如,某人要用他年收入中的最后一百美元购买此前未曾买过的某种特殊的东西,而且还要添加点质量高一点的东西。假如他的单子上的每一种独特商品均花费相同,那它们就会被视为效用相同,但事实上,其效用程度可是大相径庭的。如若通常所述的现代价值理论确实正确无误的话,那么,大多数高级产品,其销售所得就会是实际所得的三倍。讨论至此,对价值规律作一点必要的纠正是适值其时了。因为小组的收入取决于该规律；因为这一纠正所依的特征对工资和利息有着最重要的意义。当我们着手研究资本最后投入的生产率时，我们会发现成功取决于专注此特征。

在价值规律的精心表述中是考虑到下列事实的，即当收入越积累越多时，早获得的物品的消费不可能出现数量上的连续不断的增加。有的消费品是从不重复购买和消费的，而有的有重复时，每获得一个单位的供给后，其效用就相对罕见了。例如，一块手表或许几乎不可或缺，可是第二块手表就几乎没什么用处了。对这一规律的通行表述的另一纠正就重要多了。什么是消费资料的最后一个增量？它不是这样完整无缺的商品：几乎是种种商品*效用*之全新构成。可在心理上，这些商品总还是有别于构成全部商品的其他质量的，但又是与它们不能决然分开的。一个人的消费资料的最后一个增量，主要由有助于构成他所用的那些物品的某些基本要素。很少有发现在一个富豪的餐桌上，就只有构成其消费的最后一个增量的一种食品的情况。在那儿，该有的几乎一切都概不缺乏。各种食品，如备制而成的蔬菜，各式烘烤糕点，如此等等，都是以这个人的最后几个美元购买的，且构成他的食品中的最后一个增量。

在纯理论中，有关消费这一事实应该如此表述：人们购买自用的每一种物品都含有某种组合的要素，其中，有的就构成他最终消费资料的最后一个增量。一个人在给他增加工具时所要做的，首先就是要求他所用的物品都具有新的质量，然后才顾及其他。所用物品，他常常根本就不增加件数，但他要求它们需是以优质原料制成的或是更精美一些的。他要使他的消费资料有所增加的不是新的产品，而是新的效用，而这多半属于原来所消费的那些物品的附属性。既然他不可能完完全全地购买廉价物品，然后再下工夫使之精益求精，因此，他也就不买则已，买则非精品不可，而且就一次性买足。花费他最后这一美元的如实效应，就在于以优质产品替代廉价产品。因此，一旦他现成可用的工具类真的是少了一些的时候，他或许也就心满意足了。

例如，住处是首要的生活必需品之一，因此，富人豪宅总是要满足这一基本需求的。他现有的住宅或许是他所造的最后一套住宅，因此，就时间而言，这整套住宅就是属于最后的住宅，不过，就其整体而言，它并不包含于他的消费资料的最后一个增量在内。该住宅所包含的这一要素，代表着最早几个增量中的一个。他花费的部分美元，纯系为该住处所花的，有的是旨在获取舒适方便，有的则是旨在使住房考究精美，此系房主给其消费品单子上所增加的几项。就这个人而言，构成所享用的消费资料的这最后增量，正是这套住宅成本中的那最后几个要素的成本。对简单一些的物品来说，也可作如此概括。该人用早餐时会认识到，他盘中的那块排骨，实际上就是借助于其各种不同的效用构成其消费的整个一系列的，从第一个增量及至最后一个增量都是无所不包的了。它包含着，按逻辑来说，是以这个人第一个美元购买的营养品；它还具有花大价钱而给提升的质量。精湛而昂贵的烹调技艺使它大为增色，要不是在一位厨艺炉火纯青的厨子身上花费最后那些美元的话，那么这早餐也就不会就如此豪华了。简单有如这一商品，实际上，它是集各种质量之大成，其中有的就构成了消费资料的最后一个增量，而另外的则广存于一系列的增量及至那最后的一个增量之中了。假如他能从这些质量要素中给离析出一个来，那他就会把整个增量置于这整个系列之中。但作为一个整体，那块排骨是以一笔款项购买的，在那笔款项中，有的就构成了这个人用于他自己满足的那笔"钱"的每一个增量。

显然，所谓"最后"一个单位的消费资料，并非就时间而言是最后所获得的那一个单位的消费资料。就我们举例中的住宅来说，第一个和最后一个增量的消费资料是同时购买的，所有中间增量也都是如此，这也是通常规则。即使我们实际上是要一个单位接一个单位地把他在一年内花在自己身上的钱发给他，且要他按重要性设法购买那种种物品，但他也不会这样做的。例如，假定他年收入为1万美元，他把这笔钱以1 000美元作为一个单位，且让他以头一个1 000美元为一个有1万美元收入的人购买消费品的第一个量；接着，让他以第二个单位的收入为一个与他地位相同的人购买第二个增量的消费品；再以最后1 000美元让他为这个人设法购买最后一个增量的消费品。他怎能做到呢?有了第一个单位的收入,他就得买最廉价的食品;他再以后来的几个增量加工这些原料以提高质量。但事实上,他不可能勉为其难。由于自知收入多寡,一次采购,他买了精细食品。按逻辑而不是按时间来说,构成消费品的第一个增量的是经济要素或是消费品的效用,而此类消费品,要是这个人仅有一个单位的收入供其使用的话,那就非得在某种形式上有保证才行。一个人不能以其第一个单位的收入建造一幢简陋小屋,再用以后几个单位的收入依次将其变成一间住宅或一座大楼或者一处豪宅。他造一座豪宅是毕其功于一役的。在其内部某处,存在着与经济学意义上相同的东西。首先,就是有给其享用者提供某种住处的能力;其次,渐渐消失于此宏大建筑的这一效用,构成早一些的一个单位的商品。按照逻辑,这个单位在单据之始,因为它在重要性上超过其余大多数。不过,最终它完成了单据后面的效用。住宅的某种质量以及人们使用的其他商品的类似质量,按逻辑构成其消费品最后的增量。很多效用——给予所用消费品的逻辑上的、最后的、最好的那组质量——构成他的消费资料的真正的最后一个增量。这是一个明显的事实,它要求——我们马上就要考虑的——对价值理论的某种彻底修正。

因此,人们在增加消费资料的途径中,与使之增加一倍的情况相比,还是以提升他们所用商品的品级为上策。他们,可以说,这是把财富给注入他们的用品之中了。他们使那些商品具有了提供新的服务的能力,而且还使呈最廉价的形式的那些物品,体现的却是每一种消费资料都取的一种形式,即它们体现的是两个、三个或是十个此类单位的消费品。

资本以同样方式在增加。[1] 生产资料的新的单位的增加,多以提高资本货物的质量的方式来进行,直接增加其单位数倒在其次。我们增加所用的工具,就是赋予它们以新的生产能力,如此而已。我们以一种好一些的工具替代我们正在用着的旧工具,而构成最后一个资本增量的,就是这两种工具之差别。

---

[1] 见第17章。

至此，我们所能得出的结论可概括如下：

（1）财富本身，不论用于消费，还是用于生产，在使用者一次就购买一个增量的情况下，都可以按照该使用者据以选择的顺次，以一系列增量的形式加以排列。

（2）该系列是虚构的，因为购买这些增量，无法逐个分开购买。

（3）一方面，消费资料的几个增量，另一方面，生产资料的几个增量，与其说是构成商品的要素，倒不如说是构成作为一个整体的商品。

（4）最后一个消费资料的增量的效用随着该系列增量个数的递增而递减。

（5）一个系列中最后一个单位的生产资料的生产率随着单位个数的递增而递减。

我们现在必须证明的另外两点是：一市场价值完全由我们刚才所定义的消费资料的最后一个增量的效用来决定，它一般不是由所有商品的效用来决定的；二利息由我们所定义的资本最后几个增量的生产率来决定，而不是由作为一个整体的生产工具增量的生产率来决定。一定类别的最后那个单位商品的有用性很少决定此类商品的价值，某一类的最终增量的生产率也很少决定利率。①

---

① 本章所阐述的变差规律，它是如此无所不包，以至于按照另一种作用方式来说，这一规律还是决定工资的。劳动的工资由劳动的最终生产率决定，而不只是由一个最后或边际工人的生产率决定。我们可以通过提高工人的效率，也可以通过增加工人的人数，以期增加劳动力的供给。对人员进行教育和培训，也能提升人类的生产能力，进而增加新的产品的增量。就如此定义了的这一系列劳动增量来说，有可追溯的生产率递减规律实际上是决定工资率的，它正是如此定义的劳动的最后一个增量的那种生产力。

# 第15章 消费资料的边际效率——按小组分配的基础

对公认的价值理论必须作出的这个纠正，真是切合实际的。假如我们走遍一个城市的各家商店，任意挑选几种优质产品并记住这些商品实际上据以销售的价格的话，那我们或许就得把所有这些商品价格都乘以10，不过即使如此，这些商品的价格也还是没有达到最终效用理论通常所描述的那种商品可据以销售的那些价值。假如该理论按其未纠正的形式是精确的，那么，一个人实付的50美元的一件外套，很可能至少得付500美元；他实付的100美元的一块手表，很可能得付1 000美元。一套住宅，大富翁会出价1 000万美元，而非100万美元，如此等等。一旦如此应用于作为一个整体的各种商品，这个价值的最终效用理论得出的结果，就会是与市场所确立的价值不一致的，而且不一致到了荒唐的程度。这个理论是使质量最劣、价格最低的商品以外的所有商品的价格都大幅度提高了。

这里，我们记录的是一种针对现代理论提出的相当严重的指责。我们坚持认为，所谓的奥地利价值学说是以一种完全正确的原理也即最终效用原理为依据的，但是应用该原理的那种方式则需加以改变。给那些市场价值与之相一致的效用提供检验尺度的，是呈商品形式的财富的那几个最终增量，而不是一般说来的作为整体的商品。

一个人购买供自用的最后的某种商品，与他给自己所用的消费资料的最后的增添，两者之间的差别是很大的。正如我们所注意到的，此人在以价格为50美元的一件外套替代价格为45美元的外套时，他是使其体现于其全部服装的财富增加了最后的这个增量的。

在这外套上所花费的这最后 5 美元,是该服装所具有的某种质量的集中体现。这 5 美元是该外套的某种最终效用,但作为一个整体的这件服装,则远不是一种最终效用,尽管它是该所有者获得的属于其他类物品的最后一件。在调节该外套的价值上直接起作用的,只是这个人为此件服装所支付的最后 5 美元而已;而他在 45 美元上之所为,则构成了以另一种方式获得其价值的要素,而这种方式与此行为并不直接相关。

不过,在少数几种情况下,作为一个整体的各种商品就是最后几个单位的消费资料。确有某种商品除了消费者欲望满足之后,其余概不予以满足的。在这种情况下,所有商品就都直接算入价值的调整额中了。但在大多数情况下,商品确有若干要素是并不直接算在价值调整额中的,它们通常构成几乎整个商品。逻辑上非常必然的是实际市场用于待售商品的一种检验。非常微妙的地方在于其变货物为其经济要素的过程,以及对构成要素的每一种效用的评价过程。

我们这就预测一下必须就价值理论作出的那种纠正的东西,因为最终商品与商品最终单位的财富这一区分,在工资和利息理论中是同样重要的。事实上,一切资本的收益都是以最终资本增量的产量予以判定的;而此最终的增量,主要并非由全部生产工具构成,而是由这些工具的各种要素构成。

工资和利息是我们这里所作的研究的主题;但工资和利息又是取决于经济变异的一般规律的,这一规律还以另一种方式应用并调节商品的市场价值。在此规律的所有应用中,最终货物与货物最终财富要素的区别极其重要。所谓奥地利价值理论——读者谅必熟知——为下列商业事实奠定了心理学基础,即为力求尽数销出,待售的某种货物的量越大,价格就越低。正如古典经济学家所言的,为求尚未购买此类货物者终于购买一定量的该货物,以及为求已买了一部分该货物者多购买一些,就必须降低该货物的售价。为达此结果,奥地利学派的理论作出了说明。它提供了就各种货物而论堪称消费者采购极限的这样一种调节哲学基础。它告诉人们,价格为 1 美元时买了 3 个单位商品 A 的一个人,价格降至 90 美分时只买 4 个

## 第15章 消费资料的边际效率——按小组分配的基础

单位。该理论证实,采购者唯尊崇每花 10 美分钱都能获得最大效用这一规则。①

按常言来说,一模一样的同属某一类的商品,对于一个使用者来说,它是越来越不重要的了,他所拥有的一天比一天多。商品 A 或许是这个人最不可或缺的;这种商品的第一个单位要是于其生活是须臾不可少的,那么,它就会有无限大的效用。此物的第二个单位,对使用者来说,必要性少多了,此时,他要的是商品 B 的第二个单位了。为方便起见,不论何种商品,每一种的一个单位,我们不妨就都把它定义为市场以 10 美分所提供的东西。这个人会以一天他所能花费的以 10 美分为一个单位的钱数去购买一系列按重要次序来说对他重要的东西。确定实际上他买些什么东西的规律,就是接续几个单位的效用递减规律。

如图 15-1,令 A、B、C 等等分别代表各种不同的消费品,令

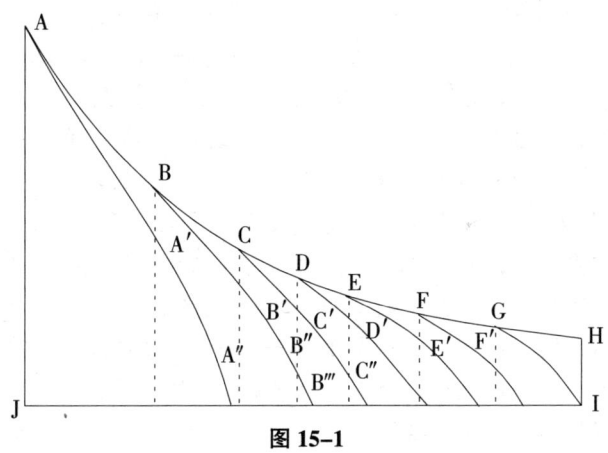

图 15-1

---

① 人们所花的钱,实际上代表由他们自己付出的代价;价值理论的一种详尽的提法,当把我们引入一个心理学领域,在这个领域,只要我们一说起成本,仿佛我们也就说起效用似的。说到底,成本无非也就是招致的痛苦,就像效用,是由别人给予的令人愉快的事。就这里所作的研究来说,我们没有必要再深入一步。对目前来说,这个人由于付出了成本代价,因此,他只有少量的钱可花了,他得研究如何购买其余的大部分。

其中价值 10 美分的每一种消费品对应刚才所说的同一人的效用，以代表他的那个字母与线段 JI 的垂直距离予以计量。第一个单位的 A 具有的效用等于 AJ，第一个单位的 H 具有的效用等于 HI，而 B、C、D 等等分别都具有从它们各自的点至线段 JI 的垂线计量的效用。A、B、C 等等是这几种商品的第一批增量，而 A′、B′、C′等等则为如上商品的第二批增量，A″、B″、C″则为第三批增量。以类似方式，我们可以标明第四批、第五批增量，如此等等。

我们要指出，这个人以系列的形式安排他一天所可能花费的若干个 10 美分。以第一个 10 美分购买对他来说是最重要的商品；以第二个 10 美分购买就重要性来说居第二位的商品；如此等等，直至他以最后那 10 美分购买最不急用的商品。因此，他一天中消费资料购买量中的第一个增量是价值商品 A 的一个 10 美分，第二个单位是价值商品 B 的一个 10 美分。作为对花费的下一个 10 美分的回报，呈现有两种效用程度相同的商品，它们是 C 以及第二个单位的商品 A，这里示之以 A′。这个人要花两个 10 美分买这两种商品。D 和 B′为重要性居第二位者，它们的效用相同。这个人要以第五、六两个 10 美分买下它们。他再以第七个 10 美分买 C′或第二个单位的 C。他再以第八、九和十个 10 美分别买 E、B″和 A″。当他看到 H 时，他认为该商品与 B‴、C″、D′、E′和 F′相比，就其重要性而言对他是一样的，因此，这些东西，他以最后六个 10 美分全买了。总的一算，他共计花了 21 个 10 美分，他一天的免税收益全花光了。

此人所购买的每一种商品的最后增量，都是决定价格的增量。它们的销售量到此已定，因为把价格降至这样一种程度，这个人以其所有的钱再也买不到效用程度再高一些的东西了。换句话说，商品价格的降低使这种商品的增量，处于这个人的购买极限内和他人的购买极限内，而这些人是处于同样的经济状况下的。假如商品价格提高了，那他们当中便谁也不会买下属于他们的最后一个增量。假如整个供给都必须卖掉，那价格就得降到如此界定的程度。例如，在上述图 15–1 中，如果商品 A 比现在的要昂贵一些，那该阶层的购买者就都会宁愿购买商品 I。但事实上，图中所示的 H 的增量是巨大的，确保此笔生意的价格，也即该商品其余所有单位的价格。

由此可见，最终增量，就其商业来说，具有战略意义。它的效用在定价时是算入的；早一些的几个增量的过多的效用，在这一方面则不具有任何影响。在就这些东西定价时，A 和 B 的早先几个单位没有价值，即使价格再高一些，这些单位也还是会卖出去的。因此，即使卖主未使其价格提高至当前的水平，而 A 和 B 这几个极其耐用的单位，也照样畅销。这就是说，就各种商品而言，除最后一个增量外，所有增量都会使购买者获得纯收益，它们确保购买者获得称作消费者租金一类的东西。不过，对于购买它们的人来说，这些最后增量的效用却不产生消费者剩余。因为，这种效用完全被其成本所抵消了。这个人为获得这些最后增量而牺牲的是相当于这些增量的价值；反之，早一些的几个增量的额外效用，则未获得补偿。此额外效用等于个人利益的一个差额，或者说，某种商品的某几个单位给消费者带来的好处，相当于超过最后一个单位所带来的好处。

如图 15-2，假如 A 接续几个增量的效用沿曲线 AA″″″降低了，假如 AB 是计量第一个增量的效用的，A′B′是计量第二个增量的效用的，A″″B″″是最后一个增量，那么，该商品早一些的几个增量给予消费者的差额，就由 AC + A′C′ + A″C″ + A‴C‴ + A″″C″″予以计量。若我们假设这些线段是同步移动的，具有填满一个面积的宽度，那么，

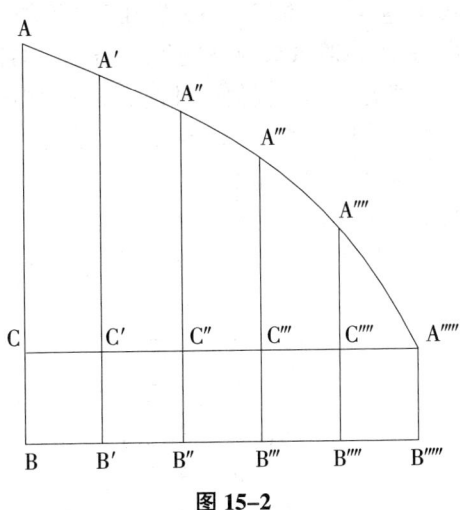

图 15-2

面积 CAA'''' 就是计量整个消费者租金的，而这些租金源自某个购买者的商品。这样一种消费者租金、差额或无补偿效用，不构成价格调节的一部分。这是到处适用的一条原则。

由此可见，各种不同商品的最后一个增量是都假定彼此互相竞争以求购买者欢心的结果，按同等费用获得的最终效用是相同的；该系列中早一些商品的效用彼此不相等，且总大于最后几个，此差额于价格无影响。

就连这最后几个增量也并不总算入市场价值的调节，这是为什么呢？有关这一规律的慎重说法已指出，情况有时就是如此。实际上，某种商品第一批增量的效用与第二批增量的效用，可能就有很大差别，而且，这样一种商品的效用曲线，可能就显示出一系列相当大的差别。该曲线不是持续向下倾斜的曲线，而是一系列或多或少间隔很大的点。第 179 页图 15 – 1 中分别用 A′、A″、B′ 和 B″ 等等字母标明的点，就构成这样的一个系列。就这类情况来说，某个人得到的某种商品的最后一个增量也许并不计算在内。为了获得这一增量，他或许会多支付一些，而不会盲目行事。消费者购买的很多商品的最后几个单位，对他而言，都有超过他按同一价格所购买的商品的真正边际效用价值。A 和 G 的价格未等他停止购买这些商品或许就大幅上涨了；当然，也有价格大跌而并没有诱使他多买的商品。图 15 – 1 中的 B''''、C″、D′、E′ 和 F′ 等等商品，的确是处于战略或定价地位的，你要是给其中任何一种商品提价，则该阶层的消费者干脆就都会拒购，而以购买另一种商品取代它。

当然，在给商品 A 为什么就按某种合适的价格出售找原因时，我们要弄清楚该商品的某一部分，即使按照丝毫不比上述价格高的价格出售，为什么还是会销售不出去呢。有了这样一种调整，消费第 179 页图 15 – 1 中所示的商品的那些人，就另当别论了。不过，也有人即 A 的一个增量，却是消费这些商品的最后一个增量。对于这些人来说，这些商品就其有用性来说，是与其以最后单位的收入购买的其他商品处于同一水准的。要是你提价了，那些人可就不会再买 A 了，这样，此类商品有的可能就滞销了。至此，简要地说，我们已经说明了公认的价值理论，而有关该理论的严谨描述中已有的

## 第15章 消费资料的边际效率——按小组分配的基础

内容之外已毫无补充之处了。某几种商品没有用一条效用曲线逐个连接起来的排列组合的情况,是该理论的一个组成部分。仅此一点,就足以说明,假如我们理解价值原理的话,那么,我们就得把整个社会作为货物购买者纳入范围之内。某种商品,你要是提价了,那你就会发现,在公众消费的某个方面,就会有那么一个时刻,就是该商品的购买者寥寥无几。提价的行动过程,使处于战略地位的某些人,凭其行为就能决定该商品的价值,而另外的人则言听计从。他们是这种商品的社会定价者。

不过,说这一原理只不过介绍了对价值理论的某种精妙阐释而已,这还不够。因为该理论是在某种货物的效用曲线接续几个单位失去连续性获得确认之前提出来的。在价值的调整中计算的是最终几个单位的财富,而不是那些最终的产品;作为一个整体,那些产品很少属于任何一个消费者层级的最终几个单位的财富。细察整个社会,这样的人你很可能一个也找不到,这就是,在他的估价单中,商品 C 是一种最终的或是定价的效用。正如我们所提到过的,所有的商品均纳入了最后一个社会单位的消费资料范围,而这些商品的效用又是一个定价因素,这种情况是很少的。因为就大多数情况来说,某种商品就只有一个要素是这种消费资料标准增量的一个部分,而且只有那个要素才是一个定价因素。在整个社会,没有一个阶层,对他们而言,最后一个单位的 C 不是提供某种剩余效用的。如果 C 为一幢房子的话,那它提供的是住处,然而,它还能满足更为令人舒适的需求。就这幢房子来说,与其他特性合为一体的是某种真正最终效用的东西,对价格起作用的正是这种特性,而该幢房子所拥有的其他效用,则不是这种特性。

在就实际存在的价格作出说明的某种价值理论中,绝对必要的也就包含在下列几个论点中了。我们所以在此加以说明,就因为类似于这几个论点所断言的对资本适用,而且在一种会对实际通行的工资率和利率作出说明的分配理论中,它们是最基本的。要说明价值、工资或利息,经济变异的普遍规律就必须予以严谨阐述。

(1) 计算在价值调节内的是消费资料的最后一个增量,而且也就是这一个增量的本身而已。

（2）作为一个整体，商品很少包括在消费资料最后的或者定价的增量内。

（3）供消费者使用的某种商品，就是这种商品服务的提供，而且是依据在社会消费的某些试销点该商品所能提供的服务数量予以定价的。

（4）大多数商品都同时提供几种不同的服务。属于此类的某种服务，就被看成是所有共同此类物品所体现的一个独特效用。

（5）实际市场的多次试销分别计量这些效用，而该商品的价值就由这一切计量所产生。

（6）构成某种商品的各种效用中，只有某种效用是某个人消费资料的边际部分，其他各种效用实际上都属于是边缘性质的。它们是高一些的效用，而且就消费者而言，于决定该商品的价格并无影响。

（7）只有作为分别适用于商品的每一种效用或每一种提供服务的能力的这样一种最终效用原理，才能对商品在实际市场所具有的价值作出解释。

假如要把最终效用原理应用于全部商品的话，那么，就大多数情况来说，该原理就将使价值与市场所确立的实际价值相比大好多倍；反之，要是把这个原理用于给商品的各种要素定价，那就会产生市场所予以证实的那种结果。这里，我们使理论与现实生活相协调了。现代价值理论是分析作为市场现象背后的原因的那种心理过程的，也就是说，它是追溯市场现象的起因，也即追溯购买商品者的心理活动的原因的。在每一个市场，都有计量活动在进行着，而予以计量的则是个人的利益。某种商品自身就体现提供几种独特服务的能力——这种商品是一种具有综合典型特点的商品，也即具有很多独特效用的商品——那么，下列事实就成为势必可免了，即凡是货真价实的评价，都必须设法对这些素质一一加以评价。而这些真实的评价就体现于这些质量性能之中，如果失之毫厘，往往会谬以千里的。

假如我们不想把对这个过程所作的这种分析进行到底的话，那么，我们就得坚持老一些、简单一些的价值理论，以彻底避免市场交易的心理特点。约翰·斯图亚特·穆勒先生就曾告诉我们说，假如某种商品的试销价格高到了保证不了全部商品都销售完毕，那么，价格就得予以一降再降，直至新的购买者买走某些货物而老的购买者买走比过去的更多。这样说，无论从什么角度分析都言之成理；而且，除非我们不想了解确定消费者行为的心理活动，并使其购买止于某个明确的程度，否则这就还不够。但如果我们真的希望弄懂那种活动，我们就必须设法弄清楚那种复合的东西，也即一种普通商品的每一种效用实际上是如何加以计量的，以及那种计量又是如何控制市场的。因此，我们这就要检查一下效用本身在商业交易中受检验的方式，唯如此，才可能觉察出价值，以及取决于价值的小组的份额在实际上是如何加以调节的。

# 第16章　消费资料的边际效率如何计量

　　价值规律可赖以起作用的最简单的条件，就是消费品存货中的每一种商品都能给其使用者提供某种服务，而且也就只提供一种服务。我们且假定这就是事实，等合适的时候我们再修改这个假设，即把一种商品实际上所能提供的各种不同的服务全考虑在内。

　　在任何一个时刻，一个人都不可能同时接受一种以上的服务，这是一种心理事实。假如此刻你能使他获得某种利益，但你做不到在同一时刻使他获得与第一种同样的第二种利益。以完全相同的两种服务使一个消费者表现出浓厚兴趣，这就像尝试使两个物体同时占用同一空间所经历的实际困难一样，两种绝对相同的效用，在某种程度上，就得进入消费者感官系统的同一方面，然而，它们又不可能立即做到。没有听说过同时享受两种绝对相似的令人愉悦的事的，要让人们乐在其中，这两种乐事就得相继出现。

　　要是任何一种商品能提供的也就只有一种服务的话，那么，如果是在一定时期内使用的，这种服务的第一个单位就得具有某种正效用，第二个单位又得具有某种负效用才行。第一个单位以后的任何一个单位，就会都是近在咫尺，因此，拥有者就得设法消除这种过近的空间距离。有了一件某种款式的外套，那么，如果再有一件，而且还是衣料完全相同的，剪裁也是同样的，那他定会任由它挂在衣柜内。要是他就是拥有这样一件外套，而且还非得立即穿上不可，且再绞尽脑汁也绝对想不出第二条使用途径了，那么，任何一个流浪汉只需向他要求一下便就能获得这件外套了。

　　情况如此，该商品遂无效用曲线一说。如图16–1，表示该商品接续几个单位效用的这条线，就将显示从一个正量的点突降至一个负量的点。假定正效用以线段 GH 自下而上予以计量，而负效用则以该线自上而下予以计量。自 A 向线段 GH 下行的那条线，计量一个单位商品 A 向某个消费者提供的服务数量，而自 A′ 向线段 GH 上行的那条线段，则计量上述商品第二个增量的负效用。以同样的方式，自 B、C、D、E 和 F 等点下行各线，都是计量这些商品的第一个增量的效用的；自 B′、C′、D′、E′ 和 F′ 上行各线，则都计量其第二个增量的负效用的。穿越 A、B、C、D、E 和 F 的那条下行曲线，为有关此例的唯一的效用曲线，它描述的是按系列分类的*各种不同效用的递减数量*。从这些字母中的每一个字母起，直至水平线 GH 的那条线，是计量各单项服务的重要性的，这一类服务是人们所能获得的唯一服务。

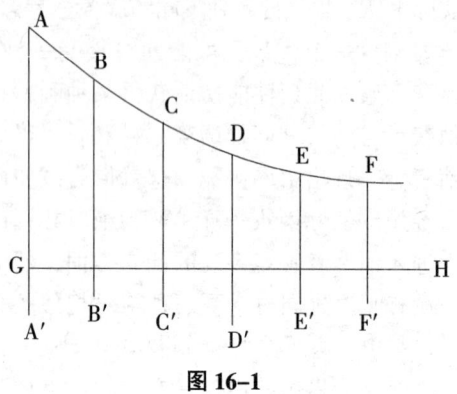

图 16–1

这里，我们就得说一说基本价值规律了。在一系列的相同的效用中，第一种效用按照正量计量，余则都按照负量计量。而且，随着相似效用种数的倍增，这些负效用也就变得越来越大：某人现有第二个不必要的 A，与第一个相比，已经是颇多烦人之处了；第三个，那更是属于一种令人恼怒的累赘了；连续出现 B、C 等等，情况也都是如此。

不过，我们还是常可以从商品中获得某种从属的服务的，那就是把同类商品用于别的用途，同类产品的别种用途与商品首次提供的用途是如此有别，以至于我们感觉是在用两种相似的商品。冯·

庞巴维克教授所援引的面包卷一例,① 就是这一类中的一个例子。对于面包卷,有的人们当作食品用,多余的则用来喂狗。情况如此,引进人类关心其福利的第二类有知觉力的生物——一类四足的消费者,我们也就避免了这样一种心理学难题,这种难题源于同时给同一消费者提供两种服务。

我们通常可以从商品中获得第二类服务,条件是不限定交货时间。例如,购置的如果是城市住宅,那人们便可以获得成套家庭用具、装饰、装潢等项服务;如果购置的是乡间住宅,情况也相似。于是,所有人就都可以依次使用两类商品了,一类的实际效用存在于另一类的运费的节约中。在诸如此类的情况下,第二个单位的商品实际上是有别于第一个单位的。第二个单位的商品,就其商业意义来说,可以是同一种商品,但它实际上是一种不同的消费品。它满足不同人的心理的需求,对已享用该商品第一个单位的人来说或许有某种用处。

即使我们假设任何一种商品都仅提供一种服务,那我们也没有使价值基础的原理失去说服力。在作这样一种假设时,我们不考虑某种物品常常提供的辅助服务——我们不再把冯·庞巴维克教授所举的例子中那种既可以喂狗又可供人吃的面包卷放在心上。这是整体把市场上的物品的效用分门别类地予以分析了。有关这样一种孤零零效用的主要事实,是我们一次仅用其中之一,待到第二次使用,这种物品的效用价值便无几了。于是,第 188 页的图是用于证实有哪几种商品在决定市场价格上有作用的——也就是图中标有字母的 F。我们要指出是,每一种商品的估计成本都是 1 美元,既然除 F 外其余都是提供消费者剩余或是"租金"的,那么,它们也就都不在消费品范围之内了,而你完全可以索价比过去任何时候的任何一种商品都高,而且还不至于失去这一顾客;但如果你提高在其购买范围内那最后一样东西的价格的话,那他就会不买它了。A、B、C、D 和 E,就这个人的情况来说,并非是定价的商品。

那么,这些商品怎样实现市场价值呢?如果价格提高了,社会

---

① 参看冯·庞巴维克教授所著的《实证资本理论》,第 146 页。

上总有某处某个时刻这些商品的销售必然停止的。事实上，此类时刻就有很多。例如，在消费层级 E 上人们消费的是一种边际商品，E 的价格即如所定，是以使这些人会购买它为前提的。因为要使这种商品的供给实现成功的销售，他们的购买可是不可或缺的。关于 D、C、B 和 A 的情况，如果分别加以考察，那就得有这么一批购买者，如果涨价了，这些商品他们就不会购买，因此，这批人就是这种商品的社会定价阶层。该商品的制造商必须合理地定价，就是旨在确保这个阶层的光顾。

现在，按照各种不同的组合方式把这些商品结合在一起作捆绑式销售，让某种组合的所有效用尽在其中；让另一个组合包括 A、B、C、D 和 E；再让第三个组合包括 A、B、C 和 D；让第四个组合包括 A、B 和 C；令第五个组合包括 A 和 B。设 A 为独一无二者，因而可以单独购买。价值规律是怎样受捆绑式销售的影响呢？把 A、B、C、D 和 E 与 F 捆绑在一起销售，就使这些商品具有了原先没有的影响价格的能力了吗？根本没有。F，就购买它的那些人来说，唯一定价者地位丝毫未变。消费层级已经包括从 A 直至 F 的这个人，他会一如既往地一切全买；其中，唯 F 是按其所具有的效用总量起调节价值的作用的。

如果 F 昂贵一些了，那么，这一购买者就不会购买包括 F 在内的那些商品了；他要买的，也就是含其他各种商品的商品了；而 E，现在则成了他的一种边际采购商品了。同他经济地位相同的所有人都会如此。对到 E 为止的所有的商品组合的需求都会变得更加活跃，而对包括这一切以及 F 在内的那些捆绑式组合产品的需求则会变得疲软。生产就将自行调节以适应变化了的需求，结果就会是存在不包括 F 和 F 的那样一些组合，最终结果也就正好是各种商品都能单独得以销售的这样一种状况。F 涨价导致以 F 为边际产品的人们不再购买它。F 价格的回落则使人们重新开始对 F 的采购。事实上，F 的价格对效用有适应性，该商品属于该消费阶层急需之列。

E 的价格以类似方式加以调节，不过，这一调节是由另外的一批采购者完成的。有这样一个阶层的人，对他们来说，E 为边际产品，它一涨价，这个阶层的人就会因此而立即持币观望。他们的做法是停购含 E 的商品，代之以购买含最不需要或边际产品 D 在内的那些商品。E 的价格一复原，这个阶层的消费者旋即一仍旧贯，重新购买含 E 的产品组合了。由此可见，这个阶层是以自己的估计决定 E 的市场价值的一个阶层。另一个阶层的人与此相似，也是为 D 定价的一个阶层，因为这是他们的边际产品。总之，对于每一种商品来说，都会有一个明确的阶层，他们处于战略位置，是身在经济社会就要决定价值的。不过，这个阶层的人就他种商品的效用所作的估计，是不会对价值产生直接影响的。①

现在，我们可以看看价值实际上是怎样决定的。除质量最低、结构最简单者外，每一种商品都是各种不同效用的一种合成物，而且都可以立即提供形形色色的服务。其所以为人们所需要或购买，就因为有这种种服务。效用，正如我们所说的，而且正如我们不能有失偏颇地说的，都是在决定价值时市场必然要考虑的一个因素。商业交易自有其衡量一种商品所能提供的各种服务的重要性以及价值的方法，以期使之能表达出这些计量的结果。诸如此类的商品中，每一种都有某种边际效用，而且这是决定商品价格时算入的唯一一个方面。除质量最低、最廉价者外，可以生产的每一种商品，实际上都是一如我们作了描述的，都是捆绑式地结合在一起提供服务的要素。这种捆绑式结合在一起的边际要素对价格有直接影响，但另外的要素则没有此类影响。

例如，假设 A、B、C、D、E 和 F 各种不同的商品，其中的每一种都能提供某种服务，它们的效用有高低之分。这种商品可为使用

---

① 当然，对价值的全面研究应当涉及我们在这里省略了的很多方面。其中之一，就是价目表中任何一种商品的涨价，都会使首先提及的那个阶层的购买者一旦收入不变就拒购 F。只要原本并非边际商品的商品一有涨价，各阶层购买者对边际商品的需求就会受到抑制。此外，一旦涨价，则不论是 F 还是另外任何一种商品，都会从采购单上给抹去；而另一种，比方说 G，就会取而代之。不过，就此而论，无须对我们这里所证实的加以修改，这就是，各阶层的购买者都有各自的边际商品，对他们而言，那种商品的效用在调节该商品的价格上有直接影响，而该效用对其他商品的卖主，则对价值不产生直接影响。

者提供的有六种不同的服务；由于这些服务各不相同，因此，它们是可以同时提供的。A 是这些效用中或是提供服务的能力中最重要的一种，F 则是最次要的一种。因此，F 暂时是唯一定价者。要是这种商品因质量高而昂贵了，则购买者就不会再购买那种商品了，而选用档次低一级的产品。换句话说，他们会不再购买包括 A 至 F 在内的一切效用，而是购买包括一览表中止于 E 的所有商品在内的一揽子效用。对这种效用，也即对 F 的需求因而是减少了，而那种特殊价值要素的价格也就随着下降了。

这绝非纯属想象，只要考察一下任何一类优质产品市场的运行情况即可明白这一点。事实上，我们所举的实例在理论上的说明远没有如商业领域商品供求的运行那么微妙，乃至深奥难测。挑出商品中的价值要素并进行价格调整，就商品中的边际要素作出评价，这个过程也就不出差错地完成了。

例如，在荒野的一个湖中就有供人消遣的一只小划子，它是一种复合型的商品；而且，要是我们要把它分成使之具有价值的若干要素的话，我们也就会发现，就一切经济目的来说，实际上它也就在于一系列的效用。此一系列经济效用，按其重要性顺次命名，当大致如下：

（1）使人飘浮的能力。一棵枯树当具有这一性质。

（2）载人渡过成片深水区的能力。一根平滑的原木，即可提供这一服务。

（3）使所有人都保持不沾水并舒舒服服，而且不虚此行。一只小划子堪成此事。

（4）迅速易地且安全破浪航进的能力。精工巧制的一只小划子就能胜任此事。

（5）满足所有者爱好的能力。造型优雅、色泽亮丽的一艘轮船堪当此任。

这里所讲的是一只小划子提供的各不相同的五类服务，其中的第一项最重要。人们在水中想要安然无恙，某种飘浮工具就绝不可少。因此，支撑人在湖面久而不至于沉入水中的那种能力，就是这只小划子的首要效用。若他从事水上工作，那么，他一定会赋予他的此项工具的此类效用以某种无极限的"主观价值"了。尽管这一工具也就是一棵枯树而已,可它具有的这一效用则是比最好的小划子所能具有的任何其他效用都还要大。在所有者看来,就此精致优美的飘浮物来说,再没有堪与一根飘浮的枯树相比的东西了。就重要性居于第二位的质量来说它,是移动的能力,而这是一根平滑的原木所具有的。再者,该小划子所提供的还有增加了的宽畅的舒适度、优美的造型、较快的速度以及内饰装潢精美的考究程度。

比方说,相比一只很好的小划子,有一棵枯树、一根原木、一只独木舟、一艘方便且考究的帆船,这一切的特质都集中体现在一个愿意冒险的人实际上所获得的那一种手艺上。不过,我们必须铭记,就经济学的意义来说,这些特质中,只有最后那一种才是最终效用,整艘船则不可能是。就其整体而言,该船包括各种等级的效用,它的所有人为此很可能要支付75美元;但若按各种效用各自所具有的重要性来说,他或许还要再支付1 000美元。该小划子使他在水面上漂浮的那种能力,就他而言,至少也值得为之付出500美元。使人们得以乘小划子往返的这一能力应当值300美元。运载能力算100美元,航速75美元,装潢25美元。这些数额是他为这些商品的各式各样的效用所付出的。要是此人就是这一商品的边际购买者,那么,他还要付出1 000美元的价格。

这只小划子所具有的最后一种特质乃真正意义上的一种最终效用。若这只小划子的装饰价值是30美元的话,那么,一个渔夫就会买装饰略差点的小划子。对装饰华丽的小划子的需求随之便会减少,而装饰略差者需求增加。对质次类独木舟的生产便会多起来,而对质优类独木舟的生产则会减少。最终结果是,那种产品量下降的产品在产品系列中属于效用居第五位的产品。小划子产量会一如往前,但这些小划子中,不会有构成最终效用的那种独特装饰的、质量最佳的一类小划子。在价值75美元的小划子中,这种效用显然是那唯一的一种,而作为对这种效用计量尺度,就是价格的唯一标准。

那么,此类小划子必备的其他效用又怎样获得市场定价呢?有这么一个阶层的人,对于他们来说,这种小划子的第四效用,也即其速度,乃最终效用。他们是购买属于这第四等级的而非未作任何装饰的第五等级的小划子的。为求确保获得航速高一点的一只小划子,这些人的花费会给他们带来愉快,而这是投入与产出正好相等的一种结果。不过,该小划子的飘浮能力以及其他边缘内的特质,则是投入高于成本的,因而也就产生了某种"消费者租金",也就是大于某种最低限度采购所致会获得的一项收益。因此,对于这个阶层的人来说,唯该小划子的第四种效用才是一种定价的效用。由于存在这个阶层的人的需求,因而该效用在市场会产生20美元。

　　同样,还有一个阶层的人,对他们来说,该复合式产品的第三种效用是不重要的;而这第三种效用的市场价值是由他们的需求所决定的。他们满足于舒适,因此,速度就无暇顾及了;他们的需求有可能使此第三效用定价为15美元。还有一个阶层的购买者,他们把第二种效用的价格定为——比方说,10美元;再有一个阶层把第一效用的价格确定为——比方说,5美元。假如有某种娱乐业——这些娱乐业,是我们作为例子选择的——提供五种各具特色的服务的话,那就得有五个独特阶层的人,由以决定各类服务的市场价值。最终效用规律起作用的结果,仿佛是这小划子所拥有的每一种提供服务的能力都成了某种独特的产品。对于所有意图和所有目的来说,各种不同的效用都是呈捆绑式地结合在一起的,其中,有的五种效用全包含在内,也有包含四种、三种的,等等。没有一个消费者会把所有这些各不相同的商品视为最终效用。*作为一个整体结合而成的一批产品,绝对不是任何一个人的消费资料的最终一个单位*,但其中的每一个要素,则都是某个阶层的最终效用;而且决定最终效用的价格的,也就是该阶层的心理估计。因此,该小划子也就有五种价格。把该小划子提供的五种各不相同的服务的价值一一表述出来,它们分别就是25美元、20美元、15美元、10美元和5美元。可见,整个小划子的市场价是75美元。

　　如果把手表的价格定得比实际价格高一些的话,那么,原本要花100美元买手表的人现在决不会空手而归,也即他会买一只原售价90美元的手表,而且还会放弃属于装饰品一类的东西。另一个阶层会购买原售价为80美元的这一档次的手表,而且放弃精确性一类特质的要素。各个阶层都不会放弃手表,而是放弃手表中的某种要素。然而，原购买1美元一只的手表的某个阶层就会不买这些表，因为再不会有比这种表更便宜的了。对于这些人来说，作为一个整体，那最低档次的手表可以列为最终效用。这些人的需求既决定最高级手表的价格，又决定最低级手表的价格。

虽然这样说似乎会把我们引向一个理论上的微妙领域，但毫无疑问，还是有大量事实表明，市场就是以这种分析方法起着作用，且在商业世界中扮演着一种角色，而这一角色就是这一情节的结果。要是最终效用规律作为一个*整体*，应用于各种商品决定其价值的情形的话，那么，在全世界范围内，工厂都会生产出不同于现在的各种的产品的，轮船和铁路车辆都会有不同于现在的容量，各地的商店的橱窗、货架和柜台上，都会有形形色色的商品陈列。假如我们能够使价值理论就像通常所表述的那样支配实际市场的话，那我们就应该彻底改变各种商品的价格；而且，实施这一改变时，我们还得改变生产和使用的各种货物的产量——我们应该实现世界经济生活的一种彻底转变。一般说来，此时精品的价格就会比它们现在的价格高好几倍。

要是在此我们是试图详细描述价值理论的话，那么，我们就得特别强调指出价值是一种社会现象这一事实。实际上，各种产品都是根据最终效用价值得以出售的，但是，这是指的是它们对*社会*而言的效用价值。就作为一个整体的社会来说，某种昂贵商品的各种效用都处于某种最终效用的地位。我们认为，我们前面所举的关于*王宫中*的简陋小屋的例子，对某些社会成员来说，就是一种最终效用；决定王宫的那个基本组成部分所控制的市场价格的，正是那些社会成员所作的估价。王宫的这一显赫社会地位，我们不妨称之为构成该地位的*价值要素*中的第一个。构成王室住宅的，则是那些经济组成部分中最低廉的部分，这些部分或许用100美元就可以决定。该简陋小屋与一独幢小楼的区别可以看成是第二个价值要素；而且，它也有其勉强够格的购买者。假如先盖简陋小屋然后再改成独幢小楼行得通的话，那么，这两个价值要素就会在不同时间产生了。但是，实际上做的是盖了单幢小楼，而非盖简陋小屋；第二层次的买主，按其需求估计了这一替代的价值。独特的一个阶层的买主，则以此方式决定构成一个宫殿式住宅的每一个价值要素的实际价格。如果手表分为十个等级的话,那么,要是由十个层次的买主决定最高级手表的价值,那么,这些层次中的每一个层次遂都可以看成是特定价值要素的社会估价人和鉴定人。这个价值要素,在其成员的消费中,就是一种最终效用。因此,一般说来,当精品——复合物,即捆绑式独特要素——提供给社会时,也即提供给这大批消费者时,每一个要素都在社会有机体某处有决定社会价值一部分的作用。这种商品作为一个整体,绝无别的办法获得评价,它的效用对谁也不是最终的。①

---

① 很重要的一点是,很多商品除买主首先关注的用处外,还有第二位的用处,因此,这样的商品其用处就不只是一种,对消费者而言,因购买目的有多种,因而所要买的商品会有满足不同目的的用处。庞巴维克教授例子中那业已援引的面包卷,就既可用作人的食品也可以喂狗;而且,假如这狗,我们不是看作一个消费者,而是视其为他的主人的某种消费品,那么,缓解该狗饥饿的面包卷,就是起某种不同的居于第二位作用的东西了。再比方说,爱好打猎等户外运动的人,其暂住的地方位于阿迪朗达克诸湖之中的一个湖上,那他就可能把他的一些小船停靠在另外几个湖上,而其唯一目的就在于免除易地带船之辛劳。当然,这些小船中,除其中用处最小者外,作为一个整体,其余没有一艘可以算得上是一种边际的决定价格的商品。假如为节约起见,所有者欲废弃其中的任何一艘小船的话,那么,这废弃的一艘就是边际商品了;而且,他只会把这一艘废弃给某个购买它的边际人,对他来说,这是值得的。这改变了我们刚才阐述了的那种原则,即价值取决于商品的边际效用而不是取决于作为一个整体的商品了吗?我们就来看看究竟。

　　假如这些船都涨价了,那么,正准备买下全套船只的那个人,就有这样一种两者择一的选择,假定这些小船所有者在这里会遵循某种处理方式,诚如我们已经指出的那样,不是消费者习以为常的那样一种。就绝大多数的情形来说,某种商品的涨价,势必使质次的边际商品而非全部商品不再有人使用。即使就准备买几艘非常相似的小船的人——并非太过于经常——的这种情形来说,涨价导致他废弃其中一艘或若干艘有质量问题的小船的可能性为十分之一。假如他这样做了,假如他误以为价廉船只就是质次船只的话,那么我们所阐述的原则就适用了。

　　实际上,质量等级最低的商品,就其整体而言,就可能是边际商品。如果有人要买的商品再无与之相比价格还要低的了，那他要么就买这种商品，要么就什么都不买了。即使此时，他也还会果断地寻找颇有些不同的某种商品，以期此种商品能权当他废弃了的船只的代用品；如若果真如此的话，那么，其结果仿佛也就是被丢弃了的质量等级还要低的那种商品还是存在的。

在这里要强调指出，大多数商品都是在使用过程中磨损的，因而要想使自备的储存用品具有此类完好或近乎完好无损的唯一办法，就是勤快一点和多买些新的。一件外套穿几个星期就丢弃，你还有其他的，你的着装也还是相当得体大方的，你一身的着装也还是相当时尚的，一点也不显得陈旧过时。不过，为做到这一点，你就得多买几套衣服，就为着达到上述所说；而且，由于此类着装件数多了，你也就真的提高了你一身服装的质量了。实际上，这是增加件数的唯一目的。消费品数量一多，质量也就得以确保了。这只是穿了一个短季的一件外套的最后的、也是最少的效用；而且，也就是为了恢复那边际效用，这个人才又买了一件。我们所阐述的那条原则在这里起作用了。增加消费资料数量总是意味着消费质量的提高，因为新的质量使人人所使用的一切都日日不同了。有一种全社会的效用增量——给提供服务的一切的质量的一种巨额而又综合的增量——这一巨额而又综合的增量，出现于增加世界财富的每一个阶段。这些，是控制市场的战略要素。价值是由对这些要素的计量来确定的。就每一种情形来说，做这种计量工作的人，都是控制整个消费资料市场中他们所要控制的各个部分的。

# 第 17 章  生产资料最终增量的效率如何检验

堪称分析性估价的这一原理，现在我们可用于决定工资和利息了。无论在什么地方，市场都具有把各种具体的东西分析成它们的组成要素以及分别计量每一种要素的效率的不可思议的能力。该原理以同一方式对消费资料和生产资料作了论述。如果我们要弄懂该原理决定价格的步骤的话，那么，我们要找出并确定的也就是商品的某几种要素而已，而并不是某几种整体的商品。因此，假如要弄懂如何调节利息，我们就得采用类似方法，从生产工具中找到处于战略位置和控制全部资本收益的某几种要素。

资本的盈利能力是由资本的最终增量的生产率决定的。而一般来说，资本的最终增量并不构成作为一个整体的生产工具，它是构成此类工具的*要素*。正像我们是通过获得比我们一直用着的要好一些的商品增加我们的消费一样，我们增加我们的生产资料也是采取获得好一些的生产工具这一途经达到目的的。某一种机器磨损时，我们就用某一方面说效率高一些和成本高一些的机器取而代之，此时，资本就增加了一个最终增量。决定利率的是资本的那几个最终增量的生产力本身。作为企业家，我们所用的任何资本都得报之以资本的一个最终增量所能生产的产量；而这最终一个增量所能生产的东西，也就是我们以及另外的人们，通过使我们的大厦的宏伟性提高一度或是实质性地增加一度，使我们的机器运转速度提高一度或是使之更接近于自动化，使我们的发动机或水车功率高一度，使我们的原材料品级提高一度，如此等等。

我们已经意识到，在为数有限的几种情况下，消费资料的最终几个增量，都是由作为一个整体的商品构成的。例如，我们获得作为个人用的商品存货的某种增加量，也即处处都在生产的诸如此类最平常、最廉价的商品时，这整个产品也就属最终一个单位的消费资源了。在这种情况下，作为一个整体的商品，就有助于决定它的标准价格。没有人会比我们出还要多的钱，买这个消费品中同类的产品。因此，也就有了这样的情况，即全部生产工具都是生产资料的最终几个增量；而且，在这些情况下，就其整体而言，这些工具所生产的也就都有助于决定利息标准了。假如有一把锤子、一把铁锹或是一辆小车，它们都是如此质次价廉，以至于无论何处都找不到还有比这些品级更低的同类工具了，于是，这些工具，无论何时，我们买来了其中的一种，我们也就给我们的资本增加了一个最终增量。

不过，在利息的一般调整中，这些情况只是起很小的作用。因为，这个日益富裕的工业世界，其资本货物档次不断升级的趋势正在显露出来，制造世界上工作设备日益精良的工具层出不穷：越来越巍峨高大的建筑物拔地而起，船泊航速加快了，发动机性能更趋精良了，铁路线较前直了，铺设铁轨的地面近乎平坦了，机车大功率化，火车车厢节数多了，如此等等。决定我们能否支付得起利用这一最终资本的费用的，是借助种种精益求精的变化随之而来的越来越多的产品我们终能获得多少。全社会所能支付的，也就是它与商品中最后这几个生产要素等值的全部资本。

这一事实并不因为下列事实而受到影响，这就是，随着社会日益富足，资本货物不仅质量提高了，而且品种也越来越多样化了。的确，我们不只是在造更多的机车，而且还在造更好的机车；但是，这新的机车多半是属于高精尖类，乃至就其整体而言，是不能视之为生产资料的最终增量的。例如，这里有一台新的机车，它尚未向拥有它的铁路公司交货以替换一台已经损耗了的机车，而是作为新增的一台机车，用于满足扩大了的运输量之需求。它是一个最终资本增量吗？否。除非该机车是可有可无的，否则，万一削减该铁路的资本是在所必需之举，那可就贻误大事了。事实上，该新机车的质量是由铁路路基、铁轨、桥梁、车厢等等的质量决定的，机车是有赖于这些才能使用的；把质次的机车与质优的车厢、铁轨等等结合起来使用会是不经济的。生产资料之间的这种互补性务必念念不忘，因为把一种质次机器加入某种优质设备之中，势必有减损该设备另外组成部分生产能力的情形。优质车厢等等，要是只得与质次机车配套的话，那就发挥不了它们充分的创造财富的能力。有既定数量的车厢，那就得有成比例数量的机车；而且，要取得最佳结果，车厢、机车、轨道、货栈等等整套设备，还必须都按统一质量标准予以维修保养。因此，用一种带有商业性意味的说法，那就是"货币"所代表的是"投资于"铁路的那部分资本的最后一个增量，这货币就花在使此全套设备都达到它曾经达到过的那种尽善尽美的程度上了。

按照某种更加科学的观点来说，货币是实物资本借以易手的一种工具，而且总会在某处存在有包含资本的资本货物。车厢、机车、轨道、建筑物等等，就都是这样的资本货物，它们包含铁路的全部资本；但是，如果我们试图找出并确定全部资本中"最后的"和决定利息的那一部分资本，那我们可就挑不出诸如具体的车厢、机车等等设备一类的组成部分了。我们必须设法找到全套设备中以及构成全套设备各种工具中的那种最终生产要素。在修建一条铁路并对它进行设备配备时，假如发现这一条铁路的实物资本，也就是它的载客、运货两用的具体的和物质性的全套设备，都必须改变成比原方案计划的要少一些的话，那么，铁路公司会削减哪一项支出呢？假如听其自然，拟议中的支出要达到的几乎一切的质量，就都会有所下降，铁路公司就会放弃对车厢、机车、铁路路基、建筑物等等作最后的完善化试验；铁路公司还可能根本就放弃几类工具。不过，这些工具自是价廉质次的。

当然，有些事实还得加以考虑。在实际情况下，有些事实会改变上述做法。如果上述例子中的铁路是一大铁路网中的一条连接线的话，那它就得承载其他铁路的车厢，它或许因此就得加宽其轨距，加宽其铁轨，加固其桥梁，以期满足上述需要。不过，这种情况倒是证实了而不是否认了这样一个事实，即不成比例地削减某行业的部分设备是浪费。既然是这样的话,那该小型铁路公司就不是一个完整的工业企业了。它只有作为其中一个组成部分的大一些的一个系统,才是一个必须加以考虑的完整的工业企业。假如该大系统作为一个整体要削减资本,假如它有权通过廉价化某种设备,而且还要减少它们的数目以期达目的话,那它宁可使整个系统各部分的设备降低质量来维持各组成部分的合作能力,而不是系统的大部分互不相关,进而使某种铁路设备撤出其一部分。必须记住,我们这是在设法确定一个完整工业企业的资本的那个最终增量,而且就铁路系统而言,这个增量不是碰巧属于一个小公司的一项大型设备的一部分,而是必须作为一个整体加以考虑的。

此外,假如这条铁路修建在即,假如所有人发现自己能使用比原先预期还要大的资本,那他就会铺设同样轨道,以及设法采购他曾经计划采购的同一铁路拥有的全部车辆,外加部分计划外车厢或火车头吗?他会按原方案所规定的类型和质量建造火车站,只给工程目录增加一两幢建筑物吗?显然,用现金给其设备增添几样东西,这会使很多方面改观的,它会到处增加我们称为生产要素的一类东西的。

这家铁路公司的资本的这一最终增量,实际上是两类客货运输设备价格之间的一个差额。就此情形来说,其中之一是铁路连同其全部设备都达到了尽善尽美的程度,而这,有鉴于其现有资源,这是能做到的。再就是,造铁路以及铁路相应设备的安装配套等相关事宜,如果资源达不到原有的水平,其结果会怎样这是可想而知的。一条现实中的铁路,与一条拟议中的铁路,其间全面质量的差别,实际上也就是现公司所用了的最后一个资本的增量。这最后一个单位资本取得的结果,也就是铁路实际所挣得的收益与铁路质量降低了以后所能挣得的收益之间的差额。

该行业最后资本的增量显然不是可以从该行业中说除去就可以全然除去的,这可不像几台机车或几节车厢组成的资本增量那样简单,说卖就可以卖给另一家公司。① 问题就在于,这套设备存在于由

---

① 假如在一个行业经营的一种工具的一个组成部分整个儿给撤走了,那

工程师、乘务员、铁路运营段段长等组成的进行客货运输的复杂部门和组织之中。假如我们想就这特殊的一点儿资本的生产力作一次令人满意的检验的话，那我们就该求助于某种魔术，这种魔术会立即使此成套设备贬值为劣等设备的。

在一个漫长的时期内，我们可以进行这样的实际检测，即可以听凭设备磨损，任由机车磨损易坏，客车年久失修，建筑物坍塌，如此等等。假如其间影响某条铁路的生产力的情况绝对未变，那我们即可就该设备磨损前的盈利能力与其后面的盈利能力加以比较。作此检测遇到的困难有两个：一是影响资本盈利能力的其他情况并不是不变的；二是除去生产工具的那种损耗的质量与下述这种质量不是同一回事，即后者在制造生产工具时就已决定"给它们少投资"——使其成本和效率都降低——这原本是不在考虑范围之内的。谁也不会去蓄意制造检测资本生产能力的这样一种实验设备以使自己招来不好的后果的，然而，现已取得的实践经验，还是能使雇主形成有关最终单位资本生产能力的这样一种判断的。

难道企业家就不能采取一次性降低某种用品的质量的方式，检测他那主要体现于工作设备最终质量要素内的最终资本增量的生产能力吗？现在就让我们假设同时购置两台机器，它们除受磨损程度有别外一切都相同：一台新而完美无缺，另一台破旧。它们的生产能力有无差别，所有者难道就得不出一种正确的结论吗？再假设这里有两台机器，它们都是新的，不过，其中一台比另一台价格更高，质量也更好。企业家难道就无法告诉我们，就其盈利能力来说，一台机器超过另一台有多少吗？假如进行这一类的检测企业家都游刃有余了，那他为什么就不能就其设备的各部分都作一下检测呢？他

---

么，这对剩下的另一个组成部分就会有这样一种致乱的影响，即这种影响会使这两个部分的生产能力都降低。当然，从一条铁路中撤走所有机车，会使所有车厢、轨道、货栈等等一概陷于瘫痪；而且哪怕是撤走其中的一半，在更低的程度上也会有这种影响。不过，降低整套设备的质量就不会产生这种影响。撤走一个资本增量的这种方法，是从全行业产品中选取归因于该一个单位的那种产品，但并没有降低剩下的那些单位产品的生产能力。

可以逐个部分地了解一下他的设备和全套工具,并就其每一部分都得出结论,即在每一部分质量都更好的情况下,他能得到多少,而每一部分质量都差一些的情况下,他又会损失多少。

作此类实验会遇到的困难,在于某一种工具的质量的降低可能给成套设备造成的扰乱性影响。不过,这种影响只要小心翼翼求变,就可以降低。此外,进行此类试验,如果所有者亲自从设备上拿下某种工具——这工具是使这整个成为资本货物有效配件所必不可少的——就可以避免造成更加严重的扰乱性影响。他甚至都不必使他在检测的机器损耗到会降低其余一切的效率的程度。假如该检测要以购买并使用某种劣质机器的这种方式进行,那它的所有人就不必使该机器质次到如此程度,以至于另外的机械无法与之正常运转。无疑地,一个人就能逐渐地以这种方式检测他的最终资本增量的生产能力了。尽管他会难以作出估计,而且可能估计错了,但他能够就下列两种效率的差别提出看法:他的部分资本体现于一套工具上的盈利能力,与这套工具或好一点或差一点情况下的盈利能力的差别。

毫无疑问,诸如此类的检验是经常做的。人们必须就每一种工具在其几个适当的场合就其"生利最多"的确切等级形成商业判断。随着一个工厂的设备及其自身逐渐老化乃至破败,工厂主就得不断进行决策,如他得购买何种等级的工具以替代他那全套工具中废弃了的部分。他必须了解——至少是大致了解——在质量等级上,某个等级的某种工具与等级高于或低于这种等级的某种工具之间的生产能力差别到底有多大。这是复杂过程的一个部分,而且是极其重要的一个必要组成部分,社会就是凭借这个过程使其生产基金得以明智地具体化的。对这样一种最终资本增量的生产能力要不断作出神志清醒的心理估计,进而作出自己的判断。不过,弄清楚不是太廉价就是太昂贵的这种工具都要予以废弃,而恰好的那一类则予以保留,这并非是神志清醒的估计。

竞争以另一种不可变更的方式作了这一检验。竞争是如此蓄积而成的,以至于可以从其资本中获取绝大部分的服务。假如在某个工厂,其每一台机器、每一种工具都能如此明智审慎地选择,以至于最终生产要素作为纯收入均能占（姑且说）其成本的百分之五，如果那就是通行的贷款利率的话，则厂主就会处于经得起竞争的状况。此外，他借的资本的利率是百分之五，假如那就是设备完好的企业一般产生得了的最终资本增量的话，那一个人的全套资本设备必须如此选择和组合，则其各部分的最终生产要素才能产生同一利率，而这利率就是竞争者所用全套资本货物最终要素所产生的同一利率。竞争通过使不同人的资本的最终增量的盈利能力趋于相同而起到了平均主义的作用。这是通过排除最终资本存量——构成其各种资本货物最终生产要素——创造了小于标准的产量。有了这通常挣得的百分之五的最终资本单位，利息就取那种利率了。以百分之五的利息，其最终一个单位资本仅挣百分之四的借款人，就必须每年都取得弥补其资本赤字所需的百分之一。这是不能持久的一种程序，因为此人必须改变其资本的形式，并使此基金处于其收益能力上通行的标准，否则他就得亏损。

这里，我们在作能经得起更大考验的断言。我们证实，利息是由最终社会资本增量的盈利能力来决定的；该增量主要由生产工具增量构成，而不是由其工具构成；竞争起到了平均主义的作用，它导致资本货物的最终生产要素的盈利能力均趋向于某种正常水平；生产要素所挣的小于标准数额的任何一类工具都必须弃之不用。

在就这些说法所作的解释中，有须加评述之处，其中之一与下列断言有关，也即随着资本的增加，构成基金的那些新的部分就自行体现于商品的质量中。正是在这里，我们要假定劳动数量维持不变，而迫使企业家获得越来越好的工具的，正是资本的这种人均占有量的扩大。实际上，倍增工人，再倍增资本数量，资本货物也就没有必要提高质量，这一点我们已经说过。假如我们会给新来的工人一如原有工人所拥有的全套工具，那资本或多或少地就会增加。诚然，由于土地与其他资本货物的关系这样做起来会有困难，但除土地外，这全套工具的各部分我们都可使之倍增；而且，由于我们无法倍增土地，我们这就不得不在扩大资本的同时，使体现它的那些商品的质量作些改变。我们现在需要弄清楚的是，我们有关资本增加的自然方式的断言，涉及的是否是由劳动人口相类似的扩大进而所伴随的。在十个人手中有十个单位的资本的情况下，该资本是呈某种具体形式的；而如果十人手中有二十个单位的资本，则资本就呈不同形式了。工具的改善远多于工具数量的增加，这体现于并计量新的资本。资本的最终增量，尽管不都是，但多半是体现在质量上的。

情况假如如此，那么，在竞争的企业家中，以具体形式，也即一堆具体的工具，按照哪个企业家报价高就被哪个企业家所吸引而存在的资本概念，是远不正确的。资本就是以这种方式成了竞争的对象，但资本货物则不然。成为竞争对象的资本不存在于工具之中——具体的、可见的、流动性的和即可投入十几种用途的工具；不存在于具有企业家都急于获得其份额的这样一种适应性的资本货物存量之中。不过，资本也存在着普遍竞争，而且竞争的结果是决定利率。在整个社会经济体系中的任何一个企业家，都是该体系所存在的任何资本的可能的需求方。假如某个企业家能以该资本生产出比该资本的现持有人还要多的产量，那他的自然做法就是出价高于现持有人的索价，借此获得它。这样的资本莫不控制经济体系内的某个使用者或某个地方。然而，体现该资本的商品就像资本自身是自由的那样，在其流动中是受控制的。A 的工具对 B 往往无用。假如我们要从 A 的商店完全买走投入于 B 的商店的用品，那我们不会给 B 以援助，这会使 A 的业务受损，谁也得不到好处。一座熔炉对一个冶炼厂有价值，但对棉纺纱工则毫无价值；一艘船对运输公司的人员有用，但对矿工等无用。总之，在各种不同工商企业的雇主间，资本货物仅存在极有限的竞争。

假如贸易工具流动性不十分高，那工具的生产要素又从何谈起？我们把冶炼厂的鼓风炉，即使之高效率和高质量的最后一个鼓风炉撤出，把它给了使用走锭纺纱机的纺纱工，这样行吗？这可能会降低鼓风炉的质量而提高走锭纺纱机的质量吗？是否那冶炼厂要把最终资本增量交出，而纺纱工就恰好得到它？

利息的最终生产率理论要扎实，这里列举能使之相互一致的部分事实是正当其时。

(1) 利息一般与社会资本最终增量一致。

(2) 此增量主要由生产工具的质量而非作为一个整体的工具的质量构成。

(3) 工具的生产行为种类有限，除专为之设计的企业外，任何类型企业在这点上都有限。

(4) 当然，工具的质量确实不是可以转移到其他工具之中的。

(5) 每一种企业的最终资本增量都存在于与该企业联系一起的某种要素之中。

(6) 资本具有绝对流动性。它到处流动，可以离开任何一家企业而进入到另外任何一家企业中去，因此，它成了某种普遍的竞争对象。对于任何一个进行中的生产过程来说，使用任何一个单位的资本都是可取的；决定利率的正是对资本的全面竞争。

此外，我们说过，资本这一普遍竞争的对象并非先于索价，而是以人们看得见并运载至商店中的任何一种实物形式进行。根本不存在一大堆或一大批生产工具存量等待着给某个人提供服务，诸如见于各商店的商品存货是随时可用的情形。根本没有食品、服装、房子和其他各种生活用品的积累等待着发放给工人，以期工人制造出资本货物，进而把生活用品转变为资本货物。我们已经指出说明资本起源的饮食以及劳动的这整个理论何以站不住脚的原因，而且我们还意识到，其中最重要的原因是下列事实，即任何地方都没有生活用品的存货积累，而且即使有，存货也无法利用起来。① 因此，对资本的竞争，并非是对业已存在的资本货物的竞争。

涉及资本和利息的悖论，最全面的首推对资本的永恒而又普遍的竞争，这是一种为全面获取具体的东西的竞争，这些东西*是即将出现的*。社会的资本是直至它呈现供企业家使用的那种形式时才存在的。在原料和工具尚未可供制造商、商品尚未可供零售商、车辆尚未可供运输公司等使用之前，资本根本就不存在。美国价值1 000亿美元的资本货物，实际上都是将它们作为满足某种目的的工具加以使用的，而且实际上它们也发挥着适于它们发挥的作用。

当企业家在市场上出价以争取再获额外一个单位的资本时，他

---

① 参看第10章。

这是在要求某种东西,有了这种东西,对他的企业来说,就意味着他的设备得以调整了。实际上,他这是在说:"为获某种数额的生产资料,实际上我是每年都支付百分之五的利息的,可这还是徒劳之举,除非我改变我使用中的设备。而如若如此,那我打算对设备所作的改进,就即将构成这新的一个单位的流动资本。此外,无论谁让与我一个单位的资本,那都必须采用同种类似的改变,即他务必使他的设备每况愈下。"

因此,出价竞争资本,也就是出价竞争事先并不存在的、而一旦存在了就多半在于工具质量的某种变化的某种东西。我们出利息获得资本时,① 实际上我们这是在要求获得一种权利,以这种权利来改变我们的工厂和工具的性质。这种质变是可能实现的,因为行将出现的那种种情况,以及我们要借"钱"以此扩大我们的企业时,我们所公开表明的就是要实施革新。在放置破旧工具之处,在行将废弃旧工具之时,我们可以代之以一种新的工具,而且是质量超一流的工具。在这种情况下,存在着给我们的设备增加的一种新的*资本要素*,而又不存在增加一种全新工具的可能性。我们为此新资本的贷款付利息时,其实是在提供某种东西,以换取含有某种资本要素配件的新工具替换此类要素含量少的旧工具的这一权利。属于一等品的机器在很多方面都是需求量大的,而二等品是淘汰在即了。因此,新的生产能力处处都在不断促进社会资本货物存量的增长。

在进行此类变革的雇主中,没有一个雇主是旨在对某种最终资本要素进行某种科学检验和记录其生产率的;不过,待到这一类的很多变革实实在在付诸实施之时,这种检验也就可以应用上了,最

---

① 使资本货物更多的,是在不投入资本的情况下雇用更多的新工人。额外的工人可以从事不增加资本的某种职业,但他们只有在工具廉价而且倍增了的行业才能有利可图。

在说竞争是通过裁员——裁减所在企业这些要素所挣少于正常数额的那些人——检验最终几个资本要素的生产率时,我们并不否认决定利率的那些竞争当中的幸存者,必有办法弄清他们各自的工厂那几个最终资本要素为他们挣得了多少。通过各种比较,他们设法弄清了这些要素的生产量,且这个知识就是他们可以提出贷款申请的基础。

终单位资本的生产率记录就可以在案了。某雇主在把某种新的资本要素注入其设备时,他认为他得到了的至少在争取更多的资本这一点上就成为了他的指南了,因为它告诉他能获得多少时他的付出才是值得的。类似的经验还告诉另外的雇主,他们为求有所得当以付出多少为宜;而且,一旦有了新的资本,亲身体会新的资本要素产生更大回报事实的这个人,就将出价竞买,而且还将获得新资本。所有这些检验都要花费时间,但社会的演变有足够的任由其支配的时间。慢慢地,且又是确定无疑地,每一个雇主都会根据由他们掌握的最好资本要素所能获得的收益,判断何种价值要素是最有价值的。慢慢地,且又是确定无疑地,社会的全部资本以其所能的最大产出方式尽数作出了安排,这就使资本从产量低的那些的人手里转移到产量高的人手里。因此,经过某种完全静态的调整,社会不仅达到了*总生产率最高*的一种状态,而且还达到了*各地生产率均衡*的一种状态。

正如我们所指出的,确有某种劳动无差别地带,即范围有限的某种边际区域。在边际区域内,有的人可能就给排除出某一职业,改行投身另一职业,但资本的性质都不见有什么明显改变。这一事实于工资的实质性调整意义重大。还有与资本有关但又是与上述事实大致相似的一个事实,即少数工具在各行各业都适用。我们可以从一个商店内的一个专柜里拿出一把锤子,而后又把它放进另一个专柜;另外很多物品我们都可以照做不误,而且都不会引起所做工作性质的改变或是其余设备的特性的变化。由此可见,是有某种类似的资本的无差别地带的。

不过,这些地带并非全是工资和利息得以调节的整个边际地带。那些地带面积要大得多。工资趋向于与那个增加的一个单位的劳动可在该行业体系中任何地方创造的产量一样多,假如企业家借助改变其厂房设备的形状进而对它作出有利安排的话。利息,通过体现于资本货物全套设备的某种有利变化,通过几近于在任何地方都能创造的产量,趋向于等于额外的一个资本单位。当这些资本的更一般的配置业已完成时,无差别地带的资本的产量即成为更大边际地带生产能力的指标。

从一开始我们就记得，资本是物质性的，它仅存在于可见、可触及可搬运的货物之中。然而，现在，资本的最终增量似是无法沿袭旧的学说了。无论是按照字面理解还是根据物质形态来看，我们都无法从一台机器中取出除去我们刚才定义的一种最终的资本要素，且又使该机器的其余部分保持原样。根本就没有什么机械方法可以取出属于一等品的工具，而且还能使这一工具比属于二等品的工具还要好，甚至可以使如此取出的那种要素留下作为备用。资本的各个增量可以根据其生产效率的顺次，以一种虚构的系列予以分类，结果，最后一个单位是效率最低的一个单位；但是，从任何雇主的工厂取出的这一工具，还整体把它分成这样几个增量，这是绝对做不到的。把各种不同机器分成几类，这不会达到这个目的；把这些机器拆开，当然也不行。假如就任由它们损坏，而后以购买另外某种高质量的成套设备代替它们，我们这就间接从其他工具中分离出了最终资本增量；当然，在此过程完结之时，我们还是有与某种新组合中其他分不开的那个增量的；所有的增量合在一起，这就构成了资本货物的存量，也即可以整体处理的工具。不过，单独看来，资本增量就是抽象概念，因为它们多半是物的质量。事实上，当我们就应用于一个农场、一个矿山或一个制造厂的接续几个"份额"的资本作推论时，我们这就是处在这样的抽象概念领域。为了研究方便起见，通过把资本概括为一系列工具，我们这就能把一种具体的东西分为几种质量了。不过，尽管这些合在一起的东西可以构成某种东西，可一旦分开，也就只是有一种理想的存在而已了。

因此，资本货物所体现的是混合而成的资本增量，"真正分离的资本增量"一说会引起矛盾。因为任何真正的分离都意味着资本货物的损毁和资本的毁灭。① 既然一艘船我们说造就造好了，那我们也就能造了一艘又一艘，直至我们有了一支船队；不过，假如这些增量按其生产能力的次序予以分类，那么，每一艘船都将包含整个一

---

① 就在用的部分最廉价的工具来说，要指出这个规则有一个例外，即这些工具构成资本的*第一个*增量，不能从组合中分离出的是后来的那几个增量。

系列的资本增量,而且都将包含从第一个增量到最后一个增量为止的所有资本增量在内。当然,我们是可以真正地整体地销售我们的船只的,但无法就经济意义上来说对单个小组的船只进行逐个销售,除非采用以质次的船只代替船队的船只,且提高他处资本货物品级的方法。

尽管谈了这一切,可是计量真实资本最终增量的生产能力,是不仅可能而且实际上是绝对必要的。在这一点上做不到的企业家就将被淘汰出局。按照竞争理想完美起作用的静态状况的假设,这整个领域都将属于这样的人,即他们是出色地做了这些检验,而且是逐渐获得了以极高效率利用生产要素能力的人。

# 第18章　资本依靠质的增量实现的增长

　　图18‑1的利息和工资规律的示意图，现已给补添了几个重要细节。此前这个图是取其最简单的形状用以描述利息规律的，现在清楚的是，沿 AD 线递增的资本是一种永久基金，它由各种工具构成，而其中土地以外的每一种工具都是"易腐"的，但实际上它们又都创造出使这个系列完整无缺的一个个接续者。随着线段 AD 的延长，成为该基金组成部分的各个增量，多半都已融入已经成为全套工具的资本货物的新的质量了。假如我们试图就使资本从区区金额开始及至达到一种规模做一个实验——考虑到要利用资本的劳动的数量以及劳动要利用资本的数量——我们就得具有某种改造和改善每一种生产工具的魔力才行；而且，我们还得以我们能使这种生产

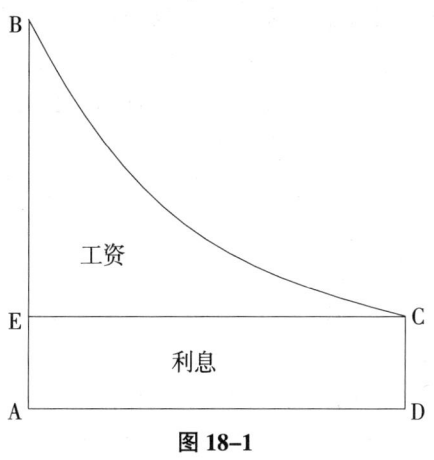

图18–1

基金不断增加的方式发挥这种能力。一接触这才知道，劳动所利用的一切几乎都可以随即提升一个等级；原有品级的一切存货与属于新品级的一应齐全的存货之间的差额，就等于真实资本的新的增量。那是最高程度的一种复合物，而且多半是质量已经达到新品级的原有杂项存货的荟萃。接着，我们还得看看，这一切都是依靠什么机制得以实现的。我们可以注意到，在实行小组制生产的条件下，就存在做成这件难事的一种魔力。

这样构成的新资本是处于一种高度综合的控制之下的。实际上，这种资本全是归社会机体所有的资产，它这意味着其中预先决定的某一部分是归该体系中每一个企业家所有的。有一种社会规律决定这种按比例的分配，而且，如果这种规律能在无摩擦、无干扰的情况下发挥作用，那它就能不出差错地进行这种分配。在这种条件下，如果价值100万美元的资本投入于全社会的周转资金，这其中就会有明确的一部分是归社会的每一个小小组所有的，且能起到追加的作用，这一规律能决定这几部分数量中每一部分应该有多大。在这种条件下，利息就会与这个真实资本的高度分散的增量相一致，这个增量多半是存在于新注入陈旧器具的质量之中的。因此，我们面临的是这样一个深层次的问题，即探索社会采取的无意识的行动，而显然是某种集体的或者说是社会的行动所进行的按比例的分配，也即把资本的整个基金中的所有份额以及使这个基金增加了的每一个新增量中的那个明确的份额，分配给每一个小组和每一个小小组的那种方式。

在各个小小组中分配资本的这同一规律，也在各小小组中分配整个劳动力，因而各行各业也都在工人总数中占有某一个份额。劳动的这些增量都是属于社会的，因此，在各小组和各小小组中的分配也就都是通过社会的无意识的行动来实现的。这些增量多半还不是质量上的，因为劳动力不应看成是在使一定数量的人提高了效率后才逐渐形成的。的确，人员素质提高了会对社会劳动力规模的扩大起到推动作用，但是经济学首先必须论述的是，劳动力规模的这种扩大主要源自人口的增长。劳动力规模扩大所引起的最主要的质变，还是发生在资本货物领域，但这些质变的性质，正好与发生在就其数量来说,劳动力是固定而资本则增加的决然相反的情况下。人口增加,再增加一定*数量的固定资本*,这就意味着正如我们业已谈及的,资本货物是数量递增而质量递减了。在此前,一个人劳动之处现在有两个人在劳动,工具或许还是以前的两倍那么多,但每一件工具的价钱实为以前同一用途的工具的一半。既然是这样,数量的增量便是使劳动力增加了,而各种质量要素则离开了资本货物,这时,存货数量开始增加,而且使真实资本保持原样。

记住有关一般规律的术语的这些解释,然后我们再来看看下面的情况。首先资本是如何提高质量的,以及资本是怎样在各小小组中加以分配的。资本货物赖以提高质量的那种机制,与资本货物赖以使其性质保持不变的机制是一样的。我们强调每一种易坏的生产工具,实际上都是为自身创造接续物的。体现生产小组制的一览表,不仅揭示了这种情况的来龙去脉,而且还展现了随着真实资本数量的越来越大,体现真实资本的货物质量也越来越高了。

接着,让我们用一种极其简单但在某种程度上又能完全揭示据以影响劳动和资本的分配的那种规律的形式,以及从某种意义上讲又能彻底揭示劳动和资本的分配受到影响的规律,从而使表示小组和小小组的这个表完整起来。

| $A'''$ | $B'''$ | $C'''$ | $H'''$ |
| $A''$ | $B''$ | $C''$ | $H''$ |
| $A'$ | $B'$ | $C'$ | $H'$ |
| $A$ | $B$ | $C$ | $H$ |

表中的各种 A 代表一系列基本必需品,也即 $A'''$ 是随时可以吃的食品,而 A 则是构成这一食品的加工程度最低的那种原料。A 或许也就是代表小麦,$A'$ 可能就代表储存于谷仓的经过脱粒而且又扬去了糠秕的小麦,$A''$ 代表面粉,$A'''$ 代表面包。B 可能代表以呈羊背部羊毛形式制作服装的原料,$B'$ 可能是经过洗涤、分类然后储存于仓库的羊毛,$B''$ 是布匹,$B'''$ 为服装。诸 C 相继代表林木、锯材原木、锯制板和房子。社会的一应需要有了这里表列的这些物品,就都能一一予以满足了。这实际上可谓是再简单不过了。建立这样一种社

会，即使仅限于想象而已，也许还只是异常大胆的一种理论上的推测；但是，此前我们就建立某种想象的静态社会所阐述的理论，在这里还是适用的。我们这里暂先不谈其他无数事实，目的就在于这样就可以离析出另外某几个事实。决定一个非常简单的社会劳动和资本的这一规律，实际上就是决定最复杂社会的劳动和资本的规律。

在这些小小组当中的每一个小小组都有劳动和资本，而且正如我们已经知道的，资本的物质组织，也就是构成资本的那些具体的东西，是处于一种被毁坏和不断再更新的过程之中。那么，被毁坏和再更新又是怎样所导致的呢？每当一个 $A'''$、$B'''$ 或 $C'''$ 不再收回再利用时，无息货物的存量就有浪费了；对此提供补充的是继续在所有小小组中维持供给的那种产品。此类情况我们见得多了。有息资本货物——工具、机器、建筑物等等——的存量，有因为磨损而成废物的，有因为开始自然破损而成废物的。此存量又当如何予以备足呢？A 类的小组显然没有能力恢复制造 $A'''$ 时用尽的那些生息资本货物，因为该小组的全部能力都在制造 $A'''$ 的过程中用尽了。

不过，在某处总会有另外一个小组，我们姑且用一系列 H 代表它吧。该小组的职责是制造工具、机器等等。在我们高度简化了的表中，我们会令 H 的这个小组补偿固定资本在整个系列小组中所遭受的一切浪费。现在，H、$H'$、$H''$ 和 $H'''$ 所代表的是制造生息生产工具所用的原料，而且还在四个改进阶段代表这种原料。H 是加工程度最低的工具的基础原料，而 $H'''$ 则是随时都可用的各种各样的工具。正像其他各小组一样，该系列也是保持着良好的状态的：每个晚上，成品 $H'''$ 都变得越来越少；而每个白天，$H'''$ 的存量则都由 $H''$ 变为 $H'''$，由 $H'$ 变为 $H''$，由 H 变为 $H'$，以及以创造一个新的 H 而得以补充了。整个系列的 H 从来都是完整无缺的，这就意味着，制造工具的小组的真实资本的数量是保持不变的。

那么，$H'''$ 又前往何处？它给 H 小组的人带去了什么呢？它是该小组体系中无处不去的用于代替那里损耗了的工具的。其中有的前往 A，有的前往 $B'$，有的前往 $C''$，如此等等；有的则返回 H 系列各个小小组，用于替代制造工具中磨损了的工具的存量。显而易见，小小组 $H'''$ 中的人们所得的收入，必须呈 $A'''$、$B'''$ 和 $C'''$ 的形式才能得以获取。表中那最后一个小组的人们不可能以织机、脱粒机、磨面机等等作为食品,这些固然是他们亲手制造的,但他们必须吃 $A'''$ 所体现的面包。他们不可能拿他们的机器当衣服穿,或住在工厂,他们必须有衣服穿,有住所住。这些,他们必须拿前三个小组的某一部分产品才能换取。

工具制造者对消费资料某一部分的需要又从何处得以满足呢?是靠对其他各小组课税以获取吗?是出自其他人的工资而得以满足的吗?这一部分资源是由前几个小组的劳动或资本生产的吗?在这一点上,我们务必小心谨慎。因为在这里,在此分析中,在某个地方或许有某种诱惑,人们因而会说,通过供养制造资本的那些人,劳动在创造"资本"。小组 A 的工人当然会为小组 H 的工人劳动,作为劳动的回报,他们能获得资本货物。不过,事实上,小组 H 的工人的食品,并非 A 小组的任何人或任何工具的纯生产额的一部分,它是这些小组的工具的总产值的一部分。具有价值的每一种工具都创造某种产品,这种产品除系为其所有者的一种赠品外,还是弥补其自身损耗。织机所织的布,用于弥补这匹布在织的过程中所致的未充分利用之处的,是这匹布转移给 $H'''$ 小组的东西。该小组的工人实际上是使磨粉机受损耗了,因为他们吃的是该磨粉机使自己磨损后所磨成的面粉,但他们只是吃了其中的一部分面粉,这部分面粉是留作补偿这一损耗的。

由此可见,是有 $A'''$、$B'''$ 和 $C'''$ 定期惠及 $H'''$ 小组的一定数量的产品的。要是与这些数量相对应的价值构成这前三个小组的工人的工资和利息的扣除额的话,那么,$H'''$ 的生产者对其余各小组的人来说,就成了从他们那里领补助金的人。然而,事实上,$H'''$ 的人是以某种间接方式生产他们自己的消费品的,就像前三个小组的人一样,也是间接生产他们自己的资本货物的。$H'''$ 的人不是领补助金的人,而是自给自足的人,是靠他们自己的工资和利息吃饭的人。也就是,就具体形式来说,他们的收入存在于货物之中,而此类货物原是供养他人的,且出自同一来源。$A'''$、$B'''$ 和 $C'''$ 等小组生产供养 $H'''$ 的人的必需品,但供 $H'''$ 的人消费的这些产品,也就是用机器等在前三个小组为更换成套设备而损耗了的部分。就数量来说,它完全有别于劳动的产品，而且它也有别于真实资本的纯生产额本身。

由此可见，供养 $H'''$ 的人中的前三个小组的人，根本不存在以任何方式向他们课税的问题。一种工具即将报废时强加于这种工具的首项任务，就是创造足以购买像它自己那样的工具的财富。这是该工具的总产品的一部分，但它不是该工具所含资本的纯生产额的组成部分。唯无穷系列的工具所得的结果才会是自给而有余——只有这样一系列资本货物创造一项净剩余额，则资本本身才能为其所有者创造出经济价值来。

我们曾经强调这样一个事实，那就是，无论在何处，资本的生产率都是趋于相同的。不过，具有这种特点的是资本，资本货物则不然。在小小组 A 中，无穷的一系列生产工具的净产量，都往往会有与 $C''$ 小组的无穷的一系列工具、$B'''$ 小组或是他处的生产工具的净产量相同的趋势。按照这种趋势，在任何一个地方使用的每一种工具在经过某种正常的调节后，它们都能创造出这样一种产量，这种产量是除给予使用这一工具的那个人的一笔纯年收入——等于这一工具的成本中的那相同的一部分，即等于其他资本货物形成的收入——以外，是刚好足以抵偿这种工具实现自我倍增所付出的代价的。这就是统一利息规律中包含的不折不扣的和具体的事实。

分散于 A、B 和 C 等各大组的 $H'''$ 类的工具，除为自己的接续者作准备外，还得支付统一利息。每一个人在其一生中都挣得一笔偿债基金，而构成该偿债基金的货物则供养 $H'''$ 的人们。而完全有别于该基金的，是体现于那些工具的真实资本，这种资本，按照静态规律，在费率上是趋于一致的。供养 $H'''$ 的人们的商品呈物质形态，在比喻的意义上，固定资本的结构已转化为物质形式；而供养 $A'''$、$B'''$ 和 $C'''$ 的人们的货物，则是这些小组的劳动和资本的真实产品。

生息的资本货物也即固定资本的结构，是自动维持的，除此之外，还有真实资本供其所有者。① 这种资本所给予其所有者的，即便

---

① 在前面的讨论中有此一说，也就是资本货物实质上——虽然并非真的就是如此——是造就它们自己的接续者因而就使资本保持完好如初的，生息工具则通过为取代它们的小组创造一种特殊的收入而做到这一点。无

他们用完,也丝毫不会损害资本货物系列的完整性。这一完整性是体现永久资本的特性的。

我们前面说过,有更多更好的资本货物,现在就可以注意到这种资本货物是如何获取的。就第 215 页的表来说,H 小组的规模因生产工具的改进比以前扩大了,即便在使用中有损坏,也有更大数额的生产能力取代(补偿)固定资本的结构。现在,不论是更多的工具还是更好的工具都能制造出来了,但条件要求制造更好的工具。

---

息工具或者原材料,例如第 215 页的表中的 A、A′和 A″,则是以最终变成该小小组系列的人们的消费品而做到这一点的,该系列小小组的人们的作业活动使该系列的 A 保持完好无损。生息工具使用过程中受磨损,但无息工具作为资本货物在使用过程中并没有磨损。在此过程中,它们获得了价值的自然增加,但却丝毫无损。唯不复为资本货物而且开始服务消费者时,它们这才开始遭损毁了。这种情况是在它们即可供消费时,才使层级低一些的那些小小组的人们形成流动资本结构,进而使低层小小组的人们及流动资本结构充满活力,且能自行替代。

这样说并非犯了老错误,那种错误,本书前面的一章中作过批判,指的是把为工人储存的食品称作第一资本形式。按照这里提出的看法是:(1)不存在这样的储存;(2)A‴、B‴和 C‴等类商品,它们一旦成为消费品,立即就不再是资本货物了;(3)这些商品不是"工人的食品",而是所有工人和资本家的所得货物。此外,这些商品使资本结构完好无损的方法是,自行替代工人和资本家已经创造的并构成以那些收入原有形式的资本货物。A‴、B‴和 C‴等类产品随着通过小小组体系而得以使用,无非也就是把已存在的收入变成了可利用的形式。最低层级小小组所创造的 A,完全是那个小组的收入。因为它不是该小小组的资本的一个组成部分,也不是其已掌握的保持完好无损的资本或该系列的组成部分。它代表可供该最低层小小组花费于生活的数额。在某种静态状况下,该小组将花费整个数额。对于社会来说,这些货物在它们传递给 A′小组时,它们是资本的组成部分,而社会是负担不起体现于完整系列 A 和 A′中的那个数额的。不过,社会能花费刚从该系列最后几个步骤中出现的 A‴。社会所能做到的就是以 A‴替代那些半成品。对于现在拥有这些半成品的人来说,就金额而论,它们是收入;但就便于使用的形式来说,它们并不是收入。这些收入就以半成品初次存在的形式使社会资本完好无损。

A、B和C各小组固定数量的工人获得了经过改进的工具,因而他们也就比以往生产出了更多的A‴、B‴和C‴。经过改进的工具还是像原先那样得以维修;给H小组的消费品的特殊剩余,就足以维持处于扩大状态的这个小组。

存在更多资本的结果是,工资得以提高,利息总额得以加大。这意味着A‴、B‴和C‴的产量都提高了,同时也使这些消费品的质量有所提高,而数量并非有所增加。我们就价值规律所作的研究就清楚地说明了这一点。消费资料与生产资料一样,都主要是以质量的提高而自行增值的;可见,A、B、C与A‴、B‴、C‴的差别是比以前大了。发生在同一种原材料上的每一种质变,都成了一种更具决定性的质变,与此前同样的制成品相比,这种最终产品还是更纯净和质量更优了。这种原材料是工人在生产过程中"提纯"的。在A、B和C等小组不增加一名工人的情况下,就因为有更多资本——质量更高的资本货物——而使工人能力长进了,才使上述结果由可能性成为必然性。

资本起初阶段的扩大如何引起的,这是动态经济学的一个论题。每当我们探索社会资本的递增过程时,甚至都可能超出某种静态科学的研究领域。不过,通观本书,我们尽可以由我们自己观察直接导致静态调节的种种变化。就为了自行销售最后一个单位的资本产品,我们这才任由资本从区区小额的一个起点,增长至某种自然的但又是成规模的某个数额。基金归一个复杂的社会使用,该社会由小组和小小组构成,而该基金总额固定,其增长达到现在的规模,这是一种虚构。不过,取实例以为佐证,当尊重其无可回避的事实,并留神小组和小小组如此多的行为,这才足以揭示:首先,各种资本的物质结构都可予以保持;其次,各种资本货物的品级都能得以提高。当一种新而经过改进的工具取代了原有工具时,它们便在诸如此类永久系列工具的整体上,成了一种受过改造的工具系列了。这里的永久资本经过自行改造后结果更好了——丢弃质次的,增加质优的——而这是在总额增加和劳动力不变的情况下实现的。不过,总额不变和劳动增加的情况有时会更糟糕。这两种情况均由各行业的管理机构实现,这个管理机构,在我们第215页的简表中,是称为H小组的。

# 第19章 各行业小组分配劳动和资本的方式

现在,我们将阐述这样一条规律,这是社会的全部资本据以在其增长的每一个时刻都按照某种固有的数量,在各小组和小小组自行分配的那种规律。我们在整个研究中贯穿始终的社会资本这一概念,就意味着这样一种分配;因为除非社会以某种方式控制全部资本,而且以确保最好结果为宗旨加以分配了,否则,资本就不可能作为一种彻底社会化的生产要素发挥作用。这就要求必须有某种经济力量,就像某种自然力给一个池塘注入它所需的全部水量从而使该池塘的水面变平一样,把社会拥有的全部资本中的一部分投入小组体系中的每一个小小组。

有一种正常的分配那自是无疑的。处于静态状况时,必定有一定单位数的资本分配于 A、A′和 B,乃至整个小组体系,这势所必然。那么,是什么使这些单位个数属于正常的呢?如前所述,在该小组体系内各处的劳动和资本全都富有生产成效,也即一个单位的劳动在某个小小组生产的与在另一个小小组所生产的一样多时,同时,一个单位的资本,无论在何处,都具有同样生产力时,这种分配,总的说来,它就是正常的。劳动所以往复流动,就是旨在寻找它能生产并获得最大财富的去处。资本在各处所能获得的并非是某种对劳动有吸引力的影响,因为只有工资才是劳动所追求的。资本也同样在小组体系内往复流动以寻找所能获得的最大利息之处。就动机而论,这几个要素都是相互独立的。

然而,这两个要素中的哪一个要素的流动,都不可能不影响另一个要素的生产力。如果有劳动离开小小组 A′ 了,那么,原有的资本的生产力就会有所削减——单位产量减低了。至此,我们尚未提及价值,而价值是构成旋即要加以考虑的第二种要素的。首先必须予以考虑的是,一个单位的劳动和一个单位的资本分别有多大创造产品的能力?假如劳动撤离某个小组的话,则资本创造产品的能力就降低了;就此而论,劳动的流动有一种趋向于使另一个要素也跟着流动的效应。在现实生活中,这些效应的作用极其复杂,因为各行各业都是以非常具体和复杂的方式相互联系在一起的;然而,控制流动的原理,说到底又是简单的。全部社会资本中,有多大一部分为小组 A 所拥有的自然数额,或者有多大部分归小组 B 或小组 C 所拥有的自然数额,这并不难理解。当有反常数额的资本见于这几个地点中的某一个地点时,不难发现的一种影响即自行起作用,以具体情况为转移,导致资本或是流入该地点或是从该处流入他处。

资本因同一种力而实现小组到小组间的流动,这种力导致资本质量的变化。两类变化都与小组 H 的干预直接有关。假如小组 A 有一种工具不拟予以更换,假如这一工具通过创造足够多的 A‴ 而获得了支付它的重置费用的偿债基金,那么,这个 A‴ 就能为(比方说)B 小组所利用了。H 小组的人们制造一种比方说有助于制衣的工具,而不是一种有助于生产食品的工具,那么,在 A 的*企业家*因而就交出某个数量的资本,从而归于 B 的*企业家*所有了。此让与得以实现的这种机制,我们刚才就予以追溯了,因为由一种工具创造的重置基金已当作报酬请人另造一种工具了。当然,是有工具全部从一个行业撤出进而投入另一个行业的情况的,不过,鲜有这样做而不造成资本流失的。使资本流动而又不发生任何损耗的正常方法,则是我们刚才作了说明的那种方法。当然,与固定资本流动一起发生的还有当地所用的原材料数量的变化,而这些也就相当于流动资本的流动了。

要强调的是,劳动也以同样的方式在流动。人们进入某个行业或退出另一个行业,都较物质工具的撤离更容易,因为他们适应性更强一些;然而,工人改变职业而绝对不造成生产能力浪费的情况是很罕见的。即使是学会从事某一行业的工作了,那也还得花费时间才能同样胜任另一行业的工作。一般说来，高技能类职业的老工人，从来都不是在新的工作中逐渐获得他们在原工作中已经掌握的技能的。劳动实现流动，同时又不至于使劳动遭浪费的正常方式，是让一个工人的儿子学会与其父亲的不一样的手艺。社会劳动的永续力就以类似于社会资本得以保持的那种方式保持自己的结构。人们除为自己谋得生计外，还必须养育继承人，继承人将在该工作系列中接替他们。由此可见，劳动从一个小组到另一个小组的流动，意味着某些工人的接替者是从事种种新的工作的。作为一种永存的力，劳动可以说是完全富有流动性的，不过，这种转行如果要做到并不减少劳动力的数量，那就得设法避免易地调人。

不过，既然可以相当有把握地说，劳动和资本是可以不牺牲其中的任何一方而具有流动性的，那么，我们也就可以期待符合某种静态条件的一个社会，即各种要素都具有完全的流动性，但它们又都未见流动起来。这种状况颇像一个池塘的状况，在那里，一块小圆石一投进水里就会使每一滴水都改变原来的位置，然而又未见有一滴水移动。静态的小组制度就是这样一种制度，一小点扰乱即可招致劳动和资本从一个小组到另一个小组的很多流动，不过迄今，就连一点流动也尚未见发生。换句话说，成系列的每一个小组和小小组，都有数量完全正常的劳动和资本。这一些劳动和资本，这种小组和小小组的体系又是怎样得到的呢？使该池塘的水面呈水平状态的，是致使呈现水平状态的那个均等压力。导致小组体系的劳动和资本的那种静态调整的*是均等化的引诱力*。

在前面的一章，我们已对控制劳动和资本在各小组中的分配规律作过说明了，且称之为经济变差普遍规律。该规律在消费领域见效了，而一旦应用于人数固定的若干工人，而且奏效了，那该规律就会导致递增数额的消费资料的具体的效用日见其少。该规律就这样调控价值，因为各种商品都是量越大价格就越低的。该规律也在生产领域起作用，所得结果是，只要某种生产要素一旦以递增数量与数量固定的另一种生产要素一起使用，那其单位生产力就递减无疑了。例如，劳动一旦与数额固定的资本一起使用，其使用量越大，单位产量就越低。在整个经济体系内，就自然总量来说，为分配劳动和资本,该规律所起的作用是双管齐下的;一方面它使价值固定,另一方面它又使生产产品的能力固定,遂得双重效应;所得结果是,在完全竞争的条件下,在整个经济体系内,单位劳动在一个小组形成价值的某种能力,与在另一个小组形成价值的能力一样大。单位资本显示出同一趋势。

现在,就让我们在整个小组体系内颇有些随机地分配劳动和资本。这两种生产要素,在有的地方,我们会安排它们比某种静态调节所要求的数量更多;而在另外有的地方,我们则会安排它们比某种静态调节所要求的更少。在有的小小组,与某种正常调节所需要的相比,某种要素我们会安排得多一些,而另外一种要素又会安排得少一些。假如在一个小组内的劳动和资本的分配是正常的话,假如在该小小组内这两种要素都过多的话,那结果就会自行表明,所涉及的行业的产品低价就无疑了。劳动和资本各自的产品,由于这些产品是以同样的方法计量的,因而都会是正常的。每一种要素都在该小组*内*创造出数量恰好的物品。

反之,但凡一种要素过多而另一种又过少,则数量过多的那种要素的一个单位所创造的物品,比之于原本应有的就要少一些;数量不足的那种要素,比之于原本应有的就要多一些。情况如此,这些物品的价格可能还会是正常的。这是因为,这两种要素各自的生产力不论怎样,这两种要素合在一起,其产量还会是正常的。在各种不同行业中分配劳动和资本时,我们确保一个小组作为一个整体,就有静态规律所要求的那种恰好数量的生产力,这种情况有,不过也不多;至于确保每一个小小组所得的劳动和资本,恰好会创造出为具体生产力所能创造的货物的数量来,那我们所抱的希望就还要小了。因此,每一个小小组所得的产品产量不是过多就是过少,而且产品价格也不是过低就是过高。差不多每一个小小组的工人的劳动,与自有资本额相比,均不是太多就是太少。与静态规律所要求的相比,这些生产要素中的一种的生产货物的具体生产力可能过大,而另一种的又可能过小。情况如此,那就会发生朝四面八方的流动了,这就好比是给一个池塘蓄水,水是以同样无计划的某种方式注入池塘各处。不过,调节这种蓄水的原则所产生的结果还是简单的，尽管水流初看起来可能过于复杂，但对劳动和资本的流动也可作如此概括。

劳动和资本的流动由不同的推力所引起，因为这两种要素是各自寻求自己的利益而绝非对方的利益的。它们各有各的实现流动的动机，然而，它们的流动却又是相互依存的。因为这两种要素的流动是其中任何一种的生产力不改变便都会是无果而终的。有鉴于此，每一种要素也就都流向各自的产量能达到的最高之处了。每当一种生产要素所处的位置是任何流动其生产力都会递减时，它就会受到诱惑而就此止步了。不过，这样一种要素暂时可能还是有极大生产力的。而若情况如此，由于其他各种要素流动不止，因而它势必就会丧失这过多的部分。这种情况怎么出现，且看下文分析。

首先，就让我们仅注意各大组间的流动状况。这些大组的收入显然源自制成品的销售。例如，如果 $A'''$ 的价格高，则生产这种产品的整个组就富裕；而价格一旦跌落，则全组就会陷入困境。这种变化影响该组作为一个整体的产量和收入。不过，影响该组的产量及其劳动工薪的还有一种变化；这种变化，我们已经注意到，指的是这一劳动的数量的减少，或是与这一劳动共同利用的资本数量的增加。总的说来，某种生产要素可以获得的收入，首先是取决于该要素在起作用的这个大组与另外各个大组的关系的；其次则取决于该生产要素与所在大组内其他各生产要素的关系。生产力名列第一的那种要素所在的小组是总产量极小的一个小组；再次，该要素所在小组的产量反常地低。要是用于制造供不应求的某种产品的价值大，要是使用的资本过多，因而可以溯及一个单位的劳动的部分产品产量高的话，则劳动就会有创造财富的极大能力。一个工人由于所持有的工具过多，因而一年间可以生产出很多双鞋；而且由于总供给还短缺，鞋价还会提高。这就是此类劳动生产率极高的条件所在。

工人显然会离开条件正好相反的那些小组而涌向这样的小组。这一涌入会产生两种效应：首先，工人创造产品的独具能力减少。因为一旦工厂工人多了——假如资本就形式来说是适应于人数增加了的工人的需要的——具体的某个工人与工人少一些的时候所能生产的鞋量，此时可能就少多了。其次，工人的涌入还意味着供销售的商品总量大了，因此，价格就会下降，而可归因于一个单位劳动的商品数量也就减少了，它的价格现在也要降低。按价值计算，这一具体劳动的产品会从两个方面减少，即与过去相比，每个人的产量都减少，且单位商品的售价也降低了。

现在，劳动的这一流入对该小组的资本生产力会造成什么影响呢？一方面使资本减少，另一方面又使资本增加，还有一种情形或许就既不增加也不减少。该小组工人越多，小组内资本生产商品的具体能力就越大。就这一点而论，资本是因有劳动的流入而有增无减。从另一个方面来说，劳动的这一流入也意味着该行业总产量的增加，因而产品价格也就降低了。这就是说，资本亏损了。尽管商品是增产了，然而，其起因应当溯及一个单位的资本，这些商品与过去相比，它们的售价低了。资本是因为自己的产品降价而亏损了，但它那按性质计量的具体产品的产量却是增加了。

劳动流入后，与它投入其他行业的情况相比，该小小组的资本生产力或许不是稍高一点就是稍低一点。不过，就劳动而言，这与正常生产力相比其降低程度还是较低。原假定的是小组的资本充裕，其产品的价格由于总量低因而也是高的。按原先的条件来看，一个单位资本的产量会是低的，但是，由于其产品的价格会是高的，因此，单位资本产生价值的能力或许就不至于有异常，一旦有新的劳动投入小组，资本创造价值的能力未见得会有大变。因为它会因为某种影响而减小，又会因为另一种影响而增大。因此，生产产品能力的扩大，最终会导致一个单位的资本创造出的价值与开始时的一样大。

因此，劳动创造价值的能力因有两种影响共同作用而降低了，也即一个单位劳动的产品产量既已降低，那这种商品的价格就会降低；反之，资本创造价值的具体能力则是一个方面降低了，另一方面又是提高了。假如情况果真会像我们所说的那样，那么，资本在劳动完成转移后的创造价值的能力，与其他地方相比，那就会是不是提高了就是降低了，而且会有资本流入该小组或是从该小组流出的情况发生。这种流动会很快会使这一资本的生产力又正常起来。如若资本流入该小小组，则这一流动当以两种方式降低资本的生产

## 第19章　各行业小组分配劳动和资本的方式　219

力，即如我们所描述过的那样，使其生产产品的能力及其价格均递减。不过，这对劳动所产生的影响极小。因为只有它稍稍提高物品总产量和降低其价格时，才会增加可溯及劳动的物品产量。

此类流动显然具有矫正小组内劳动和资本的现有数量比例失调的能力。我们为这项研究选择了劳动生产力极大的一个行业，该行业的劳动所生产的物品产量大且不说，价格还很高。这样的一类小组对劳动展现了极大的吸引力；劳动遭到强烈排斥的那种小组会是与这些条件正好相反的小组。在这种小组，劳动相对于资本是充裕的，而且产品总量极大但商品价格却极低。在这种小组，单个人的产量极低，产品也极廉价，因此，人们处在随时会离开的极大诱惑之中。

在指明了搅乱一池进而又使水获得平展展的水平面的那种方式后，我们又假定处于风起水涌最高端的那同一水涌并注满那最深的槽谷，这没什么不对。所以，就搅乱了的那些小小组来说，我们可以假设，劳动是由生产力最低的地点流向生产力最高的地点。假如由于地方原因，这种特殊劳动中的一部分止于路上了，那它也就未能引起同等数量的劳动流向生产力最低的地点，结果是该小组同样的这些人直接进入生产力最高的小组了。

就所产生的影响来说，有工人流出的这个小组与有工人流入的这个小组，两者当然是正好相反的。我们曾经指出，一开始是劳动过多的小组产品产量高但是价格低。然而，单位劳动的生产力之所以低，是因为它几乎没有生产多少产品，而且产品又不适销对路。随着一个又一个单位的劳动撤离这个小组，剩下的有限的劳动的生产率却提高了，产品也适销对路了。因此，劳动创造价值的具体能力从两个方面得到了提高：一方面，该小组的资本生产商品的能力降低了，但商品的价值却提高了；另一方面，虽然这些影响在量上未必正好相互抵消，但是资本在小小组之间的某种少量的流入流出仍在发生，资本流动的量与劳动流动的量相比还微不足道。总之，在这些小小组中发生的此类变化，正好与我们一开始描述过的小组发生的变化形成对照。

由此可见，一个小组的劳动和资本的特有的生产力是由两类影响决定的：一类是产品价格，而价格取决于劳动的总量；另一类则是可归因于一个单位的劳动或一个单位资本产量中的那一部分产品，而这一部分产品又是取决于该小组内劳动和资本的相对数量的。凡是有某种要素——比方说，劳动——有过剩的，那就会有两类影响合在一起降低其数量；而就另一要素——资本来说，这两种影响则以截然相反的方式起作用。

有三种可能的情况会使某种生产要素的生产力在所在小组相对缺乏：（1）该要素可能具有低下的生产产品的能力，而产品则具有正常价值。（2）该要素可能具有生产产品的正常能力，而产品则反常地廉价。（3）该要素生产产品的能力可能低，商品价值也低。第一种情况因有小组中劳动和资本相对数量的某种变化以及只有毛产量维持不变而给予纠正了。第二种情况因有商品绝对产量的某种变化以及劳动和资本相对数量的基本不变也给予纠正了。劳动和资本都可能流出小组从而使商品的价格趋涨。第三种情况因有劳动和资本数量成比例地改变以及总产量保持不变而给予纠正了。如果劳动为报酬低的一类生产要素，则其中有的可能就从所在的行业流入别的行业了，而有的资本则流入该行业。因此，该行业的总产量会越来越低，而价格则趋高；与一个单位的资本的相比，一个单位的劳动的贡献性份额将变得大一些起来。

三种全然不同的情况使某种生产要素的生产力变得异常高：（1）它可能具有生产商品的某种极大能力，而这种商品却具有正常价值。（2）它可能具有生产商品的某种正常能力，但所生产的商品则价格昂贵。（3）它可能具有生产商品的某种罕见的大能力，不过，其所生产的产品也反常地昂贵。但凡商品价格正常，某种要素的生产力奇大，则另一种要素的生产力必然奇小。因此，前一种生产要素必流入某个小组，而另一种则必流出该小组，而且是同时流进流出的。一种影响趋向于提高那种商品的价格，而另一种影响则反之。这两种影响最终相互抵消，而唯一有效的变化在于这两种要素中的每一种其独具的生产商品的能力。这是这种条件所需的那种调节，而这种调节则以使两种要素都具有正常的生产力而告结束。但凡有商品的价值必须作调节之处，无须改变劳动和资本生产商品的相对能力，只要劳动和资本合在一起共同流出或流入，即可使那种调节得以实现。但凡价值和相对生产力两者都须加以改变，以期导致劳动和资本创造价值的能力达到某种自然水平，则这种调节可由一开始我们描述过的那种过程加以实现。一种要素撤离或流入该小组，这由两种力共同发挥作用予以实现；而另一种要素则以彼此竞争的两种力起作用予以实现。若此两种力就劳动而论协调地发挥作用，则其合力即为迫使劳动流入或流出该小组的那种合力。若就资本而论，两种此消彼长的力合在一起起作用，则其间的差别用予计量对那个要素起作用的那种合力。

假如我们真要随意地在各行各业分配劳动和资本，那就会有几个行业，其中有的劳动和资本都会以差不多的数量流入，而有的其劳动和资本又会从中以相当的比例流出；还有几个行业，只有一种要素会流入，另外的行业则只会有一种要素从中流出。绝大多数行业都需要有此类调节的某种组合——要求有一种要素大量流入或流出，另外的要素则是少量地流出或是流入。这样发生的每一种流动，都会借助我们已作了描述的经济变差普遍规律的作用而产生。与另一种要素相协调的一种要素的数量越大，这种要素的一个单位的生产商品的能力就越小；而产量越大，其价值就越小。借助这些影响的作用，完全流动的要素很快就会达到各行各业的某种均一生产率状态。

我们提到劳动和资本的流动时，仿佛这种流动是自发发生的，且仿佛工人是出于自愿从生产力落后的地方流入生产力先进的地方似的。然而，实际上，流动的是企业家，促使企业家流动的是竞争。我们的理论假设的是人们会以为雇主与雇主间的竞争是有生气的、必然的，因此，竞争引起的劳动和资本的转移就是一贯正确的。在劳动的生产力微不足道的每一个小组，能支付的也就是低工资了；只要有稍高于现在所得工资的合约，工人就可能从某个小组被别人给挖走。就这里所作的这种理想化的假设来说，根本就没有什么摩擦尚需克服：日工资增加五美分即可使工人改换职业，千分之一的利息即可使资本流动。

不过，在劳动生产力极大的那种行业，人们得到的实际工资却是取决于全社会的劳动生产力的,而不是取决于那个小组的劳动生产力的。有一种一般工资率,进而使这个小组的雇主值得从其他各小组引进一批工人,在那些小组,这些工人的生产力要低一些。这样做,雇主就可获得利润。对于一个间隔期来说,他们能承受共同市场劳动工薪与其盈利能力之间的差额。不过,这是一种行将消失的差额,因为,随着竞争的作用,这一差额将从雇主的指缝中滑掉。不同的雇主获取该利润的急迫性,促使他们力争先于竞争者考虑扩大劳动力规模,直至劳动力规模的这一扩大至当地劳动的产量都等于的工薪,进而不再有更多的利润可得。

资本的流动是以同样方式由企业家的行为所引起的,归根结底是竞争使然,而利润则是使竞争起作用的那种普遍诱惑力,而整个流动的最终目标则是某种无利润状态。随着流动的继续,企业家利润的每一份都逐渐减少至化为乌有。静态不再诱发进一步的流动,也即静态并没有导致利润,因为利润总是诱致这种流动。① 因此,我们说在一种行业,劳动生产率高遂有其他的劳动流入该行业,也就是说该小小组的企业家是在获取这一高生产率之利了。他们使盈利彻底消失,其他企业家的竞争则使这一劳动流入该小小组,直至这里的劳动所产等于劳动所得——利润——不复存在。

小组体系的任何一种不平衡状态都使利润归于某一个人所有。这里工人过多而那里工人又过少,或者是我们说过的任何一种非自然状态,都意味着总有某处工人所创造的利润暂时比他们得到的要多一些。劳动的报酬由一般劳动生产率或者社会劳动生产率决定,但无论是在这里还是在那里,劳动的生产率却总是高于这个一般标准的。这里所获得的利润是导致根据一般标准调节的当地工人的生

---

① 如果不是获此纯收益的企业家都可以自由进入的话,那么,一个小组显然无法保住它在该体系中的地位。企业家难道均无法同时实现同一纯利率吗?难道就没有一种同等的和一般的利润吗?显然不是。因为,这会是资本家成为企业家的一个普遍的诱因,而且就以这种身份竞相出价和竞争劳动和资本,直至利润以增加工资、提高利息的形式在各处消失。因此,在完全自由竞争的条件下,这些生产要素所获得的报酬都势必体现生产力的水平。

产率发生变化的诱因。①

　　确定多少个单位的资本与劳动共同作用于一个大组，这并非是必须要作出的唯一的调整。因为每一个小小组都需从大组的劳动和资本中获得它正常的份额，而小小组只是大组的一个组成部分。这第二类调整是由那些因素的同一作用实现的，它们是作为一个整体的小组与小组之间的更为一般的分配。在每一种成品中都有一个独特的要素，这个要素构成每一个小小组的具体产品，而这些小小组是促成那种具体产品生产的。实际上，小小组 $A'$ 的产品是融入成品 $A'''$ 因而不复存在的，但它又是确定那个成品的一个要素。它等于 $A$ 与 $A'$ 之差。而 $A$ 自身，则是该系列中层级最低的这个小小组的产品；第二个小小组的产品是这样一种效用，这一效用是在该产品转变成

---

① 一个困难似是由下列事实引起，这就是，一个企业家在改变其企业的劳动或资本的数量时，可能并没有受到他的行为所致产品价值稍变的多大影响。一个小小组同时增加的资本会降低这个小小组的产值，但雇主所增的资本则绝无此类影响。情况碰巧或许是，一个小小组的全部资本数量都正常，但有的雇主的资本可能就少了点，有的则又是多了点。一个雇主拥有的资本与他所雇用的劳动力人数相比如果太少了，则这一点也不至于就吓得人们就不敢留在这里了。资本当然是要增加的，而这是下列事实所使然，即他会降低他的产品价格；拥有的资本过多而劳动过少的人，也会依然是拥有的资本保持不变，而工人则还要增加。但如果这种情况频繁出现，则整个小小组就可能因为降价而受到损失，因而劳动和资本就一并都给减少了。不过，这一类情况显然不会发生。因为，如果价格保持正常的话，则雇用的工人相对过多的雇主就会发现他的边际工人竟无薪可领，因而就会解雇部分工人；而资本过多的雇主，也会据相似的理由放弃部分资本。第一个雇主所解雇的工人按理论当受雇于第二个雇主；而第二个雇主所放弃的资本则该流向第一个雇主。一个小小组内部的这种调整，与各小组和各小小组之间的调整相比，做起来容易一些，而且也的确就是这样做的。切合实际的事实是，各个小小组通过试验，都获得了有关劳动与资本那种正常比率的知识，这一比率，在各小小组所在的具体行业能产生最好的结果。这一比率其后基本上会保持固定。随后共同增加或减少劳动和资本所致产量的增加或减少，以及确定这种增减的动机则是价格的状态。各个小小组的产品高价时，这种小小组的生产设施及其操作人员就一块儿都给扩充了。

A′时给予 A 的。因此，A″小小组的具体产品，并不是整个儿的产品 A″，而是那种独特的效用，是在把这一效用给予 A′时，该效用转变成 A″了。有了有关各小小组特有产品性质的这一理解，我们就可以把涉及更一般的小组的整个说明应用于各种产品上了。事实上，小小组这一名称在前面整个内容中，都可以用小组这一名称替而代之。①

在一个大组内发生的那种流动，因为标准统一的无息资本货物流量不可须臾或缺，因此，某种促成稳定的影响就必不可少，这些资本货物处在向制成品的转化之中，是很快就会变成制成品的。对处于加工程度各个提升阶段的原材料的某种微调始终必不可少。A 的数量与 A′的数量之间有一种需予以保持的关系，A′的数量与 A″的数量之间，也有一种需予以保持的关系，如此等等。对于离开该系列一天的每一个 A‴，一个 A″就必须在一天内变成 A‴；还有，一个 A′必须变成一个 A″，一个 A 必须变成一个 A′，而且还得创造出一个新的 A。这并不意味着在该系列中有多少个 A 就有多少个 A′，有多少个 A′就有多少个 A″，如此等等。与此相反的情况是，除非 A 与使 A 变成 A′的小时数相同，否则，常见于这些系列中的各种不同无息货物的单位数量就将是不相等的。要是制造一个单位 A 需要十天，而把这一个单位的 A 变成 A′需要二十天，那么，某种总的均一流速就应常设为两倍于 A 的 A′的存货。设有十个单位 A 的存货，那么，每天就得再增加一个新的 A；而且，再让需十天才转化成 A 的一个单位转移到 A′小组里。这里，在它可转移给 A″小组前，还得有二十天以进一步完成转化。假如常有二十个 A，则每天就都可给下一个小组转移其中的一个呈 A′形状的 A；但是，如果它们只有十个单位的 A，那么，每天取走一个单位，也就必然意味着未等转化完成就被取走了。

---

① 劳动和资本在小小组间的流动未必是在*同一系列*小小组间的流动。劳动或资本从 A′流向 B″或 C‴都可以，不会有什么阻力；而且，若果真是这样流动了，则这种流动就是受本书前几页作过说明的价格和生产货物的能力的影响的。

第19章　各行业小组分配劳动和资本的方式　225

假如森林中的树木需要二十年才能使它们适于采伐，又假设每年栽种一行又砍伐一行，那么，这片树林就得共有二十行。要是树木十年就成林了，那么，由十行构成的一片树林也可以保持同一采伐量；假如只需一年就成林了，那么仅有一行树也就够了。再就是，要是河道水流稳定，那么等量河水流经各点都只需一分钟；而如果水流湍急处，河道又窄又浅，则水流通过就不仅仅是一分钟了；水流缓慢处，河道必又宽又深，唯如此流速才均匀。因此，如果转变 A 为 A′ 需要十周、转变 A′ 为 A″ 需要二十周的话，那么，就像在 A′ 小组那样，在 A″ 小组的使用单位势必有两倍那么多以期实现恒定产量的量，这也就势属必然了。

流动资本或者说无息资本货物所取的那种形式，按照最严格的逻辑意义来说，也仅是物质转变所需要的时间的唯一结果。假如我们把这转变设想为转瞬即逝的，那就根本不会有这种资本了；假如一个工人一接触自然界处于自然状态的某种要素，这种要素就经历了其转化制为成品的一切阶段的话，那么，就再也不会有在近处发现无息资本货物的可能性了。但如果那种转化即使不是转瞬即逝但也还是非常快的，那么，此类物品就会是非常少的，只有缓慢完成转化的物品才会有很多。

因此，在资本的使用上，按照经济的要求，每一个系列的各种不同的小组的无息资本货物的相对数量都得给予精确调节，而且，这种调节主要由物品转化的相对快捷性来决定，而转化过程就是在各种不同的小小组中发生的。当这种相互关系属于完全的时候，各个小组的劳动和资本就都恰好弥补了流动资本的损耗，这种损耗是在成品——比方说，一个 A‴——不是归有组织的社会所有的，而是在某个人用完了时所发生的。于是，不再有行业在制造供储备货物的时候出现浪费的情况，因为有恰好数量的 A″ 足以取代 A‴ 了。

这里涉及的只是某一个大组内各小小组的各种不同数量的流动资本，而固定资本与流动资本的比例是随时都可作微调的。一次就用一把刀劈砍两大块木头，这是不经济之举。而一次用两把刀劈砍一块木头，同样也不经济。增加与一定数量固定资本一起使用的流动资本的数量，结果会使前者的单位产量越来越小。有大量用于生产过程的工具，但无可供加工的原料，产量等于零。在原料极少而工具过多的情况下，原料很快就会给加工完毕，但一年加工成形的成品总量还是很少。在这样的情况下，这一小点库存原料中的每一部分就都很重要了。存货减少十分之一，总的说来，你就从该行业的日产量中得到了很多；给存货增加十分之一，你就使产量大幅度提高了。与大量固定资本一起如此使用的少量流动资本的*单位生产率*就很高了。可能的情况显然会是，工厂的现有原料太少，不足以为其机器提供发挥充分作用的余地，因此，机器生产的成品产量太小，而提供的原料又相对地太多了。

流动资本的单位产量随着流动资本数量的增加而变得越来越少了。首先，仿佛是有一根原木在等待十来个工人用斧子把它们削成正方形，但这些工人由于未能充分发挥工具的作用，因此，工作起来极为不便。在加工第二根原木时，如果撤下六个工人连同工具，那么就会导致产量的剧增。虽然这六个人无法像十二个人那样快地把一根原木砍削成形，然而他们还是干得差不多一样快；因此，这第二个单位的原木的出现会是非常地接近于使全行业的产量倍增的。产量的这一增加，代表了体现于一根原木的资本数额的一个巨大比例，即每一年百分之数千。

在这种情况下，总资本的任何增长都势必呈现扩大使用无息资本货物的数量。第二次倍增这一数额将极大增加总产量，尽管这不可能如前一次倍增那样有那么大幅度的增长，但肯定是无疑了。这些生息工具现在是有更大空间发挥其作用了。不过，假如我们接续增加原材料的话，那么，就增产幅度而言，这些原材料的进一步增长所起的作用，势必就不如生息工具的某种增加或改善所起的作用大了。这意味着，一方面体现于无息货物的资本，另一方面体现于生息货物的资本，其各自的生产率都相等了。因此，对于一个企业家来说，这意味着一个单位的流动资本与一个单位的固定资本等值了。左手的原材料不再可供右手的工具有利可图地使用了，而右手的工具也不再就左手的原材料有利可图地进行加工了——这些就是调节的原则。有组织的工人和社会会遵循此项清楚易懂的规则。也就是说，单就一个工人而言，他会确定这两类资本的数额；而就社会而言，这可是一个棘手而复杂的调整，它遍及每一种货物生产上的最无足轻重的细节问题。矿石和采矿机械、羊毛和羊毛加工厂、原木和锯原木的锯——这一切，在量上都必须成比例；而且，它们还只是涉及某种调节的几个简单而粗略的实例而已，其中我们不能不指出的细枝末节，是贯穿于人们所追求的每一种行业中的。在每一个系列的各种不同的小小组内，呈处于各种不同提升阶段的原料形式的流动资本都必须按某种调适的比例准备就绪，随时立等可取，固定资本也得与流动资本保持某种关系。A′的商店里堆满各种工具，A″的商店中则限量存放，这显然会是赚不到钱的。但是，在这些大组内，这些分配做起来就容易多了。

　　土地是生息的商品之一，因此，在数量上必须加以改变以适应同属一个大组的其他各种物品。无论哪个行业均不许给予那么多土地，因为土地与其组合在一起的建筑物、工具和机器等等，无法得到充分而有效的利用。例如，即使在本书第 215 页的表中，在生产 A 时，比起另外的资本货物来，土地还是相对多了。然而，在小小组 A′中，土地则相对少了。土地自身的具体生产力，在 A 要比在 A′的要大一些，这缘于生产 A 时少用的土地以及把 A 变成 A′时多用的土地。

　　对土地赖以在经济体系内各小组和小小组中自行分配的那种方法，正常而又准确地表达起来，也就是，土地是在该体系内逐点转移直至它达到均一生产率为止的。均一生产率一词的含义，待我们行将研究地租①时会倍加关注的。所谓均一一说，并不意指一英亩土地的生产率与另一英亩的就完全相同；或者说，一个人的产量与另一个人的就一样高。因为人跟人不同，一英亩土地与一英亩土地也自然不相同。然而，确有就像一个单位的劳动一样的，确也有一个单位的土地一说。正如在工业社会的各个小组以及各个小小组的劳动分配所导致的均一单位生产率一样，土地的分配也导致单位土地均一的生产率。现在，我们要指出的是，就经济意义来说，土地是具有流动性的；而资本货物本身则并不能撤离某种行业进而自由地

---

① 见第 22 章。

投入另外的行业，此系该规则的例外。正如我们所知的，资本是具有绝对流动性的，而资本货物则通常并非如此。不过，土地的流动性这一点，我们始终认为，除非土地能实现行业间的自由流动直至各个行业都达到均衡点，否则，土地的生产潜力也就无从充分开发利用。只要有某个行业小组所拥有的土地不如应该拥有的那么多，而另一个行业小组则是所拥有的比应该拥有的少，那么，就不会存在呈此资本货物形式的土地的充分且正常的数量。有关土地及租金的一种真正科学的研究的起始点，是把这一生产要素看成是一个普通的生产者，因而看成是帮助创造各种商品的一种要素。这一起始点是把土地看成通过某种微调，进而自行在工业社会各小小组中分配的。非科学之处在于那种有限的看法，即在地租研究中，认为在视野内唯以某种神秘形式的那么多的土地是留出以生产某种产品的。地租不是小麦价格的结果，它是土地具有的创造各种各样财富的能力的结果。

前面一章中所描述的生产率变差规律决定下述情况。首先，它决定了应以多少流动资本与既定数额的固定资本相组合。在固定资本总额既定的情况下，投入的流动资本单位越多，按单位计量的产量就越少；反之，在流动资本数额既定的情况下，投入的固定资本单位越多，按单位计量的产量也就越少。其次，它决定了在固定资本与流动资本之间，资本总额如何进行分配。按生产率来看，一种资本的一个单位与另一种资本的一个单位是相同的。就是在固定资本内部，也得作某种调整。土地就是这种资本的一种形式，因为它包含体现于生息工具的整个基金的一个部分，而且是起给予效用而不是接受效用的作用的。该基金的这一部分受报酬变异规律的支配。要是你以越来越多的土地与他种形式的既定数额的资本相组合，则单位土地所得的产量就会越来越少；而如你以越来越多的他种形式的固定资本与既定数量的土地相组合，则他种资本的单位产量也就会越来越小。这两条原理要是充分生效了，那就会导致恰好相对数量的土地与恰好相对数量的他种形式的固定资本的组合，而这种情况到处都是如此。

我们采取与另一种行业的资本总额相比较的方法研究某种行业

的资本总额时,掌握了一种精巧的调节方法,这种调节是考虑价值的。无论何种企业所生产的产品价值都取决于其产品的价格。不过,我们刚才提及的生产率变差规律并非主要与价值有关。考虑该规律时,我们涉及的是各种不同资本生产货物的能力,仅此而已。某个行业有了一定的资本总额,该总额就得按照某种生产力法则,在各种产品中予以分配。过多的固定资本与一定数额的流动资本相组合,意即一个单位固定资本生产货物的能力,就不如按单位计量应有的生产能力大。假如一家制鞋商对其周转基金作了这样错误的调节,那他一年的鞋产量就会不如他原本能够得到的多了。而这,他是可以通过纠正错误提高产量的。生产率变差规律可以有多种用法,但主要的含义在于,假如我们以递增的数量把一种生产要素与另一种生产要素组合利用,则该递增的要素的单位产品产量就会是递减的。因此,要是在任何一个小小组内——例如,在小小组 A′ 内——我们逐个单位地增加土地的结果,就具体产品而论,单位产量就会是递减的。至此,我们尚未论及商品的价值。

但我们曾经指出,土地是自行在各种不同的小组和小小组中分配,直至它在一个小组或小小组与在另一个小组或小小组一样富有生产率为止。土地必须是能自由地从一个小组或小小组流入另一个小组或小小组的,直至达到数量相等为止,而且,人工资本和劳动的流动也是如此。我们在研究一个小小组内这些要素的组合时,我们必须强调指出的唯一一点,就是该小小组的产量——仅以实物估计的产量——中的哪一个部分,可分别归因于哪一种生产要素。例如,制鞋商有必要知道,首先,假如不改变资本的数量,但厂里多招些工人,一年内他可以多生产多少双鞋。此外,他还得了解,给他总资本增加数千美元,一年内他可多制造多少双鞋。他还需知道,多用固定资本、少用流动资本,或是相反,若还是计算鞋的产量的话,则其产量增幅是否就大一些。一旦要增加固定资本,他就得知道,与保持现有土地面积不变但扩大工厂一年相比,若用多一些土地而不扩大厂房、机器设备,采取哪一种做法鞋产量会高一些。在各小小组内或特定的行业内,生产要素必须相互协调——每一种要素的数量都必须予以确定;决定这种协调的首要东西,就是每一种要素生产商品的那种具体能力。

最后，几种生产要素的社会总供给必须在各行各业中加以分配，以期其中的每一种生产要素的恰好数量都可能成为归每一个小小组所有的一部分。此外，价值也构成这种调节的一个部分。因为鞋子中可归因于那最后一个单位的土地的价值，是有助于决定多少土地可用于该制鞋企业的。每一种要素生产某种商品的那种能力都是一个因素，而该商品的价值则是另一个因素；是这两个因素一起发挥作用决定各个小小组会拥有的各种要素该有多少。总而言之，受均一最终生产率规律——该规律计量价值形态而不是仅仅实物形态的各种产品——支配的社会各行各业的每一大类生产要素，都是处于相关要素投入其中的各种各样不同的使用之中的。

# 第 20 章　资本分配巧当则生产与消费实现协调

人们熟悉的那种图所表述的最终生产率规律，到现在为止还没有具体地逐字加以说明。如图 20-1 所示，我们知道，首先，沿线段 AD 递增的那种生产要素是资本的时候，那么，如此递增的就是真实资本的生产基金，而不只是就这样递增的资本货物；其次，在这几个增量中，多半也就是普通存货的质量有所提高；再次，该基金实现增值的任何一个时刻，它都是按照某种法则在各小小组间加以分配的；最后，各小小组这种基金的结构，都是通过同等程度的微调和同一规律的作用来决定的。同一图所示的总括性说明中，有的还得扩充成为专就企业寿命这种现象所作的详尽而又如实的描述。例如，CD 计量的是资本的利率，而 AECD 则是表示这一收入的总额。在就社会所作的一种静态调整中，没有人会"存钱"并借以扩充他的资本；因此，资本家作为一个阶层的整体收入，都是以适于消费的商品形式归他们所有的。这些都是属于本书第 215 页表中 A‴、B‴和 C‴类的商品，我们常用这种表说明小组、小小组制度以及生产各种不同财富的方式。各种小小组内的资本家都享有某种与其资本成正比的统一收益率，而且是以均一完成向制成品的转化的状态获得这一收益率的；不过，A、B 和 C 等小小组，以及实际上除了该表最上层那些以外的所有资本家，还有表中除最上层以外所有小小组的资本家，他们现在都是在生产自己一定时间内并不准备使用的产品的。A 小小组的资本家未等他们使用上此时正在生产的任何一种东西，数周或数月或许就过去了。但在此期间，他们还得生活。难道他们只得从 A‴那里的资本家借用商品,时间这个要素才不至于捣蛋,以扰乱图 20-1 所示的规律的那种简单作用,而且还使低层级的小小组的资本家不得不从高层级的小小组的资本家那里获得预供商品,又不得不为这些预供货物预先付款吗?这种付费方式不会扰乱该体系不同时点上的资本收益的均等状况吗?

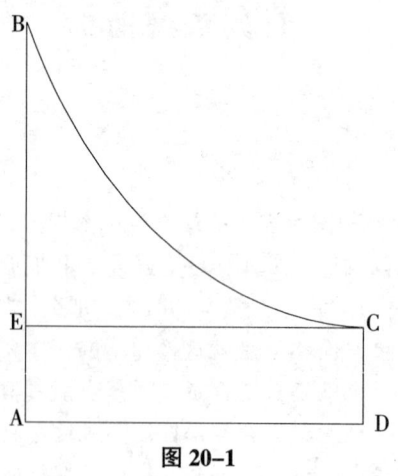

图 20-1

在各种不同小小组的工人方面,这些问题也出现了。在 A‴、B‴和 C‴中的那些工人是制造成品的;假如他们能与资本家共同分享几个行业的总产品,而且就从资本家的工厂里获取他们所得的份额,那他们就只得相互交换,以便每一个人都有可能立即得到合乎他们需要的收入。不过,在 A、B 和 C 中的工人,就他们所处的位置来说,显然不那么有利。难道他们必须从最上面那个层级的小小组中的工人那里得到预供物品然后为预供物品预付钱,就像低层级的资本家似是只得从最高层级的资本家那里得到预供物品一样吗?

总的问题是,货物是否由一个层级的人向另一个层级的人预供,以便使那另一层级的人顺利度过一个等待的间隔期,这个问题显然不是与一般而论的资本家与工人的关系有关,而是同某些小小组与生产系列其他各小小组的关系有关。要是就得有预供货物的话,那么,必须向该系列中层级在其下面的所有小小组预供商品 A‴的存货的,应该是小小组 A‴;但是,该小小组真的预供这种商品了吗?假如预供商品一词是以任何准确的意思用了的话，那么，该词就必须意指某种无息资本货物在某一天不再储存，而要在另一天备足，而且还意味着在此间隔期内存货减少了。但是这一切都未发生。存货 $A'''$、$B'''$ 和 $C'''$ 就像水管内的水从一端流入而从另一端则流出那样，都得同时加以利用并充分补充。

我们就用一种简单易行的方式试验一下，看看这一类预供货物，无论是资本家对工人，还是一个小小组对另一个小小组，是否有必要。这里有三家人，每天都需用水。其中两家都有资本备用，第三家则只有劳动。其中的一家造了一个用泵抽水的厂，把水提到了高位；第二家配备了一个沉淀槽和一个过滤器，水经过这个过滤器以后，水便可供饮用；第三家只有劳动，只好为三家用泵抽水。那沉淀槽是满的。抽水在进行，纯净水在源源不断地流出。提供过滤器的人预先向提供抽水机的人和用此抽水机的人提供水了吗？他今天供给他们的水比今天正在用泵抽取的水处于某种更为高级的状态，这毋庸置疑，但在这样做时，他并没有使蓄水池中的水用尽。名副其实的预供当规定他把蓄水池中的水排除净尽，然后给它重新注满，但这一点他没有做。表面上储存的水只是提高水质的一种手段而已：此人给了水以某种效用，但他并没有改变水的数量。

生产是呈周期性的，而使用则不容中断，因此，当然需有储存。但凡一如农业，由于自然的原因，生产是呈周期性的，在这种情况下，备有某种储存显然是必不可少的。要是在我们的例子中，用抽水机抽水唯早晨可行，那么，除沉淀槽外，还得有一个洁净的蓄水池。不过，此类储存举措提出的问题，除完全源于劳动和资本的那区区关系的问题，或源于小小组和小小组的关系的问题外，还有别的问题。但凡生产是恒定的，就得有工人尚待提供的必要性，而且还有整个小小组生产原料的问题。这些小小组虽然得到了供自用的产品，但它们不会为任何一个人生产某种真正的预供成品。

任何时候即将出现的 $A'''$ 的*数额*，它与工资率有什么关系吗？①

---

① 有关这个问题的早期讨论，见本书作者所著的《财富的哲学》，第 7、8 章。

工资率以某种方式影响工资的种类。若是对某种成品的需求不是连续的和均一的，而是周期性的和无规律的，那么，工人就有可能在某个时刻冒耗尽这种成品的风险，进而不得不获取他种工薪。在某种静态条件下，这会因季节改变而发生。例如，冬季服装的生产有可能全年进行，然而，在冬季开始时，就会有大到足以满足其时出现的需求的存货。在无此类周期性需求的情况下，$A'''$ 会快到一旦制成制成品就被采用的地步，再不会有比此更快的情况了。有了各小小组的适当平衡，$A'''$ 就会与 $A''$、$A'$ 和 A 一样很快地用完，使此行业中的任何一个部分都不会有积累。假如 A 所产的比之于同时所能转变成 $A'$ 的还要多，那么，A 的某种供过于求的情况就会接踵而至，它的价格会随之跌落，劳动和资本将迅速转移至其他小小组。统计规律就这样使各小小组在规模和生产能力上保持平衡，并使不生息的生产资料保持源不断之流动性，而且还使每一个人的工薪都取决于此种流速。不过，不生息的生产资料，在该术语的正常意义上来讲，从来都不是一种基金。它们不保存于仓库，除非有不规则的需求需要这种生产资料。决定收入的是制成品的流动*快速性*；一切都是速度的问题——$A'''$ 在既定时间内的数量问题。①

以刚才的这种追溯方式加以分摊的资本是*同步生产和消费*得以实现的一个必要条件。劳动和时间是否就是如此合适生产的绝对仅有的必要条件？如果自然界以及人类的欲望和能力都事先给予假定了的话，那么，人类就只得劳动并创造财富。但是，在手头有正常资本的情况下，劳动及其成果也就以同样速度共同转化了。因此，正常资本是原材料迅即完成制成品的转化以及获得可消费收入的这

---

① 既定时间内的制成品 $A'''$ 的数额是数量和速度的积，因为同每一种产品日臻完善的速率有关的原材料的数量，决定某个既定时间内成品的总量。在原材料的数量与对其起作用的劳动和资本的单位数量成正比的范围内，*单位劳动和单位资本*的收益性货物的数量取决于流动的速度。工资和利息的毛*额*是流量和流速这两个因素的积，但*速率*则主要取决于速度。产品 A 可以以多快的速度制成并转变为 $A'''$ 呢？在本文中，在我们想知道的是工资率和利率的这种情况下，这就是要提出的最主要的问题。

样一种生产的必要条件。依据刚才作了描述的诸力的作用予以调整的一项资本永久基金,各小小组的人都可同时生产同时消费。他们的消费都可能紧密伴随其生产。

由此可见,在该术语的自然意义上,生产的普遍的必要的条件是努力,但通过努力进行的生产势必只是涉及一个时期。这个时期,按一个间隔期,把生产作业的开始与其首批成果分开。如果这个人采伐树干造木筏,那可得有些时间他才能乘木筏渡河;他要盖小屋也还是用原始方法,那就还得费时才能有个躲避处。① 不过,这个人不会用这种简单方法盖小屋,他可以做得好一些,比如,先制一把简陋小斧。这种做法是"迂回"的生产方法,庞巴维克教授提到过资本主义生产的典型事实,即花一定时间制成工具,花更多时间使用工具,一个人就能用一个月盖起更好更大的房子。工具使产品增加了,因而间接制造工具的时间也如此。

工具是生产特定产品的,但时间则是获得工具的条件——这是简单而又明了的事实。利用劳动的那种迂回或是耗时的方法,能确保生产出高效率的资本货物。假定时间用于此目的,那我们就可以说"时间就是生产力",但我们必须留心这一事实,即完成这种生产的是以时间换取的工具。

当此短柄小斧磨损无用了,而用它所获的成果则摆在了宽大住

---

① 一只尚未竣工的木筏就是财富,尽管它还不是消费品而是资本货物。为制造那只木筏的第一根原木就是这一类的一点财富。可见,必不可少的就是*不失时机地*在创造财富的早期阶段所作出的那种努力。不过,我们是一直小心翼翼地记住那些制成品的,它们处于向制造它们的那些人提供它们的效用。为确保这些得以实现,不可或缺的就是投入至少是估计得出的相当多的时间。然而,无论是多长的一个时期,人们要是不掌握巧妙处理可供利用的资本货物的话,那么,对原材料的加工处理也就无从谈起了。因此,总而言之,由于存在人与自然,生产便以劳动开始,这样,最简单的某类资本货物也就产生了。随后持续不断地进一步的努力,就旨在确保消费品得以产生,但又并不是就不巧妙地处理那类处于过渡期的资本货物的原料了。资本是创造财富的前提,而财富则是能用于满足直接需要的。

所内的某个人面前,当他回首该过程开始以及徒手面对自然的情境时,他会说:"劳动成就这一切。工作和等待给了我所需要的东西。"实际上,是工作和等待两者保住了这小屋,它们是这种工作方式的附带成果。计划将其成果投入未来的生产,将作为一种立竿见影的效果创造出资本货物,但劳动和时间则足以使最终效果成为肯定无疑的事实。就让这个人理智地工作到这个间隔期结束,消费资料的生产是毋庸置疑的。因此,就生产而论,必不可少的终究还是劳动。但若时间介于这一劳动与劳动成果之间,那么,劳动可能首先就花在资本货物上,这是提高劳动生产率的一个必要条件,它确保劳动产品数量的增加。不过,它并非*作为一个生产过程*的必要条件,因为没有它,财富照样能生产出来。

反之,不把成果投入未来的生产的必要条件是什么呢?为求努力以及努力的成果同时出现而必须付出什么呢?当一个野蛮人满足于用手采拾枯枝木条且扔入火中时,他在每一捆木柴上几乎就没有花什么时间。照此方法进行的某种行业的状况可想而知。不过,就连在这种情况下,处于从树林到炉灶的运送途中的木柴,也尚未使某个人暖和起来,劳动和享受不是那么同步。以任何精巧的全套工具进行劳动,都必须把劳动与享受一起置之度外。资本货物似是享受的推迟者,尽管享受到来时,资本货物显然是增加了可供享受的数量的。如果这就是享受的效用的话,那么,享受定将总是被推迟了。不用工具劳动,这从体力上说做得到,但实际上是不可能做到的。人们必然先制工具,然后才用于帮助劳动。制成的首件工具把劳动与其成果分割开了——使人们等待他们所希望得到的工具,而且每增加一种工具都意味着更多的等待。对一种工具的成本来说,在人们的享受行将到来之前,每增加一天的劳动时间都将强制人们延长那个间隔期。一个现代社会赖以产生的大量的原材料和机器,是文明在劳动和产品之间导致变化的重要起因。这就是固化的时间或是大规模等待的物质成果;这就是下列事实的引人注目的证据,即某人为目前成果付出的劳动是在遥远的过去就开始了。

资本货物意即对劳动果实的等待,资本则正相反,意指这一点的直接对立面：它是避免一切等待的手段；它是时间间隔的消除者——促成劳动及其成果同步的绝对因素；它是使文明人，就时间而论，处于与下列一种相似的状态，即野蛮的森林居民，折断枯树枝，旋即付之一炬。所用的器具，就其范围和复杂性来说，按照某种观点，似是意指无穷的等待；而按照另一种观点，则又意指根本不等待，只不过是所投入的每一点劳动的稍纵即逝的最终成果。

那么，现在什么是时间间隔不合乎情理的生产的必要条件呢？劳动、资本和组织。承认今天努力的果实，也就等于承认了文明人所需要的东西的各种各样的形式。社会是一种有机组织，它作为一个有机组织的运转，需掌握恰当的工具。文明生活将使用的消费品的完整形状，就出自人们每一天的劳动。考虑到集体劳动而不是个别劳动，你就可以不考虑劳动与其成果的一切分离，这种分离是我们对现实世界采取不同看法时显现的。工人走进商店，然后又带着商品走出商店。劳动与商品之未来是同时发生的。

这种同时发生性——最终把各种劳动集合在一起以及其实际产品的完全制成品化——就是我们所称的资本函数。而资本有别于资本货物。且看一点资本货物，比方说，刚刚从梅萨比山脉某些地方脱落的一小块铁矿石，它将经由船运穿越五大湖，抵达一座冶炼炉，一开始是成为钢，继而经过加工成为刀片。其作为资本货物的资格的开始，与其作为一种消费品所提供的服务的开始之间，有一个漫长的间隔期。但是，且看炼钢业与刀具制造业，你可以注意到，这个间隔期却突然不见了。矿山和船上总有矿石，炼钢炉和工厂内总有钢。假如社会处于静态状况，广义的这个行业的各部门也始终会有同量的钢的。由于有从各部门回收来的钢，因此，更多的钢也就产生了，因此，总有某种固定数量的"成熟的"金属维持着某种连续不断的生产。由于劳动在远离刀具厂的部门继续着——由于挖掘等等中断了矿山成堆的矿石的运输——易用的刀具便生产出来了。一个基本的事实是，在这些刀具中，有的虽然并非不折不扣是在矿山生产中完成的，但就其实质来说，却是在矿山生产中完成的。这一切都源自永久资本储备的维持。

就让我们举最简单的例子来说明。现在流入一个工厂的蓄水池的水是一种处于原始状态的商品，它会相继推动该厂的机器运转，但得在一定时间过后才能启动机器。此刻，进入该厂供水池上部的水滴需有时间通过水轮的洞。现在以其原始状态临近几个入水口中的一个，需有多日才能"成熟"为给予涡轮机机轮以运动的水；正是这溢出的水使水轮转动起来了。有一种瞬间即逝的结果，它起因于"未成熟"的水的到来，而这一点的安全由蓄满了水的蓄水池给予保障。使实际上远离水轮的水驱动水轮的，是这一水力资本的永久数量。呈溢满水的水池形式的资本，使水从入口的流入和经水轮的流出同时发生，而构成水池的水的每一滴，则实际上是都永不改变的。

再举一个例子。令范围达二十英亩的一处林地足以为一户家庭提供木柴。一棵树二十年就可成林。就成长林的规模而言，则必须保持完好无损，否则，木材的供给就无从谈起。每一年，我们都沿树林的一侧植一行树，又从另一侧砍伐一行树。植树、砍树，从某一点上看是同时进行的。我们今天不烧今天植的树，但我们确是烧了一棵树了。这棵树的消费因今天的植树而变得可行了。由此可见，刚刚种植的那棵树是消费树龄达二十年的一棵树的某种可行的原因。如果种植一棵幼树而不砍伐别的树，然后等待它成林，那可是会成无柴之炊的；而*一边植树一边等待林木的成长*，同时又砍伐另一棵树供生火用，这确是一条捷径。树林是劳动及其实质上的果实的某种同步的协调者。切实可行的事实是，假如我们曾经有过永久的树林，那么，我们也就不必等待燃料。我们燃烧的树木的特性无关紧要，种一棵树而可以烧另一棵树，是因为已经种植了前面那棵树的缘故，它是取消一旦必须依赖于某一棵树的情况下会得以存在的那种间隔期的。使今天的劳动产生今天的燃料这种努力得以成功的关键是，放弃我们正在研究的那种事物的特性，以及立即利用的那种东西的特性。

假如作为消费者肯定会走运，以至于今天唯一需要实现的特殊的事情是使他们的欲望能得到满足，那么，当前的欲望是会使人感到失望的。在行业与其成果之间会有一个令人痛苦的间隔期。另外，如果全行业都是根据这样一个计划实施生产的,那么,我们也就只得等待。但事实上,我们根本就不等待。我们消费某种东西还是消费与之酷似的另一种东西,实际上,对我们而言,无关紧要。我们的劳动计划是能使一种处于毛坯阶段上生产的产品成为我们所拥有的制成品的。在前述水力一例中,人工水池水满,这是导致入口处的水使工厂的机器运转起来的原因。输水管水满,就能提供从遥远山地引水满足城市人们对水的需要。就树林而言,各成林阶段保有的固定林木棵数,就能保障提供燃料。至于资本,那是无论何种情况下都起着同步化的作用的。这就是该社会生产要素的一种基本职能。

蒙大拿州的牧场饲养着牛;在宾夕法尼亚州,广袤的森林中有兽皮,可以用鞣酸制成皮革;在布罗克顿制鞋厂,皮鞋在制作中,等等即便处于原材料转化阶段的此类成系列的产品一个劲儿地杜绝外界影响的话,牛仔到了今天,他们的鞋靠自己动手做也能做成。这种结果所以能够达到,是因为存在着完整无缺的资本货物存量。我们必须有生长中的牛,有畜皮,有已鞣制的皮革,有半成品鞋和成品鞋,全都保有恒定的数量,就为了每一天都可能有一定数量的鞋为我们所用。牧场有羊,工厂有羊毛,成衣店有布,零售店柜台有现成服装,可以说,有了人们的劳动,瞬间就有衣服可穿了。一旦有了品种齐备的一系列资本货物,那么,今天的劳动当天就有结果了,而且还是花色齐全的成衣。

$$A \quad A' \quad A'' \quad A'''$$

令上述字母代表各竣工阶段的一系列商品。$A$ 为原料,$A'$ 为经过加工的原料,$A''$ 是更接近于竣工的同一原料,$A'''$ 是制成品,它可供消费。这是一个工作日开始时的系列,在一天结束时,与之相对应的是:

$$(A) \quad A \quad A'' \quad A''' \quad (A''')$$

这里的 $(A')$ 是前一系列中的 $A$,它已被该行业用十个小时的加工时间提升到目前状态,一个新的 $A$ 就这样生产出来了。$A''$ 是前一系列中的 $A'$,它也接近于竣工。$A'''$ 即此前的 $A''$,它已可供最后使用了。带括号的 A‴，代表前一系列的 A‴，已被可对其进行消费的工人和资本家加以分配了。

这个 A‴满足该系列所有工人和资本家的需要绰绰有余。他们各人均得到了一份，而且是无须等待就得到了。人人都在实施各自对资本货物存量拥有的权利，以保持该系列商品的完好无损。撤下 A‴，这是旨在满足他们所有人的需要，而且是预先决定撤下的。单就 A‴本身而言，不撤下会消耗资本货物的存量——这一消耗，原就非予以抵补不可的。无论如何该行业是保证不会缺 A‴的。某种新的 A 的生产以及前一系列中各剩余原料向制成品的转化，致使一个新的系列得以形成。该行业第二天一开始，就有第一天开始时存在的同样的状况：A 等待着制成 A′，A′等待着制成 A″，A″等待着制成 A‴，而 A‴业已可供消费了。在该系列的各个时段，都会有独特的一批人准备就绪，作出非作不可的改变，而且各个小组现在也就都行动起来。每一个小组都完成各自规定的工作，待到第二天结束时，又都各领各的薪金。

这就是安排有序的行业的写照。世界上所有的农场、铁路、工厂和商店，无不如出一辙，它们做着我们所描述的情形，而且还是大规模地这样做的。在世界经济中，代表 A‴的是供人类使用的各种各样的消费品，而且数额之巨难以描绘。这一门类的商品都处于采用我们的简单例子中所描绘的方法创造过程之中，每一种制成品后面都有其各种系列、各具特色的制成品。当有人用了这样一种制成品，旋即就会有另一种取而代之。某人从零售商那里买来了外套，他再买外套时就前往车间挑选。布匹进入车间，羊毛进入工厂，羊在西部牧场上放牧长大并生长羊毛供剪羊毛的人使用和销售。面包出自面包烘房供晚餐，复又有另外的面包取代前者了。面粉来自工厂，小麦出自谷物仓库，而归根结底都是来自土地。到处都有处于各种不同转化阶段的成系列的资本货物，到处都有致力于商品的这一存量，使之适于食和用，从而证实由消费品回收引起的商品细胞组织的废物再利用，并使该系列完整无缺。

由此可见，为求满足消费需求的财富得以立即创造，那就必须具备下列条件：(1) 处于各转化阶段的一系列消费品；(2) 无处不在的工人和工具；（3）同步劳动。消费者的财富源自这种结构，而生产者的财富的供给从未中断过。资本货物存量从无到有。是替换性资本货物的永久存量，即真实的资本，使人们免于等待。①

---

① 有关这些原则的一种早期论述，见 1893 年《耶鲁评论》所刊论述"资本的起源"一文。

# 第21章 经济因果关系理论

假如社会是停滞的，而资本又不是递增的，那么，工资和利息就都会存在于示意图中的 $A'''$、$B'''$ 和 $C'''$ 等类货物中。它们都会以某种持续流动的形式产生，这种流动是与各小小组的劳动和资本的生产活动过程同时发生的；因此，也就同时归这些小组所有的人消费了。

体现这些货物利息的仍然是资本本身，而资本的收益现在却都是统一的。也就是说，这些收益都可以看作是在 A 的那些人所获得的 $A'''$、$B'''$ 和 $C'''$，与在 $A'''$ 和 $B'''$ 的那些人所获得的一样多了。劳动的产量也全都变得相同了。整体看来，资本所获得的就是它所生产的吗？显然，最后一个单位的资本所获得的也就是它所生产的，而且，那也是另外每一个单位所必须得到的。然而，那早一些的几个单位难道就没有遭剥削的可能性吗？就劳动来说，它也有同样的问题，即最后一个单位的劳动获得了它的产品，这可以承认，但那早一些的几个单位获得它们的全部产品了吗？说到底，工人这个整体，按照自然规律，他们实现的产量会相同吗？假如最终生产率规律完全起作用的话，那么，一开始的那些劳动增量就不存在受剥削的情况了吗？

记住这个问题，我们再来重提我们熟悉的有关最终生产率规律的图示，如图 21-1。

假设资本的数量不变，劳动的数量由线段 AD 予以计量，我们再来重复一次逐个单位地提供劳动这样的一个全过程。第一个单位，只要它就只是一个单位而已，就会有巨额资本与它合作。为简明起见，我们就说每一个单位的劳动都是整个劳动力的十分之一，但第

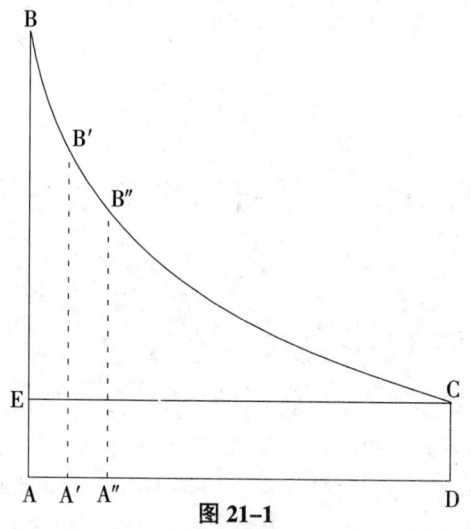

图 21-1

一个单位的劳动却是独一无二的,它有大量工具与它合作,并且这些工具都是最昂贵的。事实上,这个单位的劳动所得到的资本的援助,最终可多达十倍于它的数额。假如某现实社会的劳动情况就是这样的,那它可真谓是资本过分饱和了,这使我们不得不想到昂贵的原材料、最坚固耐用的建筑物、充裕的动力,再就是昂贵的高度精密的自动化机械,这些自动化机械其昂贵和精密程度之高,就连发明已达超一流水平的工业部门也远远未达到。有了这样的机械援助它,一个单位的劳动的产量当然是巨大的了。

在如图 21-1 中,我们是以线段 AD 来计量一个单位的劳动的数额的,而且指出以此线段的十分之一为一个单位,或是以该线段之间的距离为一个单位。我们可以 A′B′B″A″ 的面积计量首个单位劳动的产量,它是在大量的社会资本援助下所产生的财富总额,它以供应全部人口的各种各样消费品的形式呈现。

现在,我们加上第二个单位的劳动,即数量 A′A″,这是按面积 A′B′B″A″ 计量该单位劳动所生产的数量的。这里,我们必须小心谨慎。这第二个劳动的增量所生产的数量,如前所述,是按照第二个图的面积加以计量的。这样说也许很容易与这样一种解释搞混淆,这一解释将把整个理论引向一个错误的结论,导致它直接与真理相对立。在此我们虽然作出了某种解释,但第二个劳动增量所生产的不如第一个增量所生产的多这一说法,还是有可能导致这样一种推断结果,即只要都按同一费率支付,那么,差不多所有劳动中的一部分产品都被剥夺了,而那也是被竞争规律的行为所剥夺的。这是一种源自最终生产率规律———一旦任由其不完整——的自然推断。假如有一个人一天的产值为 1.5 美元,而另一人则是 1 美元,如果此时两个人都得 1 美元,那么,这就显然是存在剥削劳动的情况了。①

---

① 早期德国经济学家中最卓越的冯·杜能提出了一种理论,该理论把一种最终生产率检验应用于劳动和资本,并且使工资和利息都取决于其检验结果。他在所著的《孤立国》一书中指出,某个行业——比方说,农场耕作——雇用新进的人时,他们的产量是不如早些时候受雇的人高的。农场主依靠最后一个人的劳动所得,等于他给每一个人的劳动所定的工资。冯·杜能还断言,按照同样方式加以检验,最后一个单位的资本的生产力也有某种相似的减少,而最后投入使用的那个单位的资本产量决定利息标准。

　　冯·杜能的此说最终并没有使工资和利息问题得到解决,这是惊人的事实。经济学家们既已先于他就有了一种真正卓越的理论的开端,那为什么还要对工资率作出解释,说工资率取决于注定以工资形式在工人中予以分配的资本总额呢?另外,为什么他们还要说利率取决于需求和供给呢?冯·杜能自己固然对他那个最终生产率公式比对另一公式——用于表达按照他的看法是社会向往而又合法的工资率公式——要重视得多,这无疑正确,但他对最终生产率原理所作的说明,看来是不会使调查研究者遵循正确的思路的。

　　上述解释可从冯·杜能的实际理论中存在的不完整性看出。他的理论徒具形式,不仅未能揭示有关工资和利息的最重要的事实,而且还似是与事实相抵触的。这一事实指的是,受完全自由的竞争影响,劳动的工资往往都会等于所有劳动的产量,而且所有资本的利息也往往都会与所有资本的产量相一致。

　　冯·杜能的工资理论显然是一种剥削劳动的理论。在他所举的例子中,一个农场就有数个劳动者在干活,现在再给这批人增加一个人。有了这个人,对农场主来说,拾田里的落穗这件活就能做得更细了。正如冯·杜能所指出的,农场主现在连此前不愿拾取更小更差的土豆都能给拾回了。如果这个人是在收获季节新进的,那么,他的产量也就体现在

劳动力首次分工导致的一部分资本的出让,是这里要加以讨论的一个重要事实。随着这第二个劳动增量的到来,工具是倍增了;

照此方式使收获量得到提高的产量上了。不过,这个人的产量显然比先于他来到农场的那些人低一些,因而那些人所获的工资显然也就因为他的低产量而相应降低了。杜能的论述中有这样的措辞,这些措辞似是意味着最终生产率规律是剥削劳动的法则。也有人指出,他的资本最终生产率规律是包含有早一些的几个单位的资本受剥削的这个意思在内的。

为使冯·杜能的说法包含与工资有关的极重要的一项原则在内,首先需要的就是业已称作"归因"或是在前一章中称作经济因果关系的一种理论。各个单位的劳动,无论何时往往都会具有同等生产率。由此可见,根本就不存在由于另外的人的加入的压力而被降级或是实际上遭劫掠的这样一类工人;另外的人的压力,系指有的工人生产的比他们的还更多,或是有的工人给他们确立了薪酬标准。作为上述例子中所描述的那个农场中的工人*以前*所得的过高的薪酬,当归因于他们*以前*所创造的高一些的产量,以及他们所得的更多的资本。就那额外的产量来说,该理论需溯及资本而不是劳动,是资本的某种过剩量确保那假设的例子中的那些人能在那系列中获得高工资。另外,研究可溯及一系列单位的资本定要一视同仁,同时表明该生产要素的前几个单位没有受到剥削。有两种理论,一种是断言每一个单位的劳动自然都倾向于获得它的全部产品以作为对它的报酬的,另一种则是说,大量工人都因为竞争而使他们的部分产品受到剥削了。它们之间的区别是带有根本性的。更有甚者,这两种理论还都可能使用同样的语言,并讲述所有劳动的薪酬都是如何直接予以决定的。这两种理论都可能把最终评价的商业原则应用于劳动。然而,实际上,比方说,同一产品的同一市场是不能有两种价格的,但凡最后一个单位的劳动引起的价格变化,所有劳动都会引起。再就是,最后一个单位的劳动是导致该单位所生产的产量的。假如最后一个单位的劳动所生产的产量少于其他各单位的劳动产量,那么,另外这些单位,由于它们与这最后一个单位的劳动相关,因此,它们也就都成了受害者,它们丧失了部分产品。不过,要是*处于目前情况下*的所有单位其生产量都相同的话,那么,按照最终一个单位的产量决定所有产量的酬偿,也就不存在剥削一说了。冯·杜能的理论固然是一种最终生产率理论,但它还得是一种*具体生产率*理论,以使每一个单位的劳动的薪酬都与自己的独特产量相一致。

用于解释工资和利息调整的一种理论,必须说明作为利息依据的但这些工具是如此廉价,以至于全部合在一起也只是体现了初始的资本额。我们如何估计劳动新增量的具体产量呢?一个基本事实就是,新的劳动力与原有劳动力一样分享整个资本的使用,再加他们*现在*又得到资本的援助,因而创造了等额的产品。过去的人们早已出让了他们原有的资本的一半,而且就在这次决定出让时,早期分工中的工人减少了他们所在行业原先额外资本份额所提供的那种生产能力。最重要的还是下列事实,即可归因于第一部分劳动力连同

---

"最后一份"资本,即决定利息的产品性质是怎样的,而这势必涉及资本与资本货物之间的区别。再就是,尤其是该研究还必须扩充它的范围,以便不仅包括某一个行业,而且还包括构成一个经济社会的整个小组和小小组体系。劳动的最后一个增量——其产品是决定工资的——是一种社会增量,其中,有的见于该系列的每一个小小组中,资本的最后一个增量也可以这样说。价值规律在进行按比例分配上是起作用的,因此,也把价值规律作为分配理论的组成部分,即作为某种社会现象包括在内。我们有了冯·杜能的这部著作,谁还敢声称他自己把最终评价原则和基于生产力的评价应用于劳动和应用于资本的。一个矿业国家的探矿者,实际上是可以单独发现并重新占有某种放弃了的所有权的,而这竟然是重新发现了劳动和资本的最终评价的独一无二原则,以及止于冯·杜能终极之处的人所会做的一切。深入研究并发现趋向于使在任何一个时期内的各单位劳动的产量相同、使各单位资本的产量达成均等、使劳动的整个产量和利息等于资本的整个产量的这几条规律,往往会使各种不同单位的劳动都达成某种均等,并使各种不同单位的资本产量达成某种均等,而且还会使工资都等于劳动的整个产量,使利息等于资本的整个产量。这一结果,正在达到工资和利息理论的基本真理。既然它证实了这样一个事实,即自然规律是迄今都是想怎样就怎样的,因此,它也就不包括一切掠夺在内了。如此进一步的研究揭示了这样的事实,即劳动早期增量的产品的剩余部分实际上显然是资本的产品。这一结果是遵循这样的研究思路得出的,按照这一思路,冯·杜能采取了最初的几个步骤,这或许有可能导致最终结果有如此多的标题,就像一个矿工发现的作为矿井入口处的新矿脉,其实就是曾经废弃的有各种不同矿石和矿床的矿井。正像冯·杜能并不怀疑的那样,自然工资规律导致了这样一种结果,而这一结果不仅可取,而且还按道德标准来说是无可非议的,这符合他的要求。

其工具和器具的产量,现在比以前少了,而原因也就是有资本从这里被抽走了。原先的产量中超过现有的这一部分,并非可归因于劳动的这一部分,而且也未曾有劳动剥削的现象发生,尽管这两个单位现在获得的都比原先获得的第一个单位还少。

有两项事实现在需要讲清楚,这需以两个论点加以支撑。这两个论点涉及整个的经济因果关系理论,也即某种综合的社会产品的每一部分可归因于哪一种生产要素的理论。(1) 第一部分工人凭借利用整个资本所创造的产品产量与他们现在所创造的两者之间的差额,是唯一可归因于他们原先拥有的额外资本的一个数量。(2) 劳动利用全部资本时所产生的一个劳动增量与两个增量借助于同一数额资本现在正在生产的这两者之间的差额,是唯一可归因于第二个劳动增量的。我们就采用这种方法,既检验某种数额的资本的具体生产率,也检验一个单位的劳动的具体生产率。

我们现在需要密切注意的是这后一项检验。我们一直以来小心谨慎的却是这样的概念,即在任何时期内,各种不同单位的劳动产量比重都有差别,其中的每一个单位的劳动,考虑到其所占有资本的比重,都生产整个行业产量的一半,但现产量的一半小于只有一个人借助于整个资本劳动时所得的总产量。这个减少额所计量的是一个单位的劳动所用的资本的一半的产量;反之,整个产量,既然是两个单位的劳动都在生产,那也就大于唯一的单位劳动生产的总产量了。产量的这一增加,完全归因于劳动的增加;而劳动的这一增加额,是计量那种劳动以及改变现状的所有劳动的产量的。

假如 C 代表该行业使用的资本额,L 代表一个单位的劳动,此时,$C+L$ 的产量与 $\frac{C+2L}{2}$ 的产量的差额,等于可归因于资本额的一半的产量。$C+2L$ 的产量与 $C+L$ 的产量的差额,则等于可归因于一个单位劳动的产量。在上述的公式中的第一个,被减数等于一个人利用全部资本从事生产所能达到的产量,减数等于一个人以一半资本从事生产所能达到的产量。在第二个公式中,被减数等于两个人以全部资本从事生产所得的产量,减数则等于一个人凭借全部资本生产所得的产量。

图 21-2 没有标明资本的数额,但它还是维持不变的。可归因于一半资本的产量,等于 ABB′A′的面积减 ABB″A″的面积之差的一半。仅可归因于一个单位劳动的产量,等于A′B′B″A″的面积,而这就是现在可归因于其中的任何一个都能实现的那个数额。由此可见,这第二个人的生产能力并不存在非自然制约的问题,他的产量绝非仅限于农业用地以及在别的田地上拾落穗所得。人人都得到在公正条件下一个单位劳动所创造的产量,而资本则获得可归因于资本的那一部分产量。

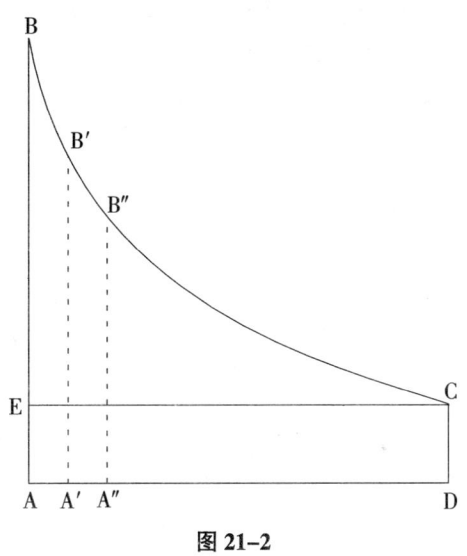

**图 21-2**

现在,我们重提有关具体生产率规律的那个示图。为使原先的资本不受影响,我们仅改变其形式,然后再给劳动力增加第三个单位的劳动。该单位的产量,等于图 21 - 3 中的A″B″B‴A‴的面积所计量的产量;而且假如我们继续给劳动力作类似增补,直至该劳动力充裕为止,那么,最后一个单位的劳动的产量,就将等于 $A^{IX}B^{IX}CD$ 面积所计量的那个产量了。这就是工资的标准。它等于在共有十个单位的劳动时任何一个单位的具体产量。我们就第二个人在他还是最后一个人时的产量所说的,在这里也适用。在第十个人到来前,田里共有九个人,而他们是把全部资本都投入使用了,因此,这当然适用于那个数量的工人。每一个工人的产量都等于按长方形面积计量的产量,该长方形面积的边是 $A^{VIII}A^{IX}$ 和 $A^{IX}B^{IX}$,他们的总产量等于 $AE^IB^{IX}A^{IX}$ 所示的面积的产量。线段 EF 与线段 $E^IB^{IX}$ 之间的那一窄条面积,计量的是九个人与所有资本一起投入劳动时所得的产量,以及这九个人和十分之九的资本一起投入劳动时所得产量的那个差数。这样说是公平的,因为十个人使用全部资金,人均实为资金的十分之一。$AEFA^{IX}$ 的面积代表十分之九的产量,这一产量系归因于拥有与之合作的全部资本的整个劳动,而且当然还进一步加大了其在合作中所得产量的份额。$EE^IB^{IX}F$ 的面积所体现的,并不是某个数额的资本对该行业的产量所形成的整个增加额,而仅仅是资本的一个增量对该行业作为一个整体的产量中,可单独归因于劳动的那一部分产量的一个增加额。

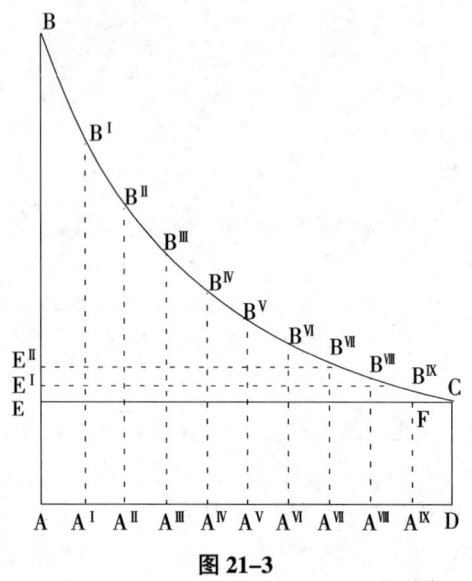

**图 21–3**

由此可见,有八个人工作时,其中每一个人都生产 $A^{VIII}B^{VII}B^{VIII}A^{VIII}$ 这么一个数额;他们合在一起的产量,则是 $AE^{II}B^{VIII}A^{VIII}$ 这么一个数额。水平线 $E^{II}B^{VIII}$ 与 $E^IB^{IX}$ 之间的第二个窄条面积,计量的是八个人有全部资本与之合作的情况下形成的产量,同他们与第九个人分享资本后所形成的产量之间的一个差额。他们向这第九个人提供了整个资本的九分之一,因此,$E^{II}B^{VIII}$ 与 $E^{I}B^{IX}$ 之间的那一窄条面积,计量的是他们这一出让致使他们的生产能力中失去的那一部分。按照同样的方式,劳动力由七个人增至八个人时,资本总额中就会发生八分之一的出让,因而导致七个人的劳动中那独特产量的减少。人均生产资金的每一点的减少,都会使可具体归因于每一个人的劳动的那个数额有所减小。①

既已知道下图 21-4-Ⅰ中 $A^{IX}B^{IX}CD$ 的面积是计量最终一个单位劳动的产量的,那我们也就可以确信,劳动中绝无一个单位的产量会比这个数额要少。对最终生产率规律的概述,可以提出这样一个问题,即该系列中前几个单位劳动的产量,是否并不高于最后一个单位劳动的产量。不过,那前几个单位劳动的产量与这最后一个单位劳动的产量一样高,这是毋庸置疑的。因此,AECD 是可溯及作为其存在之原因的劳动的最小数额的。

在图 21-4-Ⅱ中,假设线段 $AD$ 计量的是资本而不是劳动,再假设劳动数额为一个固定量,又假设接续几个单位的资本的产量都沿着曲线 $BC$ 递减,那么,$A^{IX}B^{IX}CB$ 也就是最后一个单位的资本导致的那种产量了,不会再有另外一个单位的资本比此生产的更少了。$AECD$ 的面积,为可归因于全部十个单位资本的最小产量。

现在,在图 21-4-Ⅰ中,EBC 是非劳动所生产的整个产量之外

① 在前面所有的图示中,只有些许不精确性,这归因于下列事实,即这些图的上边界是绘成看上去像一条呈不断下降趋势的曲线的。严格说来,全图都应由长方形面积构成,而上边界应该是连接长方形面积的顶端。以十个单位为资本,一个人生产的数量由下图中的第一个长方形面积表示;而在他把资本的一半让出给第二个人后,他就仅生产了由左图的那个小长方形面积所示的数量了。两个面积之差,也即大长方形面积内虚线上方的空间,也就表示一个人所掌握的五个单位资本的产量。我们要是继续如此逐步制图,我们就能避免刚才提及的小小不精确;但如果我们用字母来代替,就难免有不精确之处了。

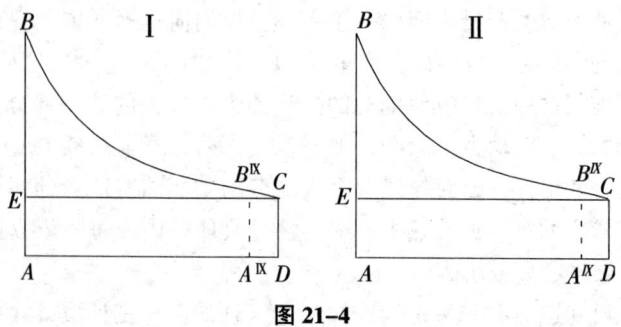

图 21-4

的产量。如果图 21-4-Ⅱ中的 AECD 与图 21-4-Ⅰ中的 EBC 同样大,则这一数额,即 EBC,也就是资本的产量了。因为长方形面积 AECD 肯定是资本的产量,因此,它当然也就是资本的产量了。我们知道,按照我们的完全竞争和完全静态调整的假设,企业家自身是不会实现利润的;而且,面积 ABCD 也就只包含工资和利息而已。因此,BEC 总额不会比图 21-4-Ⅱ中的 AECD 总额更大些,而且,EBC 全部就都是资本的产量。

EBC 再一次以同样的方式证实了它就是劳动的产量。这个产量并不比图 21-4-Ⅰ中的 AECD 的大。该静态假设使 ABCD 面积只包含工资和利息,因此,其中并不含企业家利润的面积。既然长方形面积 AECD 是计量可溯及劳动的最低数额的,那么,与图 21-4-Ⅰ中 AECD 面积相同的 EBC,也就是纯粹的劳动产量了。

由于在整个研究中我们始终坚持这样一个事实,即无论何时如果有一个人加入劳动了,那么资本也就改变其形式了,并使自己适合于使用它的人数。因此,我们必须如常记住这一事实,即劳动自身的方式也必须以类似的方式加以改变。一支劳动力队伍或许就是逐个单位逐步地建立起来的,因此,扩大劳动力队伍似是也得量化;不过,抽象地说来,劳动的变化多半是质量上的。随着劳动力规模的扩大,就必须付出更多的体力和精力。然而,情况表明,人们并没有做着比原先更为完善的事。假如工作是农业上的活计,那么,给土地施肥会施得均匀一些,种子播得稀密有度,如此等等。这是工人人数多了以后劳动作为一个过程的一类变化;另一类变化是随着劳动力规模的扩大,资本的总额并没有改变,它是由工人必须用的工具和其他器具改变了的性质所引起的。工人使用的工具的每一次变化，都改变了工人工作赖以进行的技术条件。不过，劳动尽管匀质，但还是可以用单位加以计量的，而且就有计量其一切产品的一种行之有效的方法。

我们在前面的章节中提到过一个无差别地带，即在这个地带内，雇主可以按现行的支付工资的工资率标准多雇几个人，但又不至于亏损。在大企业中，是常有诸如此类劳动力规模上的有限的弹性的。假如某企业是一个大农场的话，则即便多上一个两个人，也总会有虚位使他们可以被雇用的，而又不至于非得弄清楚他们真正能生产的是否比别人察觉到的要少一些。正如我们所说的，这些人的产量是用于*表达*工资率的。在无差别地带的人，他们也是调节工资的人。我们的整个研究就是要求在此地带从事某一行业工作的人，与类似地带从事另一个行业工作的人的生产效率一样高。事实上，这是要求要有一个综合性的无差别带遍布于整个行业领域，而且该社会地带各组成部分的生产效率都一样高。该行业领域各组成部分的劳动，都具有与在边缘地带的劳动一样高的生产率。

无差别地带的实际有用性在于促进竞争上的影响。求职中独一无二的一个单位，总是有供其选择的机会的。未精通某一技术的年轻人，总有很多就业机会供他选择，而且是可望在某地带获得可供他一显身手的工作的。对于学会某一行业某种技艺后还想另谋职业的人，可就在该综合地带的某个新区谋得一份新职业。若有一位企业家加入一个小小组，且通过某大型无差别地带为其工厂招纳许多工人，这不会引起任何扰乱。不论就在任何小小组内，还是就各小小组的关系来说，情况都是如此。不过，无差别地带的科学的重要性还是取决于它对所有工人实行的劳动生产率检验。要是唯很晚才作了描述的调整都已在进行中了，要是劳动和资本都在各行各业中已以精确的方式调配好了，那么，在无差别地带由劳动实现的产量就成为可归因于这样的一个指标了，而无论哪儿的劳动产量，这个指标都一概适用。

# 第22章 应用于各种具体工具产品产量的经济因果关系的规律

由于资本总是以货物的形式存在,因此,通过弄清楚由各种生产工具各自创造的那种产品的产量,从而对资本的收益总额作出解释,这应该是做得到的。有关资本本身的研究,也应以类似的有关资本货物的那种研究充分予以证实,而且这种研究也能够予以证实。说明所有资本与所有利息之间的那种因果关系,有一种简单的方法,即用每一种资本货物与其具体产品或租金之间的具体联系加以证实。

就租金这一古典概念来说,它总有与这一研究对象的通俗概念正好相反的地方。在现实生活中,任何一种具体生产工具几乎都能获得租金。获得这一类收入的生产工具中提及频度最高的莫过于建筑物了,例如,人们或许就"暂时租借"一间办公室、一座公寓大楼、一所住宅、一间仓库等等。虽然租用其中任何一类的建筑物势必都租用一定数量的土地,但这个数量常常微不足道,在交易双方的心目中也都无足轻重。在通俗用法中,"租金"这个词也意指多种物品出租的收益,然而,物品在出租时却并不包括土地在内,例如,人们可以"租借"一艘船、一驾马车、一匹马、一种工具或是数以百计的具体东西中的任何一种。

流行用语中下述几个词的用法,实际上是以资本与资本货物有别这一点为依据的。利息本身就是永久资本所获收益的组成部分;而资本,尽管当然不是看成某种脱离现实的抽象概念,但总还是看成是某种永久财富的,至于它那各种改变着的具体形式,就任由视若不见了。利息不是建筑物、船舶、马等等的一个组成部分,它是永久基金的一个组成部分；而永久基金，则是由无穷系列的诸如此类瞬间变动的东西所体现的。

　　至于租金，则正好相反，它有多种具体形式，而且就以此引起人们重视。有助于构成永久资本基金的每一种工具，在其生息存在期间，都获得一定量的财富，而这财富，可以按照某种总额加以计量。一柄斧子可以赚2美元，一把铲赚4美元，一艘小船赚50美元，一幢建筑物则赚10万美元，如此等等。诸如此类，其中都不存在与这些收益相联系的某种百分比的概念。不过，我们还是可以把某种工具的总产值中实属净收入的那一部分换算为该工具价值的某个百分率。按照这样做，实际上就等于把租金作一定扣除后折算为利息的形式了。假如我们要区别清楚该工具的总收益与净收益，那么，从总收益中扣除该工具用旧了以后以另一工具予以置换所致的那个金额，则此净收益即可视为该工具的价值的利息。假如我们效法市场习俗，那么，我们就得用租金这个术语把整个总收益都包括在其中。例如，一间房子的租金，也就是租用人为租用该房子所付的款额。不过，要是房东从房客的支付租金中留下一定份额供维修，一俟破旧了再置换，那他就必须为此留出一笔偿债基金，而且成为可获收入的也就是那留下的余额了。① 假如我们就使用中的一切工具都作这样的计算，那么，我们就会获得所有资本物品的一应净收益了，而且我们还可以把此项收益额与此物品所体现的资本额作一下比较，然后换算为利息的形式。为此目的，我们还可以得出这些工具以美元计的净收入，估计出这些工具以美元计的综合价值，得出这两个数量之间的比率，表明按十进小数计的比例，从而获悉利率——一定时期内资本所得的百分率；反之，要是我们制表表明所有在用的工具，而不提及其价值，并计算其一定时期内可以获得的

---

① 但凡有大楼矗立于日益增值的土地上时，便总会有粗略的簿记把土地这一增加的价值，看成是对建筑物减少的价值的补偿。因此，人们一般不保留不是来自从建筑物的收益中留出的偿债基金，以备该建筑物日后毁坏时另置建筑物。就那种情况来说，租户支付的全部租金并不是很不精确地被看成是土地和建筑物的租金的。

## 第22章 应用于各种具体工具产品产量的经济因果关系的规律

一揽子总额,那么,我们就会获得取租金总额形式存在的总收益。不过,此租金包括了一种抵补此期间内整批工具损耗的偿债基金。在动态条件下,土地通常都是增值的;而在静态条件下,它可就不增值了。不过,即使处于某种静态条件下,大多数东西也还是因为使用而有损耗的。假如我们非得从租金总额中扣除偿债基金的话,那么,我们也能得到纯租金,也就是毛租金内实际上属于收入的那部分。这就是工具所有者可以放心用于个人消费的那一部分收入。

由此可见,租金净额无非也就是换种角度看的利息而已,它等于一次付清的货币总额,其中的每一笔都代表某种工具的净收益,在数额上它等于利息,它是我们在把它换算为获得它的那些工具时成为利息的。在静态条件下,净租金与利息的区别在于计算它们的方式。扣除资本货物一应维修的成本以后,表述各种资本货物获多少美元以及何谓一切资本货物的净租金也就明白了。租金等于利息总额,只不过在拿它与资本货物的价值相比较后,就把它换算为利率了。

我们把永久资本的产品看成是利息,一切资本货物的总产值看成是毛利;还是这一总额,减去更换此货物的成本,就等于净租金。在这里,我们是在遵循术语选择上的实用方法,一方面表述企业家对租金与租金成因所作的区别,另一方面则表述企业家对利息与利息成因所作的区别。

政治经济学是建议采用租金与利息的另外一种区分方法的。这种区分方法试图把前一术语仅用于土地的产品,而且在不考虑土地价值变化的情况下就把这种产品定义为承租人因为利用土壤所"独具而且破坏不了的"属性而给地主支付的费用。这种用法,要是政治经济学起源于美国,或许永无推广普及之日。因为在美国,土地从来都是一种商品,无论任何人购置一块土地都要估计一下现行的投资方式与另外的投资方式相比利息是否一样丰厚。由此可见,弄清流行于普通生活中的术语的用法是否必然会更准确和更科学,这显然是十分重要的。

通常援引为导致土地与其他工具有别的那两种特征是:(1)土地数量绝对固定,而工具可以倍增;(2)土地的收益存在于级差地租中，这种级差地租是指肥沃土地与贫瘠土地这两者所获得的不同土地收益量之差额。"一片土地的租金"，按定义所示，实际上"等于该片土地的产值减去种植用或是投入等量劳动和资本后又作他种利用的最贫瘠土地的产值所得之差"。因此，一方面有严格确定的土地数量，另一方面估计这种土地的产值的方法又有差别，这就是事实；就因为有这一事实，科学才认定这个要素与资本不同，而且作为一个经济要素考虑也有别于资本。

让我们看看在一项静态研究中此类差别究竟有多少。作为总体，资本的数量应该是固定的，这是静态的条件之一。另外，该假设所要表述的是在一种动态的条件下究竟什么才是真实的。全世界的资本总额不可能瞬间即变，而且此刻的利率是基于此刻的现有总额的。假如动态变化不发生，那么该总额理当是永久数额，而且所有资本都可像对待土地那样，把它看成是具有固定数量的。土地数量固定、资本可以随意增加以及资本想增加多大幅度就增加多大幅度的这一看法，实际上是以某种谬误为基础而得出的结论。这种谬见人们在经济讨论中已是习焉不察了。的确，如果有某种工具生产率极高，我们就是可以任意倍增此类工具，而且，事实上，我们是会使此类工具实现收益倍增的，直至这些货物的收益让我们眼看着不断减少为止。由此可见，投入这些工具的资本的收益，是我们使之减少为相当于社会资本那一般收益的所得率。工具的价值似是由其成本决定的，而此类工具的件数则据收益变动；反之，一片土地所获得的收益则是由李嘉图公式予以计量的那样一个数额，即土地的价值等于这些收益的资本化。当然，土地没有成本价值，因为它是自然界所提供的。按照这种看法，就土地而论，看来是它们数量固定和收益固定的，它们的价值和收益还完全一样。而就资本货物而论，看来数量是反复无定的，价值是反复无定的，收益则因数量之变而与价值联系在一起了。

我们再仔细一点来看看，我们真正要加以比较的，总的说来是土地；就某一种形式来说，则是资本。拿我们的表来说，我们着重提到了所有土地的数量。土地是社会生产中适于各种用途的生产要素。我们还提到了*某个小组*所利用的资本。就其中的一种情况来说，我们取的是一种社会看法；就另一种情况来说，我们则是取的一种局部的看法。这是一种在另外很多场合采用过的方法，而且是从来没有不出现混淆的情况的。

既然如此，我们还是以另外*所有*资本货物与*所有*土地作一番比较吧，让我们把整个社会都纳入我们的视野。每一个小组和小小组都有土地，而且还都有取人造工具形式的资本。在这两种要素中，没有一种在总量上是可以随意增加的。现存的人造资本的数量，无论什么时候都与土地的数量一样是固定的。增加人造资本的一般基金，以期足以在社会各行各业的条件下形成可察觉的影响，这在任何一种短时期内都是做不到的。无论何时，土地都有个定数，人造形式的资本也有个定数，这个问题难以解决，可我们又必须面对。此外，基于土地无从增加，而其他的情况则反之，面对这样一个概念所提出的土地与其他资本货物的区别，这在静态研究中显然就没有正确性可言的，这个静态假设本身就排除了资本的一切增加。

我们再来看看，在哪儿——如果曾经发生过的话——这样一个区别是适用的。我们就把我们自己局限于某个小小组，进而进行一下有限的观察。即使在这里，土地固然无法增加，可他种形式的资本果真增加得了吗？这一区别，按照综合的看法是行不通的，且适用性也无从谈起。当然，把土地从其他小小组中分离出来，而后划归这个小小组，这可以做到。土地，在经济学意义上来说是具有流动性的；既然我们可以把某种产品的用地收回，那我们当然也就可以把它转供他种产品专用。以某种同样的方式，我们也可以增加人造资本的数额——我们可以从某个行业把它收回，旋即又把它投入另一个行业。就我们讨论所及的这个小小组来说，只要该小小组想要，我们就可以给它更多的工具和机器。假如我们关注制鞋企业，那我们就可以做到我们想留出多少台缝纫机就留出多少台缝纫机给这种企业，如此等等。如果这些缝纫机要很快投入到厂里，那就只有把他种形式的资本转投给该企业了。不过，在静态社会状况下，我们绝不会这么做，因为有一种经济影响阻止我们这样做。

我们会因为投资于这个行业的符合经济规律的土地总量是有限制的，因而认为我们投入那里的资本就不存在限制吗？有一种经济上的考虑实质是说："为了取得最好结果，你的确必须有这么多土地投入这个行业，而你可能拥有的资本总额则是一个不确定的可变数额吗？不，它正相反，就像他种形式的资本数额是固定的一样，土地的数量也是固定的。土地具有流动性，人造资本具有流动性。我们在前面的一章中作过描述的变异规律，是严格决定各个小小组可拥有多少土地，以及他种形式的资本又可拥有多少的。"[1] 投放供利用的土地太多，那么，按商品估计，土地的产量减少了，货物的价值降低了，这两种影响同时起作用的结果，会使你把多余的土地从中给退出。投入太多他种形式的资本，同样的情况也会出现。如果每个单位的资本形成的产量太少，而产品的价值太低，那么，过剩就会逐渐消失。

这一规律起作用的结果是，每一个小小组都有正常数额的土地以及正常数额的他种形式的资本。无论哪一个数额，如果加以改变了，那就会使这种小小组的情况每况愈下。这是因为，不论土地还是他种资本，如果调配失当，那所获得的收入也就会减少。这里，我们要指出连同人造资本对任何独特行业都无适应性的一种土地独特性，以期引起注意。这种独特性自由地改变其外向性，就像土地作为一种投入可以退出一种行业进而进入另一种行业，根本不存在使之永久地与某一种行业联系在一起的形式。实际上，有的形式的资本是非常持久的，当资本投资于它们时就难以撤出。如果没有极大推延，资本就根本不可能从这种投资中撤出，因为它就要滞留在那里，直至工具磨损。不过，总的说来，每一种行业都有足够多的资本货物会迅即损毁，须不断更新，使之有可能很快改变资本形式，而且不造成浪费。

另一方面，土地要转换利用上的归属，就得整个儿地转换。改变与之联系在一起的改良的形式可以做到，尽管过快地做此会有浪费，但土地本身原本必须有小组到小组间的转换。我们不能等着某种土地易遭破坏而由另一种土地取而代之。假如用足够的时间来做，就土壤中各种破坏不了的要素来说，则据以不发生浪费的就是资本

---

[1] 参见本书第19章。

流动的过程，但这是不存在的。我们从一个小小组到另一个小小组转换土地时，我们是连同其所有品质均从一个小小组归入另一个小小组的。此外，土地还有其特殊适应性，除非这种适应性得到了很好的利用，否则，它绝不发挥其生产能力。有的土地对于放牧或植树造林是适宜的，但种植小麦却未必合适；对市场园艺合适的土地，把它作为建筑用地却未必也一样合适；而且就连用于某个目的的建筑用地适合的土地，也未必对另一种目的的建筑用地适合。

这一事实遂使在不同小小组间配置土地的规律的修改在所必需。对某种用途特别适合的土地，就明确投入那种用途而言，不存在把它撤出那种用途的合乎道德的可能性。要是必须减少如此用途的土地，那么，从该商业部门中撤出的土地未必就那么适合其他用途。例如，有某种适于放牧而不适于耕作的土地，因而撤出前一种利用而投入后一种用途，这就纯属浪费之举；反之，有很多边际土地是其中的哪一种利用都合适的。两类行业土地用量加以调节时，我们务必要珍视具有明显适用性的土地，而仅撤出两种目的的无差别利用的那种土地。还有，有的土地用作商业建筑物的地址是如此适合，以至于这一点我们连想都不必想一下。不过，有的边际土地是既适于商用又适于住宅用的，只要我们削减某一目的的用地，增加另一目的的用地，通过转变此无差别土地的一部分即可达到目的。

我们会明白，待到我们有了计量价值的最终尺度时，那就会有取土地形式的一个单位的真实资本的这样一种情况。① 就经济目的而论，土地是既不按英亩丈量也不按平方英尺丈量的，而是按生产效率的单位数予以计量的。由此可见，纽约市心脏地区的一小片土地可能聚集大量资本，而落基山区六英里见方的一个地区资本也许就极少。但在各小小组中配置土地的法则却是如此，即每一个单位的土地——土地所体现的每一个单位的资本——都是投入到它所能发挥的最大效用之处的。极适用于某一种利用而极不适用于另一种利用的土地，体现的是很多单位的资本投入于某一种利用或者绝少单位的资本投入于另一种利用的情况。现在，假设必须从这些利用

---

① 见本书第24章。

中的前者撤出部分土地，而把这部分土地投入到这些利用中的后者，那么，我们是否应该考虑把在目前的利用中体现的十个单位的资本的那片土地改作只体现一个单位的资本的另一种利用吗？那样做会是毁灭性的。事实上，我们仅会从现在仅体现一个单位的资本的地方转换部分土地，从而使代表同一数额的资本就投资于此地方。也就是说，我们这是拟从小小组到小小组间进行土地置换，且绝不鲁莽地破坏取决于其适应性的生产能力。在现址，按照英尺或英亩计量的价值大一些的土地与在另外任何一个小小组的价值小一些的土地就不易地。转换后不致招致我们描述了的此类浪费的土地还会被转换，直至实现以下两个结果为止：（1）土地作为一个整体将作如此配置，直至最终能够发挥其最大生产力。这相当于说，这将体现其最大多数单位的资本。（2）当然，土地上的所有单位的资本都将均质地富有生产力。

有了有关拟选的土地种类的这一保留，在各不同小小组中，退出某种利用进而投入另一种利用的土地配置原则，也就与以他种形式在其间配置资本的原则完全相同了。各种形式的资本的单位生产率都均等了，而作为一个整体，资本现在是达到最高生产效率了。任何一种错误的资本配置都降低基金的总效率。上述规律下的各种资本配置都使其整体有了最大可能的生产力。按照某种静态假设，此类调节是进行而且坚持了，那么，各个小小组的土地和他种资本的数量也就都决定了。

现在，我们不得不指出的是，土地的收益能力以及他种资本的盈利能力，都是完完全全按照同一方式给予决定的。我们不同意经典经济学家就土地提出的第二种见解，即土地的收益仅限于剩余，也即级差数额，而资本的收益则是采取他种方式决定的。我们认为，有两点是正确无误的：（1）各种资本货物的收益都可以取剩余也即微分数量的形式；而土地，就这一点来说，并非是独一无二的。（2）可以为其所有者获得的任何一种资本的利润，都是直接而不是间接地作为剩余决定的。就像各个单位的资本以创造财富的实际能力决定其利息一样，每一片土地创造财富的实际能力也都决定地租。租用土地的企业家，并不因为在满足另外的需求后他还有归他所有

## 第 22 章 应用于各种具体工具产品产量的经济因果关系的规律

的一定余额就把地租转让给地主了。这一事实永远不会迫使他与此余额分手。他的确是转让此余额了，但他这样做是因为每一片土地都具有生产的实际能力，地主又迫使租户对该土地上的特有产品按质论价。假如这位企业家不为该土地上的产品按质付酬，那么就会有另一位企业家取而代之。是竞争迫使任何一种生产要素的使用者为其所有者支付此金额，因为拥有这片土地而使其所有者获得的利益，是直接决定而非按级差数额决定的。

有各种等级的土地投入利用了，也就有各种等级的人造工具在使用中。每一类工具中，等级最低的那一类都毫无收益因此，这种工具也就成了某种免租物品。包括土地在内的每一种高等级的工具都生产出某种产品，因此，预测某种货物的价值大小，实际上是以质优工具减去质量最次的那种工具所得的一种结果；而且，既然质量最次的那种产品是一文不值的，因此，那种预测无论怎样都会是正确的。

这种推测法把一切东西的租金都归纳为某种级差地租额。但是，下列*事实*则取决于使用边际如何确定，以及其*是否具有重要性*。质量最低级别的工具应予废弃是由什么决定的呢？我们将说明有这样一个边际得以确定的原则——它确定级别之差达到何等程度的土地用于耕作会划算，工具质次到何等程度使用起来还会上算，工人的素质低到何等水平雇用了才会是有利可图的，如此等等。事实上，任何一种生产要素的产品，也就是它对劳动和资本的边际产品所能起到的那种增益作用。如果各个小组都处于正常的状况，那么，这些边际收入在这些小组中都会是完全相同的，而且还会成为社会工资和利息的标准。任何一种具体要素的产品，都是这一要素所能对劳动以及与劳动共同起作用的资本的产品——在这些产品就这样以边际的产品计算时——起到的增添作用。

计量一个单位的劳动需要有某种标准才行，而我们很快即可得到此类标准。作为一个单位，我们可以暂用具有平均素质的一个人的一天劳动予以计量。"平均素质"一词谅必要有而且很快就会有一个定义，资本也是如此，也得按单位予以计量；至于单位，我们不妨就暂用某种增值，即任何一个小组采用某个台数的可用设备，以某个天数的标准或平均劳动所能实现的增值。投入工厂车间制成生产工具的额外劳动会产生这样的效应,即凭借这种劳动,不是更多就是更好的工具便生产出来了。就这种情况而言,劳动导致资本货物量上的增加;而就另一种情况而论,则是劳动导致了资本货物品质的提高。但无论哪种情况,劳动都导致增量和增值。因此,现在我们必须确认下列事实,即生产资源的这一增加额可以看成是一个单位的资本,而这资源的增加全系归因于某个时间下的某一个工人的劳动。

根据我们已经完成的研究,我们知道是这样一些单位的劳动和资本创造出了一定数量的产品。一个边际单位的产品显然是一种可以详细说明的东西。因为任何一个组合中的工人,其所生产的产品数量若小于边际数量,那这个工人就会离开那个组合;同样,假如一个单位的资本无论何处所生产的都少于其边际数量,那它就会自行摆脱对它不利的组合,直至成为边际资本进而获得正常报酬为止。

现在,我们可以确定不仅是土地而且还有其他所有工具的使用边际了。有的土地是如此贫瘠,以至于对与之组合在一起的劳动和资本的边际产品毫无益助。如果土地肥沃程度再低一些,那所产产品数量还要少,劳动和资本就会与之分离,从而寻求可获正常收益之处,即寻求不依赖于土地之处配置自己。这种土地属于劣等地,不过,在某种程度上尚未浪费另两种要素。然而,土地肥沃程度高一些的土地还是能使与之共同起利用的劳动和资本的边际产品有所增值的;此一增值是土地的真实产品,即土地的租金,它等于土地的总产值减工资以及作用于土地的劳动和资本的利息。

由此可见,是工资和利息,而非以某种数额的劳动和资本耕种的最贫瘠的土地,构成了计量土地产品的标准。事实上,是工资和利息*决定了边际的位置*,决定了多质次的一片地利用起来会值得。我们顺着土地的各个等级,直至我们获得一片于劳动和资本的边际产品于事无补的土地为止,这也就是说,这与除工资和利息以外一无所获的土地毫无二致。就这样,我们把土地的利用边际扩大至了仅仅提供工资和利息为止。"一定数额的劳动和资本耕作的边际土地的产品总量"这一术语,就是"一定数额的劳动和资本的工资和利

第22章 应用于各种具体工具产品产量的经济因果关系的规律

息"的一种累赘的表达。①

另外,任何东西的租金都是其真正的产品,没有这种产品,社会就会一无所有。假如投入于一艘废船、一台陈旧机器或是一幢旧楼的劳动和辅助资本,通过成为边际劳动和资本,同样可投资于别处,那么,利用这些东西社会就一无所获,而且它们的产品——租

---

① 这不是针对老式表达的唯一反对意见,还有一种更严重的异议见于这样一种可能的含义,即如果我们扩大这种边际就必须提高租金,而且还得借助扩展实现这一点。不过,不论强制还是笨拙地扩展都于事无补。这种边际的设置并非是租金的起因,土地使工资和利息有所增值的能力,这才是其起因,而且工资和利息在决定地租时是作为减数的。

我们现在回过头来看地租的一种全面而又正当有理的公式。地租是一种纯生产额,它是使任何工具都能对劳动和资本的边际产品提供一定附加值的因素,它是一旦工具无从获得,各行各业也就会归于彻底失败的一个因素。土地利用边际的扩展是*伴随和揭示*着生产能力的某种增强以及某种生产要素租金提高的一种情况。既不存在能使一片优质土地进一步提高产量的因素,也不存在能使一片劣质土地的产量也有所增长的因素。但凡有做得到这一点的,那也就会有这样的一种结果,即能使劣等地虽有碍于生产要素的流入,却总还能生产出一点点什么来。这一片土地,多亏条件改变了,不再有成为引进劳动和辅助资本的障碍一类的东西了,而且还处于免租地的地位了。更贫瘠的利用了的土地,也即以前生产要素损失更大的土地,现在的损失小了一些。这是从比边际等级低两度的土地的位置上提至低于它一度的位置上的。总之,地租的某种全面增长发生了:各种土地都获得了生产能力的提高,或是破坏力减小了。过去生产某种产品的土地,现在产品种类多了;过去什么产品也不生产的土地,现在有某种产品了;过去造成破坏的土地,现在既没有造成破坏也没有什么都不生产;过去要是得以利用就会造成大量破坏的土地,在新的条件下,造成的破坏少了。过去生产力全面注入土地的结果使土地利用边际扩大了。我们现在是利用直至零线的各个等级的土地。

在说到工资率和利率决定土地的边际时,我们并没有忽略下列事实,即边际土地上劳动的产品迅即成为工资和利息决定因素的一部分。这一论点在前面的一章中有过详细讨论。大体上,工资也就是一个单位的劳动连同其余所有劳动和大量资本,即包括各种工具以及各等级土地在内,所能生产的数额。

金——等于零。这些工具失去了它们的合力，或它们以给这些要素的独立产品增加一点什么的方式构成了一种组合的能力。

显而易见，只要我们能就任何一种优质工具与一种将要报废的工具的产品作出对比，我们就能计量出任何一种好的工具租金。这个租金等于净产品减去零，而质量最次的工具，即是产品为零的那种工具。不过，这种迂回曲折的话毫无价值，而且，讲这种话会有一定危险。简单一些说起来应当是，*任何一种工具的租金都等于它的净产品*。这可以归因于它的唯一产品，也即是可以给与它一起所用的要素的边际产品起增加额作用的那种产品。这个公式排除了来自这样一种假设的危险，即使用边际的扩展是租金上涨的原因，而实际上的情况却是，导致边际扩大的是租金的上涨。

在纯理论中，就连工资也是采用我们用以计量工具的产品的那种具体方法的。因为这种方法或许就把地租公式应用于具有各种不同素质的人们了。有这样的工人，他们创造财富的能力低而又低，因此，把任何资本交托他们使用都可能无法产生利益。与给他们一点土地，再给一点耕作所需的工具和种子，还不如给某个高效生产者增加些土地，以使他们拥有更多数量的土地。既然土地的边际增量增加了，则企业家手中的其他生产要素也得增加，而其产品产量就会有净增。此净增与一个低效工人手中的土地所能创造的产品数量相比要更大。另外，辅助资本留在低效的工人手中也赢利不了，还不如把它给撤出并使其边际资本在他处为更好一些。这一应用当提供四类租金，见本书第13章。① 我们把通常应用于土地的原理首先应用于资本，然后应用于整个劳动力，由此我们就可得出利息和工资的普遍规律，然后，把此原理应用于资本货物，同样还可应用于特定的人。

事实上，在实际工作中是不招纳免租的人的；此举的理由可想而知，也就是因为要工作就要有牺牲，而招致牺牲不值得，除非所得收益是个正值。在雇用童工毫不顾及受害者的福利的那些时代和地方，虽然尚未完全免租，然而已接近于免租，人们的劳动和服务

---

① 见本书148页注①。

已受榨取。不过,但凡劳动所需要的代价由劳动所带来的利益相抵偿时,那么,完全没有生产能力的工人也可以受雇用。疯子或狱犯也工作了,而目的就在于他们能享受到空气和锻炼,即使他们所用的资本数量转为边际资本,这也会与他们所用的资本所能获得的产品一样多。这种情况实际上就是他们的劳动产品产量等于零。

任何免租劳动之存在,都使我们能够使地租公式得以笼统化,而且把它应用于每一类生产要素之上。人、土地以及其他生产要素,都生产了可用这个公式计量的某种东西。其中任何一种生产要素的产品产量,都等于其自身创造的产量与同它结合在一起的其他要素的最后一个边际所能生产的产量之差额。这就是说,任何一种要素的产品都是它作为一种纯收入创造出来的,我们可以减去其中最为劣等的那个要素所创造的产品产量——这产品产量等于零——要是我们想这样做的话。总之,任何一个要素的产品产量,都是它对全行业总产量作出的贡献。既然认为任何一种要素都对与它相结合的其他要素的边际产品起了增加作用是必需的,那么,将这样一种产品产量归纳为级差数额是无用的。

几种使用边际的设置因有一项综合规律而行之有效了。企业家一旦认为有的东西对其他生产要素的边际产量毫不起作用,则便不再使用了。例如,若除了有关人道主义的一般考虑之外仅出于一己之利,一旦童工或残疾人的劳动对资本的利息毫无助益,那么企业家便就不再雇用这些人。一旦工具丧失了组合力,也即丧失了与工人结合在一起劳动进而使产品增值的能力,则这些工具便会弃而不用。人、工具、土地等等的使用边际都以同样的方式给予决定了,而且,这一些要素的边际扩大或缩小都是以一条普遍规律为准则的。尽管这一扩大和缩小是动态经济学的研究对象,但我们现在还是要强调在任何一个时刻都决定它们边际单位数量的这一规律的普适性。一切都取决于这几个合在一起的要素的数量。假如包括土地在内的各种资本都很充足,那么,雇用的工人素质再差也无碍大局。有充裕资本也就等于有了高工资率;而这或许就可以使童工、伤残者和年迈者等等成为冗员。不过,有充裕的资本又会使以前由于缺乏必要的知识和技能而被解雇的年富力强的工人又可以被雇用了。对这样的工人来说，增加资本的充裕度就会扩大就业规模。

再说了，就其本身而言，充裕的劳动力是能确保贫瘠的土地、质差的工具、参差的不齐楼宇等等都被利用起来的。实际上，这就意味着不经久耐用的工具会有一个长的使用期了。劳动力一旦稀缺，我们就得修理旧船、破旧工具、摇摇晃晃的机器等，以延长它们的使用年限。在一种静态状况下，总有一定量的不经久耐用的各种工具在使用着。某种机器要是从制成之日起便质量下降了，要是我们每年都制造一台供使用六年的机器，那我们就有六台这样的机器处于不停地被使用中了。但若每一台机器都使用七年，处于不停使用中的机器就有七台了。大量的劳动力需要很多工具，获得这些工具的一个办法就是延长每一台机器的使用期限。当世界人口剧增时，各种资本货物的利用边际，就像人们熟悉的各种理论中的土地耕作边际那样，都是大大扩展了。

按照经济学的意义来说，凡是低于边际等级的工人的劳动都不算是真正的劳动，应当弃而不用的或早就应当废弃的任何一种工具——土地、工具、建筑物如此等等——都不是真正的资本。尽管也可能存在徒劳的多此一举的情况，可真正的劳动从来都是富有成效的。依此类推，尽管有的土地和工具质次到了创造不了任何物品的程度，但真正的资本却始终是富有成效的。因此，就工人来说，那种边际界限把真正劳动的人与不是真正劳动的人给分开了；而就工具来说，这边际界限也把真正的资本工具和不是真正的资本工具给区分开来了。

# 第23章　各种租金与价值及其与小组分配的关系

概述工资和利息时还要补充说明很重要的一个细节问题，即用于计量各种形式的财富的一种单位。资本总量发生变化时，工资和利息都要改变，因此，就需要有一种单位用于计量资本，以期得出表示绝对金额的一种结果。这样一种单位在下面即将提出。不过，在搁置租金问题进而研究价值的基本单位前，我们最好还得确知，把工资和利息都分解成具有租金性质的剩余额，这是否会使人不知所措。例如，过去就一直有"租金并非是价值的一个组成要素，而利息则是价值的一个组成要素"的这样一种流行看法。在发现租金和利息，尽管视若不同，而且确也作了不同计算了，可事实上却是完全相同时，我们看来还得认为，利息不是决定价值的一个要素，租金同样也不是决定价值的一个要素。但按照普遍的看法，租金事实上就是决定价值和价格的一个要素。此外，由于价值具有控制小组分配的某种影响，因此，不论什么控制价值，社会收入在各行各业或小组之间的总分配都必然决定于价值。

各个小小组中劳动和资本的那种精细配置我们业已注意到了，要使价值达到正常状态，这种配置就必不可少。各个小小组不仅必须有竞争配置的资本数额，而且还得有自由竞争配置的各种资本数额，否则，价值就会处于某种混乱的、反常的状态。必须有恰好数额的固定资本和流动资本，而且还必须有与他种形式的固定资本相比较而言的适量的土地。要是自由竞争导致一定数量的土地从某一个行业中退出而进入到另一个行业，就会导致与自然规律的完全作用所要求的相比，某种产品产量低了，而另一种产品的产量则提高了。就每一种生产要素而论，情况也莫不如此。竞争不受任何限制时，这种竞争就能使每一个小小组都能就各种生产要素一一获得某种数量，但却无法按自然规律的完全作用所要求的，使某种产品的产量小一些或大一些、价格高一些或低一些。某种产品的产量但凡处于不正常状况时，该产品的价值也就是不正常的。

由此可见，在一个小小组起作用的某种生产要素的数量是决定产品价值的一个要素。任何一个小小组拥有的各种自然要素的数量，同样都是价值的正常决定因素。由于它们创造了各种不同产品的数量，因而也就成了这样的决定因素，即在各种生产要素中，每一种要素的产品产量都构成了投放市场的商品供给量。

具体看来，某种要素的这种产品产量就是这种要素的租金。例如，制鞋厂的工具的租金，实质上就是一双双鞋的总数，而这个总数的鞋是可以归因于制鞋工具的。类似地，该鞋厂所利用的一平方杆（美国测量制，1杆相当于5.5码，也即5.0292分尺，现不通用。——译者）土地的租金，实质上也就是一双双鞋的总额，而鞋的制成，则可归因于那个数量的土地。把土地看作是贫瘠的，那就使该鞋厂占用的面积缩小到刚好足以从中除去一平方杆土地，而其余资本的数量则保持不变——诚然，由于面积缩减，形状是改变了——而你发现，你所生产的某个数量的鞋是一年比一年少了。可归因于土地被收回招致的减产，或是当归因于土地得而复用的增产，就是地租。实际地租与其他的一切都是一样的，也存在于由土地生产的产品中；而这些产品，又构成此类货物的供给的一部分，且帮助决定这些货物的价值。租金，主要是看成为可归因于某种具体生产要素的一种产品产量，或是主要看成是供给的一个部分。由此可见，地租作为可归因于土地的某种具体产品的产量，显然是一种决定价值的要素。适值社会处于某种自然的静态状况时，各种生产要素的租金都构成各种商品的总体供给；而其中任何一种生产要素所提供的部分供给——或者，换句话说，它的具体租金——当然是决定价值的要素之一。

就相对价值而言，它还是由各生产要素在各小小组中的配置决

第 23 章　各种租金与价值及其与小组分配的关系　271

定的。使任何一种要素实现从一个小小组到另一个小小组的流动，这都会改变价值；而且，正如我们已经指出的，把一定数额的各种要素投入各小小组，那就会使相对价值处于正常状态。不过，这里的价值不仅仅是相对的，因为有可能得到某个价值的绝对单位；而用这个绝对单位，我们就可以给所有价值加总，从而得出总价值。如果商品 A 的价值为商品 B 的一半、商品 C 的三分之一，那么，这一事实就能使我们依据另外两个商品的价值说明任何一个商品的价值。不过，我们无法获得这三种商品的总价值。相互比较得不出总价值。不过，A、B、C 三者的价值，假如可用有别于三者的某种东西加以计量的话，那我们是能够得出三者的价值之和的。

现在，我们可以得出三者价值之和了；而且，不论我们何时得出，我们都会发现，租金是决定此价值总和的一个要素。我们此前曾说，租金是某种要素的产品产量，如果按照某种绝对价值单位计量，则现有的各种不同要素的总产量表明总产值。各种要素都得发挥各自的所能，否则其所创造的价值之和将有别于实际情形。阻止或减少某种要素的生产作用——减少其租金——这就将减少其所创造的价值之和。扰乱小小组中各生产要素的自然配置，这将会导致会减少它们创造的价值之和，假如价值是以绝对单位予以计量的话。

由此可见，租金不仅是决定相对价值的一个要素，而且还是决定所创造的价值之和的一个要素。就这一点来说，其本身与供给是完全相同的。特定行业的土地的租金就是该行业产品供给的一部分，而这一部分是可溯及土地的。生产中所用的所有土地的租金，即是土地所产出的商品的供给的一部分。租金与估算的供给或者说溯及一种要素的部分供给，它们是同义词；而相对的供给则决定相对价值，总供给则决定总价值。

"租金不是价格要素"，这就是有关该此问题的经典阐述，它甚至表达了现在普遍流行的观点。不过，该表述有些含糊不清，它似是意味着，要是无所谓租金一类的东西的话，那么，租金这一事实对价值的调整就不起作用了；另外，各种东西都会按照它们现在据以交换的那种比率进行交换。但是，要是把租金界定为可归因于某种具体要素的产品产量的话，那么，要坚持这样一主张显然就不可能了。即使把租金一词仅限于土地所创造的产品产量，而不是调整市场价值的一个要素，那它也是荒谬的。因为那就等于说，每一种商品产出量中的某一部分都对其市场价值没有影响了。当然，该表述中所提及的"价格"，它是以货币单位表示的市场价值。

  古典经济学家真正试图证明的是，就价格而论，谁得到租金这都无关紧要。他们的论点只不过是证实下列事实，即租金作为分配中的某项收入或是份额，对价格毫无作用可言。所给予的证据实质上也就是诸如小麦一类的供给中，有的部分来自免租土地。对小麦的这一需求使土地得以利用了，促使种植小麦的办法就是把价格提高到这一土地投入耕作以后可以获利的程度。按照这一价格，某种明确数量的小麦可以种植了，但是，如果这片土地的质量达不到最低限度，那小麦就无法种植。因此，这种价格是与该地区的生产成本相一致的。这里能安全种植的作物，在某种意义上可以想象为小麦供给中"最昂贵"的部分，或是按照"最大劣势"种植的部分。从企业家的观点来看，使用劳动和辅助资本于免租土地可获得的一蒲式耳小麦，确是按某种更大劣势生产出来的，比在肥沃土地上种植的小麦成本要高，是一个值得进一步注意的问题。对此，我们还将再谈。我们发现，对于企业家来说，每蒲式耳的小麦成本是统一的；而且，如果静态规律完全起作用的话，那么，成本就等于价格。我们现在必须指出的是，免租土地种植某种小麦的成本与种植他种小麦的成本肯定是相等的，且就代表前一种小麦的正常价格。肥沃土地的所有人说"这片田地我不收租"的话，小麦价格不会因此而降低，供给不会发生变化。因为小麦种植量不会改变，免租土地上种植所产的边际数量还会是在所必需的，而且按原价购买，且供给量中的其他部分都会按照原价出售。使用这片肥沃土地的农场主还会按照他们现在达成的价格销售他们的小麦，而且还会把免除的租金加到他们的利润上。不过，在这种情况下，租金仍会存在，且数量一点也不会减少。实际上，这是把租金留给农场主，而不是留给地主，但小麦价格却并没有受此转让的影响。该论点真正证实了的是这样一个事实，即就价格而论，不论是地主还是农场主，把称作地租的那部分收益——可溯及土地生产的小麦产量中的那一部分所得的货币——据为己有,那并不重要。

该论点还可进一步加以细述。农场主可能说:"我们不会留下地租,我们要把地租留给我们的工人。我们会将它们在农场干活的所有人中按比例分配。"但这还不会使小麦变得廉价,因为小麦的边际数量还是在所必需的,而且会按成本价格支付小麦的价格。由此可见,不论地主、农场主还是工人收取地租了,只要土地在供给量中所占的份额加大,地租就总会是存在的,而且价格还持久不变。

我们还可以就此论点作进一步的探讨。工人有可能谢绝农场主答允给他们的工资外的补贴。按工人的善心,他们或许也就决定把这种补贴给公众了。但是,即使工人这样做也未必影响小麦供给的整体价格。要是农场主销售小麦,并把体现地租的货币支付给工人,而这些工人把钱转交给公众的唯一方式,就是采用某种异乎寻常的随心所欲的分配计划,不过小麦仍会按正常的价格销售。要是租金采用实物形式交给工人,要是他们决定不接受,那他们就得设法放弃那一部分供给。尽管情况错综复杂,但不论销售什么,农场主都会有价格可循的。

总体说来,与这个论点有关的不只是存在地租这一点,而且还有地租作为收入的处置这一点。这里我们没有效仿经典论点提出一个假设,而是取消地租这一要素:归因于土地的这一产品仍然存在。肥沃土地代理机构建造的谷仓里,总有地方存放一定数量蒲式耳的小麦。实际上,这里的小麦是地租,有的人懂得它作为收入的重要性。某一个人而不是另外一个人获得这项收入的这一事实,不是什么对价值有很大影响的事。这是传统论点已经证实了的。这一事实证实下列这一事实,即假如土地是耕种者或是作为一个整体的国家的财产的话,那么,欧洲的地主佃户制度就应该使土地价值适得其所。无论在哪一种情况下地租都会存在,而且它还会构成影响产品供给中的一个要素。①

---

① 最接近于取消地租的那种假设是土地都免费利用,而且工人和资本家都可以随意利用各处土地。例如,要是有十个人想耕种一英亩肥沃土地的话,那他们是会遂心如愿的;而如果第十一个人也想加入耕作,他们虽

类似的结论也适用于另外每一种要素的产品，这是一个很重要的事实，可迄今鲜为人知。地租的原理，正如我们所注意到的，也可应用于各种人造资本货物的具体产品，甚至还有工人的具体产品。在同样不精确的意义上，也可以说，地租不是价格的一个要素，工具的租金以及人自身的租金也即利息或工资，它们都不是价格的要素，至于谁得这些数量，这都无关紧要。价格还是相同的，而不论我们是否现在得到它或把它给别人，或是在哪里就任由留在哪里，价格始终不变。我们可以一字不变地重复说，涉及地租的这个论点适用于人的租金或人造工具的租金，而且无论何种情况下它都适用。质量上乘的人造工具的所生产的各种有差别的产品，仍构成其所体现的资本的利息；而质量上乘的人的有差别的产品，则构成工资。

　　人造生产工具，实际上是向资本家借"钱"后然后购买或制造后又供出租的工具。归资本家所有的，实际上是那些工具的收益，但这收益，取的是每年从他已预付的那笔款额中获得的一小部分形式，这一形式也称为利息而非租金。假如资本家说"这种利息我分文不取"，那么，那些工具的收益也就都归企业家所有了，而产品的价格却未见变化。其中有的，正如我们所看到的，是用免租金工具创造的，价格就足以证明利用这些工具是恰当的。按照这种价格，公众就会要求有某种数量的工具；而如果不使用这种免租金工具，则除非采用代价还要高的方式，否则就弄不到。数量有保证了，免租金工具便能使用。市场上有了这种数量的产品，价格也就会证明使用这些工具的正确性了。此时，企业家就会保留资本家转让给他的租金，而产品的价值则不变。

　　企业家可能拒收利润，且可能把它转让给工人，但利润还是作

---

会被接受，但实际上根本行不通。仅就理论来说，这种做法也势必会使地租降低，因为那会造成良田沃土的过度耕作，而且还会使以某种比例的方式归工人和资本家所有的租金化为乌有。顺便说一句，这还会引起产品的相对产量偏离目前的相对产量，其结果就是影响价格甚至还会减少产值的绝对数量。有关这个问题的论述，参看本书作者就马歇尔的《经济学原理》所写的一篇文章，载1891年3月《政治学季刊》。

## 第23章 各种租金与价值及其与小组分配的关系

为具体生产工具的租金,或者作为其中所含资本的利息——实质相同——存在。这第二次转让对价格不会产生甚于第一次的影响。商品的价值还是足以证明使用边际工具是正确之举。若某些工厂的工人拒收这一租金,那就可以采用这些商品某种时价打折的形式以转让给这些企业产品的采购者,不过,类似商品的价格则保持不变。这些工厂所使用的质优工具等等的租金或是其中所含的资本还会存在,不过,以此资本生产的某些商品的采购商当拥有之。这一利息是归资本家、企业家、工人还是归受优待的顾客所有,这都无关紧要,价格不受这一利息从一个阶层转移到另一阶层的影响。实际上,利息的存在或是资本货物的租金是重要的,它是商品供给的一个组成部分,而且跟供给的另外组成部分一样,它也是价格的正常决定因素。

同一原理也完全适用于劳动和工资。有一些免租金工人在工作,但人数不多,而他们所创造的产品实属产品供给中微不足道的一部分。如果这些人与现在的相比要多一些的话,那就可以表明,任何一种商品的供给量都相当充裕。它还证明,这一部分是完全由无租金的人拥有的资本——按"最大不利条件起作用"的资本——所创造的。公众需要这一部分供给,且愿意按成本价格购买这些产品,并委托边际工人管理资本。这些工人所拥有的资本其所创造的比在他处要少,企业家必须为这种资本付出代价。因此,就利息来说,产品供给的这一部分是"代价最大的"部分,因为企业家必须投入更多的资本,借助质次劳动而非质优劳动生产既定商品。托付给一个无租金的工人5 000美元可以创造的产品产量,并不比托付给一个一般工人500美元所能创造的多,不过,各部分供给的成本则一样。使用资本,支付资本以利息,并把资本交给无租金的人,所产生的成本完全变成了利息,而供给的大部分中就有一部分包括工资,但几部分的成本相同,各部分的价值也一样。

就此类情况所作的这种考虑后得出的意见虽有矫揉造作之嫌,但在这种条件下,任何一种资本货物的所有者都应拒收来自这种货物的收入这一点,还是揭示了这样一类事实,即某种收入的所有权并非是价格的一个决定因素,而这种收入的存在才是价格的一个决定因素。不过，这对工资来说，这种证明还是适用的。在人造资本和地租的利息并非是价格的要素这同一意义上，工资对价格没有产生影响。如果优秀工人放弃他们对雇主提出的要求，且工作了但一无所获，那么，产品的价格还会与其边际效用相一致。顺便提一句，此时，该价格就由依靠免租工人劳动创造的这些产品的成本来决定，即使企业家应该控制那放弃了的工资，或应该作为利息贴息把它们转给资本家，或作为商品市场价值的折扣转让给受惠客户，但无论何种情况下，工资都还会存在，尽管受雇用的劳动者并没有得到，价格也还会像分配未受到扰乱时那样。

这一假设有一点不自然的含义，因为假设的该行业免租工人很少。什么也不生产、什么也得不到的人们居然还工作，这样的例子罕见。他们在劳动中付出的代价会以某种方式以个人的获益给补偿；而这等于说，他们唯在不会有实质性付出代价的地方才工作。然而，涉及过地租的这一主题，与工资的一样完全正确。要是土地不是一个价格要素这有意义的话，那么，*在同一意义上*，工资也不是一个价格要素。这两种说法的真理的重要核心，在于对下列事实的坚持，即获取这些收入的*人们的个性*于影响价格而言无关紧要。不过，这些报酬的*存在*却又无关紧要，这是不正确的；正相反，地租、具体工具的租金及人的租金，都是商品供给的要素，也即都是价格的决定者。

如果工资不是价格的一个要素，那么，地租也就不是了，而这是一种荒谬的见解。作为一个整体，工资是社会劳动整体的租金；一个小组的工人的工资，是该小组整体劳动的租金。这里，我们不再把具体的工人视为租金的生产者或是具有各种不同生产能力的人。我们现在即可使以单位计量的那种永久的劳动力呈现在眼前。无租金工人体现的不仅限于一个单位的劳动；他固然可以尽力，但他独自一人什么也生产不了。但层级最高的人，也即那种高租金的工人，就可以代表很多此项单位的劳动，因为他有创造大量产品的能力。按单位计量劳动力，我们可以从表达利息规律的那个公式中得到一个剩余或者说一个差额，这个差额即纯粹劳动本身的租金。

见图 23-1，我们再假设劳动单位的数量固定，而资本则是逐个单位地增加的，资本的数额按线段 AD 计量，而它每个单位的生产率则沿 BC 曲线下降。由此可见，AECD 是利息，EBC 则为剩余或是劳动的租金。

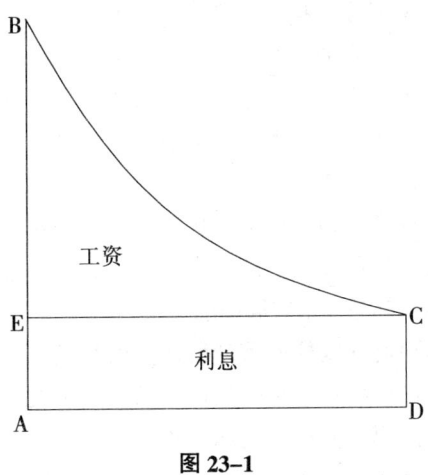

图 23-1

按照这种看法，该产品最后一个单位的供给没有借助劳动，它是由最后一个单位的资本所创造的。在我们早先的研究中，我们提到了该最后一个单位及其产品的实质上的分离。增加一个单位的资本，就得到了货物产出量的某种净增量，而且这还是在劳动力不发生任何变化的情况下实现的。撤去一个单位的资本就会导致产品的某种净减少，而劳动力却不发生任何变化。一种情况下人们实现的单位产品的增加、另一种情况下人们实现的减少，都是人们分别增减资本单位的结果。若既不增也不减任何资本，就听凭那数量自行消长，那么，该产量中就会有某个最后或边际的资本单位，系完全归因于那最后一个单位的资本的存在，也即在生产该单位产品时劳动不合作的一个数额。

现在，假如有关土地及其产品的传统推理是正确的，那么同类推理在这里也是正确的。商品的价格必须高到这样一个程度，以至于企业家仅凭使用这最后一个单位的资本，而不使用劳动，就能创造出这一产品的某个边际部分。一如实际情况所示，不借助于劳动，仅凭前几个单位的资本，就"以较强优势"进行生产的这一事实并不影响价格。因为那等于那供给的边际单位的成本，而这一成本可溯及那边际单位的资本。假如我们把诸如这样一种情况设想为拒领工资但是又继续工作的这样一支完整的劳动力队伍的话，那么，我们就得接受企业家把收益据为己有的这一结论。显然，他们是无须把这部分收益转交公众的，既然按照价值规律的作用，他们总是可以从公众那里得到这样一个价格，而该价格又等于产品边际单位的成本。这里，不包括劳动在内。如果企业家决定把这笔收益转让给资本家，那么对价格的影响就会是*微乎其微的*；而如果就任意地、全无必要地削减总供给当中的某种因素，并作为一种礼物转交给公众，那这就将引起价格波动。总之，总工资或者整个社会劳动力的租金同地租一样，都与价格有同样的关系。

实际工资是除资本以外的劳动所产生的物品。这些物品跟土地所生产的产品一样，也是整个商品供给的一个组成部分和价格的一个要素，虽然谁得到它们这个问题与价格无关。如果实际工资或劳动的独特产品变得越来越少，那么，人们一年中所创造的绝对价值就会随之变得越来越少，而且不同商品的相对价值也受影响。不过，劳动对各种不同商品产量所作的贡献呈现递减状态，这就会影响其他不同商品的供给。因为，例如，劳动创造棉布及钢铁供给的一个部分，但如果工资水平降低或劳动产品量减少，这就会引起棉布、钢铁不同程度的减产，从而影响其相对价值。

*租金总是产品*——总产品中可溯及的某种生产要素的组成部分。由此可见，产品不是价值的一个要素一说显然是一种谬说，这正像断言产品的任何一个组成要素都不是价值的一个要素一样都是荒诞不经的。我们刚才指出，劳动的产品的某种全面缩减会参差不齐地削减各种不同产品的产量。因为，既然劳动在各种不同产业中所占的比重并不均一，因此，这些产品的相对价值就会自动改变。由于一个类似的原因，人造资本的产品的缩减也会产生如此影响。这种资本在各种不同产品的产量中所占的比重已是各异的，要是资本的产品日见其少，则市场上各种商品的相对数量也就会改变。就连各种租金的总额也是相对价值的一个要素。某个小小组中的任何一种生产要素实现的租金，或者换句话说，该要素对该小小组的产品所

作的贡献，显然是调节相对价值的一个要素。就这一点而论，地租、人工资本的租金以及工人的租金都是一样的。工资不是价格的一个要素，以下如此笼统和含糊的结论是滑稽可笑的；而以同样含糊、同样总括性的语言说地租不是这样一个要素，这也同样令人啼笑皆非。这些论点都是一种原理的多种具体应用。地租是产品，产品控制价值，任何一种产品的任何一个部分的存在都决定该产品的价格，这些是很重要的。但是，谁获此产品的问题，却并非如此重要。地租作为一种收入的形式，它不是价值的一个要素。

一种产品的各组成部分，均可由某个企业家按照自己带来的利益或是花费的成本给创造出来。这种说法有些言过其实。与就对价值的那种持久或"自然"的调节一起算入的是企业家成本。在静态条件下，从长远观点来看，一切往往都是按企业家在生产过程中耗费了多少成本而售出产品的。① 对于企业家来说，他雇用这种要素还是另外一种，或是两者皆雇用，这无关宏旨。因为无论在何种情况下，他都是以同样支出获得同样结果的。如果他使用良田，获得既定量产品，而付出的劳动绝少，那么，他这是在雇用大量的第一个要素，而对第二个要素的雇用则相对较少了；但实际上他还是按照土地的市场价值购进土地的产品的，而且也是按照劳动的价值购进劳动的产品的。雇用一种要素等于购进该要素的产品，而同一产品的各部分的价值都是均一的。当企业家用最贫瘠的土地因而不必为之付出任何代价时，他这是在雇用一种偿租的要素，而并非两种要素。不过，他这是按相同的即既不是高一些也不是低一些的单价获得此产品的。在一种完全静态的条件下，就任何一种产品来说，成本与价格一样，都是均一的。

任何一种生产要素的租金都是在企业家掌握下产生的，而且都存在于该生产要素所生产的货物之中。这些货物一经销售，租金固然是呈货币形式的了，但还是归企业家所有。企业家向该生产要素

---

① 当然，最终效用是价值的决定因素。不过，由于各种货物相对数量的改变，因此，那些具有按本书所界定的意义上的相同成本的货物，其结果则是具有相同的最终效用和市场价值的。

的所有者支付租金时，该租金就等于该企业家成本。在静态状况下，企业家的成本都存在于工人和资本家对租金的所有权中。作为租金，在工厂里所创造的是产品，而由生产要素所有者收取的则是收入。所以，企业家所支付的租金就等于成本。在其严格意义上的存在阶段，租金都是由企业家支付的，而且正是在此阶段，租金和成本均为同义词。于是，成本是价值的决定因素。综合的说法是，就起源而论，租金根本上就是产品；决定价值的是产品的数量；而如此决定了的那个价值，其影响所及，各行各业作为一个整体所能得到的收入，概莫能外。①

**附注：**

对本章提出的这个理论所作的最早阐述，读者可以参阅美国经济学联合会 1889 年 5 月出版的一本专题论著《科学的工资定律的潜在价值》(*The Possibility of a scientific Law of Wages*) 中的一个冗长的增补注解。在同一时期，在维塞尔教授的著作《自然价值论》(*Natural Value*)（第 7 章）中似是有一个论点断言不是级差地租而是一般地租是一个定价的要素；然而，假如获得这一收益的那片土地是专供"次要的或者派生的"用途方面的，那么，就连那个级差的部分也可以是这样一种要素了。在马歇尔教授的《经济学原理》(*Principles of Economics*)（第五卷，第 8 章）中，据解释，由于存在各种不同的农业土地利用上的相互竞争，而专供某种作物利用的土地的数量或许有限，因此，那种产品的供给也就有可能减少，而价格或许就会受供给的这一限制因素的影响。读者会意识到，按照本书所持的论点，所有地租尽管已转换成级差地租了，但实质上它还是对商品的供给有所贡献并决定价值的要素。另外，上述已经列举过的所有租金，就这一点而言，都是相同的，而且经过计量的所有地租也都是相等的。

赫伯特·M. 汤普森先生 1892 年出版的《工资理论》一书所持的论点是，与作为总体加以考虑的工资、利润和利息一样，"*作为总体*"的地租，也是构成生产费用的要素，而且两者"在土地与其他生产要素之间存在着

---

① 租金总额等于总供给，而且也是价值的一个决定因素。价值是小组分配决定的因素；但是，正如我们所注意到的，小组分配往往会自行调节，以便消除利润和确保工资与利息不变。劳动和资本的生产力保持不变这一趋势，是这些事实当中的一个最基本的事实。

相似之处"。该理论与这里提出的这一理论也是极其相似的。

乔治·戈顿（George Gunton）先生在所著《社会经济学原理》（*Principles of Social Economics*）一书的第4章第3节中，根据完全不同的理由，对地租与价格的关系的那种传统观点提出了批评。

在差不多所有早期有关地租的讨论、尤其是与李嘉图进行的讨论方面，可以想起来的是，在这些讨论出现时，没有一个人是有意识地对该主题的静态与动态两个方面作区分的。研究地租的这种突然的愿望源自一种动态的事实——人口的递增密度和可归因于农业报酬递减规律所导致的食品成本的递增。那个时期的某位学者提出的在一年的时间内地租趋向于与之一致的一种标准———一个静态论题———当会被引向使之进入动态领域。这些，当它是为表明某种静态调整如何引起时，它是完全可取的。我们是在假设某个水池是以不合常规的方式引水，而且设法使原来起伏不平的水面变成水平的水面的情况下，通过说明何种运动能使水平面得以保持来解释使水平面保持不变的那几种因素的。与动态经济的因素的诸如此类的关联，也是说明各行各业的小组结构调整以及价值、工资和利息的调整时所必需的；而且，这种种关联同样适于解释一旦作为某种独特的产品而被独立出来时的地租。不过，要记住，静态和动态兼顾的那种论述方式，如果不对两者作出有意识的区别的话，那么，这将导致计量地租的公式在不加修改情况下就应用于动态条件，那其所得的结果就势必不是大于就是小于得自土地利用的实际收益了。当社会处于发明、人口迁移及工商界全面改组引起混乱之时，利用某片土地实际上得到的，常常包含理论上的静态地租，即包含企业家的利润或亏损。吸引企业家投身新领域的是预期利润，而某种经济测试的严格应用，则是旨在确定综合收益中有多少是纯粹地租。此外，这样一种动态状况所提供的条件，使李嘉图理论中的那个公式不适用于分析综合所得的利益，以及从一切混合利益中分离出来的地租。为使某种动态社会条件下的地租得以实现科学的分离和计量，我们首先就需要类似于李嘉图的那样一种公式；其次还得要有一个深化的公式，这个公式应该是能解释李嘉图公式直接导出的那种理论地租，与一种不同的严格静态的实际地租有趋同可能性的地租之间的差别的。不过，有关地租动态的这种讨论，就留待另外一部著作来讨论吧。

# 第 24 章　工业生产要素及其产品的计量单位

　　为使工资和利息规律明白易懂，我们在这里就补充那个最后必要的细节。我们面临的是社会劳动与资本相结合以达到既定结果的情形。它们两者均受报酬递减规律的制约，各自的收益都取决于最后一个单位的生产率。这里所指的劳动是一种永久要素，而资本则是一种永久基金。两者各以一系列无穷的具体形式存在，而这两种生产要素各自的数量一旦发生变化，则其存在的形式也迅即改变。资本的各个增量都存在于各种具体工具可以辨明的那些要素中，而不是存在于作为一个整体的各种工具中。资本和劳动都必须凭借某种细微的调节在全社会范围内的各个小组和各个小小组中加以分配，而前提是价值、工资或利息都是正常的。劳动和资本各自的每一个增量，都必须按照同样的方式借助各种因素的同样作用加以分配。这样，工资与社会劳动的最终产品增量便会相一致，而利息与社会资本的最终产品增量也会相一致。这两种收益都可以转换为具体生产者的租金形式，而且工资、利息及租金跟所有的产品一样都是决定价值的因素。照此说法，只要懂得如何计量劳动和资本及其产品，那么，对于揭示分配的一切一般而又基本的事实，我们就都能应付自如了。但是，我们显然还得有普遍适用的价值计量尺度才行。

　　在应用于资本的报酬递减律这一说法中，连续几个单位的资本产量被认为是递减的。暂时不妨就依据货币计量的资本"份额"，①

---

①　在诸如此类的因果关系下，资本的产品不可能成为计量资本的基础，这

不过，货币最终体现什么是终究还得确切予以了解的。在我们所举的例子中，假设一个社会的资本由 1 万美元增至 100 万美元时，这到底是指资本所体现的是它过去的 100 倍那么多的劳动呢，还是 100 倍那么多的个人亏损呢？即使两者均体现了，那也还得设法表明所计量的是劳动还是亏损。

另外，如果我们既计量社会资本又计量社会产品，那么，显然也还有说明绝对金额的某种单位。从某一点上看，一个小组的资本与另一个小组的资本相比较结果或许是可以计量的，但是，单凭这种做法，全行业的资本总额便无从获取，社会总产量也如此。利息是所有个别资本的产品的总额与资本本身的总额的一个比率。考虑到这种种情况以及其他情况，要使最终生产率规律具有科学精确性，而一种计量经济价值的普通单位就是必不可少的。

实际上，有关财富的整体研究必须借助于计量财富的单位，否则便毫无意义。因为要予以回答的问题都是定量的。一个国家的财富有多大规模？进行这种探讨所研究的东西必须是可用某种单位加以计量的，而结果又是必须表述为一个绝对数量的。仅作相互比较那是得不出总额的。商品甲可定期在市场上与商品乙交换，两者又可与商品丙进行交换，但此事实并没有给我们以三者总价值的提示。单凭交换比率得不出经济学家孜孜以求的那种答案。

一个社会的实际财富存在于异质的物品当中。如果这些异质的物品终于加在一起了，那也必然是由于各种物品都包含有一个共同的要素，而该要素是可以给予绝对计量的。例如，不同的东西可以称重量，而其总重量可用一个总数予以表述，因为它们都受地心引力吸引，且对阻碍其运动的一切都施加一种力。因此，一个重量单位可以相继用于全然不同的很多东西，用以计量诸如此类迥然不同

---

是显而易见的。假如我们说不论什么人生产的一个单位的消费资料都等于一个单位的资本，那实际上等于我们什么也没说，而只是强调指出，在任何时间内所有单位资本的生产力都是相同的；反之，如果我们一方面说一系列单位的资本都显示收益递减，可另一方面还以这一系列单位的资本产量计量该系列单位的资本，这是自相矛盾的。

的东西所共有的要素。无独有偶,社会财富存货总值中,也有一个为一切异质物品所共有的要素,即每一种商品都有某种可加以计量的能力。

财富总量通常是以货币加以表述的。例如,我们说某某人"身价百万美元",这并不只是说他可以按百万银币的高价出售他所拥有的一切。这些以货币作为价值标准的人物,心中所思所想都是青睐属于银币的那种权力的。这些银币可以用于购物或是雇人干活。每一枚银币对人类的福利都有一定的影响。上述例子中的那位富豪就是重权在握,而这一权力之大,正好等于百万银币中每一枚银币所具有的权力的一百万倍。与很多经济分析相比,处于此流行演说方式基础之上的这些直觉真理,距绝对真理都近了一些。这些例子识别出了人类权力一类的东西,抓住了权力的某个可利用的单位,并把该单位的权力应用到各种各样的商品中,并总括性地确定了计量方法。①

*有效效用*这样一个名称,在这里是指各种物品的超自然力。这就是一种商品的某一个单位所具有的改变其所有者的身份,进而提升其在享受待遇方面所应有的权力。给一个人一桶面粉就会使他的生活宽余多了。人们不是在救助他使他免于挨饿,尽管他可以靠人们给的食品维持一段时间的生活。如果人们没有给他这些面粉,那他只要付出一定代价,面粉他还是会有的;而实际上人们所做的就是使他免于付出代价。这一效用计量的是面粉的价值。拿走这个人现在拥有的一桶面粉,再估计一下他遭受的损失,我们这是在换种方式计量有效效用。食品,这个人一定得有,而且在付出成本代价后他会得到,但未必能完全弥补得了失去的那一桶面粉,尽管他可

---

① 本章的基本内容发表于 1892 年 11 月号《耶鲁评论》(*Yale Review*),为 1881 年刊登于《新英格兰人》(*the New Englander*)上的一文的续篇。在 1881 年的文章中我指出,属于一切经济货物的那种影响力,称为"有效效用"。如此界定的这一本质,与杰文斯教授和美国经济学家的"最后"或"边际"效用关系密切,不过,他们的研究工作当时我并不知道。他们探讨所及的内容带有社会性。这种观点全面判定了各种事物对社会的影响力。

以靠玉米生活。在这种情况下，那桶面粉的效用就得按玉米的成本以及质优食品未得满足的程度予以计量了。

在弥补由另一种东西的丧失所带来的损害上，以一种东西代替另一种东西的这种能力在决定价值上发挥着某种非常广泛的作用这一点就会变得明显起来。就多种物品来说，所采用的那种替代产品，在本质上，都是有别于它所代替的那种物品的。某种福利既已丧失，那么人们也就只得尽力使自己过上与过去一样的生活。要判定有那么一匹马对某人来说有多重要，他或许就得弄清楚他必须工作多少个小时，才能凭借船、枪或网球用品等等，使他从中得到的快乐与他因有这匹马而得到的快乐一样多。此例中的心理过程，首先是对一种乐趣与另一种乐趣加以权衡的过程，以分清何种乐趣更合他的意；其次则是按成本计量被代替了的那种乐趣。两相对照以后，马的所有者才能确定这匹马对他来说究竟值多少。此例中的最后这一举措是一个棘手的举措，因为通过剥夺一个人的任何一种娱乐器材给他造成的最终伤害，演变成了他不得不承受某种程度的个人亏损的局面，这一亏损，是在致力于确保终将取而代之的某种东西的过程中出现的。

揭示有关有效效用的某种独特重要性的是这样一个过程，即人们在这个过程中，总是坚持不懈地忙于先弄清楚获得一种很独特的东西成本有多大，然后再判定获得某种东西有多重要。人们追逐的是通称为幸福的某种东西，而体现幸福的那种形式倒是其次。对抽象意义上的幸福的计量，是人们在交换中意识到的重要的事实。有的人或许垄断了某种增进幸福的手段，但他就连他想购买的商品也无从给定一个价格。其实，这是按照由社会承担的成本定价的，而社会定价是无论采取何种手段，都是旨在确保幸福等量的。尽管通达乐园的阶梯可能有很多，然而，使用其中之一的通行费征收权却受限制。不论是采取何种形式，有效效用都是以纯粹量化的方法由市场计量的。

有效效用作为一个整体是由社会计量的。"有效*社会*效用计量"这一说法的重要性，本书作者在过去的研究中就该词曾作为价值的同义词使用过。这里要强调的是"社会的"一词。某种东西的价格的重要性不是归因于一个人,而是归因于彼此不可分割地联系在一起的所有的人的。一种物品有效的服务能力,在使用者看来,是因人而异的,但对于社会作为一个整体来说,则不存在歧义。文明人是专家,某种产品他逐个单位地生产,然后交给社会。因此,判定价值的计量过程必须追踪独特的社会心理之谜。总而言之,简单的是交易——这比确定一匹马对自己来说有多重要的单个人的行为还要简单,他只要弄清楚他必须工作多久,才能买得起一艘船或网球用品就行了。

就这一点而言,"社会的"这个词的意思现在必须给予限定了。有所谓一个单位的社会改善或社会损害一类的事。不过,说也凑巧,就计量的目的来说,损害往往多于改善。因此,最终单位的价值是一定量各不相同的社会劳动所付出的成本代价。总之,社会决定某种东西的价值的做法是,弄清做多少工作才能取代它或获得与之等值的某种东西。

就其最简单的形式来说,分工意即某种产品的生产从开始到结束就由一个人来完成。这样说来,这个制作一双鞋、一座钟或一张桌子的生产者就是一位专家。取自自然界的原料经过他的加工随即变成成品形式,然后把它交付给社会供最终消费者使用。不过,劳动的差异化当然是远甚于这样一种程度的。现在,大多数工作都由高度复杂的小组完成了,每个人的工作都仅限于很窄的范围内。不过,我们正在研究的原则不受这一事实影响,而且我们还要考察一种更为原始的社会,在这种社会中,任何一个产品都可以认为均由一人制成的。当这些物品一天一天离开生产者之手呈源源不断供给之势时,它们必须有购买者。尽管单个人一次不会买很多,但社会会尽数收购。为了不至于使要研究的这一原则变得无说服力,我们甚至还可以假定,社会的每一个成员都至少会购买一件。每一类商品*都由一个人大量制成,然后又逐个单个地为很多人所消费*,这是必须指出的重要事实。

能最好判别一种物品给予使用者的那种福利的是使用者自己,他们是连续对物品使用福利作出估计的人。我要买这个物品吗?为买它,我要付出我的收入乃至更为重要的东西,它们竟会使我无钱购买别的东西而空手而归吗？这个商品与另一个相比成本相同，但更可取吗？各种物品提供的效用上的此类比较，在很多消费者心中都不时地进行着，他们这就构成了购买公众。光是此类比较，我们从中得到的唯粗略比率而已，而不是总数。再说，此类比率就各种社会成员而论，还不尽相同。如果每个人都可以计量一种商品的有用性而且值得一试，假定他能达到固定单位的努力程度，那么，他就能以一个总额说明多种不同商品的效用了。类似地，如果全社会实际上都像一个人那样起作用，且对所有商品都作这样的计量，那么麻烦也就会由于很多计量的人不见了这一事实而出现。有市场在确保这一结果不至于出现的危险，因为社会就像单个买主那样作为一个单位而起作用。

计量福利时，人们的敏感性是有限的，这就像眼睛测度光的强弱时能力是有限的一样。说两种光相同，这可能做到，然而，仅靠光对眼睛的作用，这就无法分辨一种光比另一种光强多少。说两种愉快相同，这可以做到，然而，说一种愉快是另一种的两倍那么多，可就不行了。不过，确定一种痛苦和一种愉快何时相互抵消，这又是可行的；再就是，要是我们可以拿多种愉快与一种痛苦相比，那么，两者相互比较以后就可获得多种不同愉快的一个总数。假如一个人知道为了获得一种满足他可以步行上一英里，而且可以再步行两次，他了解第二次步行所带来的好处是第一次的两倍那么多，而这两次步行所得的好处，是对每次一英里共步行三次的辛劳的补偿。类似这样的事是社会所做的，不过，它没有做得如此不成熟。

设法计量劳动创造的财富之初，不论采用什么方法，都表明有工作借助工具创造财富这一难题。而资本，乃称为节制的一项亏损的成果。物质享受无一仅由工人徒手促成。这一困难，就以边际劳动作为检验成本的标准即可克服。假设一家企业的资本规模不变，而劳动的供给稍增，那么，此时不论增产多少，实际上都可归因于劳动在起作用。投放市场的每一种产品的供给量中，都有一部分可以说成是可溯及工作的最后一个增量。生产此种产品的每一个工厂都减少了一两个人，而资本依旧，此时，产品就不会再出现增量了。工人回厂，其余一切依旧，此时，就会重新出现产品的边际部分。这个实际上徒手工作的工人就是可计量价值的唯一一种要素了。使用劳动标准的种种尝试所以鲜有成功，就由于这种标准未能从资本中剥离出劳动，而产品是应归因于劳动的。正如本书前几章所证实的，边际劳动的产品是所有劳动的实质上的产品。有此事实，我们就能分清所有劳动以及劳动所用的资本，且发现该行业全部产品中有哪一部分可归因于资本。

此外，工作由人们的具体行为构成，而这些行为本身就像它们要予以计量的各种各样的产品那样是各不相同的。我们能就参与伐木、拉小提琴、排字等等的劳动得出一个总数吗？给构成社会劳动的各不相同的行为加总，似是无异于给构成财富之各种产品加总一样，都是难以做到的。构成劳动的具体行为中需有某种普遍的因素，而且是可以计量的。这样一个因素是可以找到的，因为就像效用对所有商品都通用一样，个人的亏损也对各种劳动都是通用的。一方面，人人都获得服务，另一方面人人又都因此而承受负担。社会自助——人类满足自己需要的行为——构成整个经济过程。人类作用于自然使之有用，且在此过程中经历了劳动的痛苦；经改造的自然反过来又作用于人类即消费者，且于消费者产生某种补偿性的和有利的作用。假如我们能发现某个时刻的不利作用能正好抵消并计量有利的作用，那么，我们也就能按照痛苦判断快乐了。

随着每天一个小时接一个小时地转瞬即逝，这对人类而言，要工作就得付出高代价。工作负担一开始是轻的，但后来就慢慢变得沉重了。社会的"陷于贫困的十分之一"的那些人，他们到了下午或晚间，其工作之疲劳达到了几近难以承受的程度，而层级高一些的人则相对会轻松一些。不过，无论如何，决定工人是否继续愿意延长工作日是一天工作中的最后几个小时。他可能心情愉快地工作两个小时，也可能四个小时也还没有疲倦感，八个小时尚有些勉强，而到十个小时工人就要反抗了。

当然，在一种组织化程度高的社会，花在劳动上的实际小时数不完全取决于个人的选择。公司化的工作制是早开始就早结束的，这是一种优越性。不过，尽管有这个事实，决定正常工作日长度的原则还是起作用的；而且，有关还要简单化一些的条件的一项研究或许就能揭示这一点。因此，我们暂且不谈听命于汽笛来决定工作时间的工人的酸甜苦辣。

某个工人他是自己的产品的使用者，因此，他自然是每天都要工作到不付酬的那个时点为止的。延长工作时间自然能得多一点产品，但得到的那点产品的好处无法补偿生产该产品时付出的艰辛。此时，人已经疲乏，他感到那份工作的沉重负担。他要休息，他要自由。本能在驱使他离开工厂，温馨之家在向他呼唤。当这些诱使他离开工厂的因素产生效果时，他的正常工作日便结束了，而且也就是在这个时刻，他的生产的盈亏相抵。

归因于连续几个小时的劳动的收益，从一开始起就是一直递减的，而人们获得的最后一个产品乃所有产品中效用最小的产品。要是他再延长工作一个小时，他就会生产出食品一类的产品，这些产品是维持生命的日用品。要是他再延长工作一个小时，这个小时就是专门生产必需品的了。要是再有时间，他就要给他生产的那些产品增加令人舒服的一类因素了。他最后生产的当然是奢侈品了，而且是无可怀疑的奢侈品。无论如何，这是他收益中贡献最小的一种产品，是他最后而且也是下苦工夫最大的一类产品。从维持生命及健康出发，他每天还必须工作一段时间以维持生活，同时，还必须留出一定时间以供休息。在他没有工作就与他整天工作会死于精疲力竭之间有一个平衡点，而在这个平衡点上，他所付出的代价和所得的收益正好相等。假如就在这个时点上，他停止工作了，那他的劳动的净收益就处于最高点。

在决定一年中把工作时间延长为每一天十一个小时是否划算时，这位工人总对一种愉快和另一种愉快进行比较和权衡，同时还对每一种愉快和工作的疲劳进行权衡。就全年每一天最后的几个工作小时来说，这位工人会得到各色各样的一连串令人愉快的事，他还要考虑这种种令人心旷神怡的事结合在一起，是否就补偿得了他工作三百多个小时所付出的代价。这是一种困难的抉择，但他要作这一抉择。他这样做时会得到从等量痛苦方面来说的最后一个单位的效用。具体他是怎样做的，这里不再予以详论。采用这个方法，是旨在决定一天工作十一个小时是否划算。我们现在假设这个人会得出正确的判断,下一步我们还想知道社会是怎么判断的。个人的心理特点是这一研究的主题,但个人的心理过程如何导致某种社会结果,这显然也是我们的研究领域。

假如以一条水平线计量一个工作日的长度,而该工作日必须达到的所获得利益与所付出代价相抵的情况,则以距该线远近的弧线加以体现。我们以图 24-1 来体现各单个工人的工作情况。

图 24-1 中,AB 为工作日长度,AC 是最早劳动付出的代价,BD 是最晚劳动付出的代价。AE 是第一件产品所获得的收益,BD 是最后一件产品所获的收益。事实上,BD 是两条线重合在一起的线,其中的一条计量最终劳动付出的代价,另一条则代表最终消费的收益。ACDB 的面积计量当天劳动付出的总代价,AEDB 的面积计量总收益,CED 计量剩余收益,即该行业一天的净利。CD 线以下的一切的收益总额全为成本所抵消了。

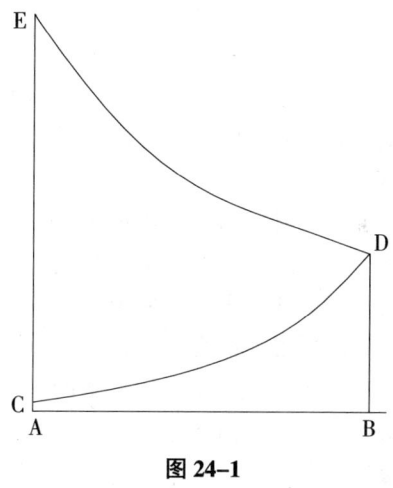

图 24-1

我们所在研究的这个人其本身就是个社会:产品自产自用。BD 是他的价值单位,计量他所生产的一切。尽管 AE 可以计量解饿用的面包所提供的绝对利益,但那片面包的实际重要性却并没有这么大。若此必需品给拿走了,那这个人就得专用最后一个小时烤面包,进而放弃因这一个小时的工作所能生产的其他产品。若中断当天的食品供给,他自然就会放弃以最后一个小时的劳动生产的奢侈品。BD

计量的是那些奢侈品的效用，因而它也计量必需品供给所提供的*有效服务*。这种必需品是在一个相同的时间内生产的。ED 线上的任何物品都有 BD 线计量的实际重要性，因为，要是不以这种方式计量，那也就得以另一种具有同样功能的重要性的物品取而代之。由于不存在这些物品与另外一些物品何者更具重要性的这一问题，因此，BD 所计量的也就是这些物品中的任何一种物品的主观价值而已。

就视若一个单位的社会来说同样也是如此。它生产以满足自己的需求，而其最终劳动的付出则计量其最终产品的效用，这一效用与该社会以工作时间的同样花费所创造的任何一种产品的有效效用完全相同。如果拿走归社会所得的由早晨一个小时的劳动所创造的那些物品——社会绝对必需的衣食住等类物品——以及补偿社会晚几个小时工作所付出的代价，而这个时间社会原本是生产奢侈品的，那么，对社会而言，各种不同等级的商品的绝对重要性都是相同的，即拿走整个一类商品，就得以最终劳动所生产的产品取代之。而那最终劳动原本所生产的东西就会成为实际上所失去的产品，可它们的效用却是按照创造这些东西时所付出的代价计量的。

假如我们一如第 310 页那样排列一系列递减曲线，借以体现一个社会消费品递减的绝对效用的话，那我们就会得到一个社会价值单位——计量各种形式的财富的一个数量——的一种表示法。我们现在有一条适用于每一个社会成员的递减曲线了。在 $EE^V$ 与图 24–2 中的各虚线之间的几条曲线的截线上所示的商品，为社会所用的最基本的物品。这些物品要视为社会工作日第一个时间的产品，而它们向社会提供的绝对服务，则由从 $EE^V$ 等线下垂至 $AA^V$ 的各条线近似地加以计量。就各类不同的消费者来说，这些商品都是各不相同的，但作为一个整体，这些消费品则可视为社会最重要的商品的互补物。我们当称之为一号互补物，包括社会的生活必需品在内。第二号、第三号、第四号和第五号等等互补物也在图中给以标明了。所示商品种类，随着互补物不断增加而增加；其中的第五号物品含奢侈品，极其多样。对单个人适用的，在这里也同样适用。各种不同互补物的有效效用都一样，而且都由从线段 $DD^V$ 至线段 $BB^V$ 的各条垂线计量。除最后一种互补物外，损毁其中的任何一种物品，社会都会以另一种物品取代它，进而导致放弃最后一种互补物。总而言之，必须付出的代价始终是最后那个劳动时间付出的。

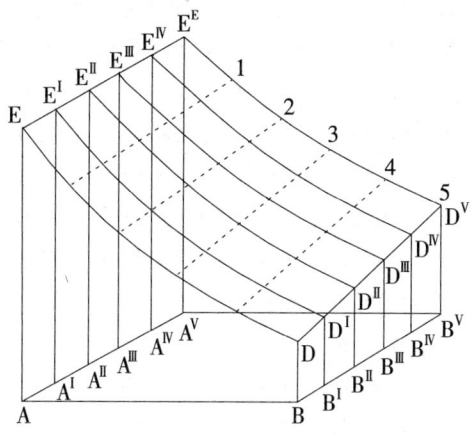

**图 24-2**

假如我们使 BD 和 $B^ID^I$ 等线段为数很多，且一一邻接，以至于它们填满 $BDD^VB^V$ 这一面积，那么，该面积也就成了社会所消费的最后一种互补物的绝对效用。而且，它还是最初每一种互补物的有效效用；再进一步，它还是生产出的那最后一个互补物的劳动的负效用。因此，它代表了社会付出的总代价，对于计量的所有价值来说，此系最易得的那个单位。一个小时社会劳动所生产的一切，不论那种劳动是在某一天早晨完成还是在晚间完成的，都具有某种社会效用，它等于社会所消费的最后一种商品互补物的绝对效用，也等于整个社会在最后一个小时的劳动中所付出的代价，且是以这个代价来计量的。

不过，在这个例子中出现的独一无二的事是，物品的生产是由单个人完成的，而消费却是由整个社会来进行的。因此，人与社会的关系必须予以研究。就以应用于社会商品互补物的情况来说，规律其实还是十分简单的，因为它终归是作为一个整体的社会所生产和所使用的。这里谈及的此类互补物来自于人的需求又满足于人的需求。社会机体通过劳动而得到各种互补物，且以那创造出的最后一个互补物的劳动计量其重要性。集体的劳动确保并计量集体之所得。

  我们曾经注意到，商品的各种不同的互补物都具有各种不同的绝对效用，其源概出于这些互补物均能满足各种程度不同的欲望。面包等生活必需品绝对要比珠宝等奢侈品重要得多，但就其效用来说，这些互补物又都是处在同一水平上的。若其中的任何一种物品遭到了损毁，社会就势必连最后一组物品也会予以放弃。以类似方式，劳动的整个期限有着不同程度的烦人处，因为这最后一个小时是最令人厌烦和令人恼恨的；不过，就显著令人烦恼而论，它们又都处于同一水平。正如我们是通过假设某种东西将要失去，并看看其所有者的生活会糟糕到何种程度，以此来估计某种东西对于其所有者的实质上的重要性的，现在，我们也就可以通过使某个小时的劳动显得毫无必要，再来看看这个人这样一来，其身体会有多大程度的恢复，来估计某个小时的劳动所涉及的实质上付出的代价。要是把单个人通常在第一个工时也即最容易的工作时间所生产的产品送给这个人，那他就不必非工作到最后那个最难熬的时刻。送给这个人经过一个小时的劳动生产的产品，就相当于为他缩断了一个小时的劳动，这当然也是那最难熬的一个小时的劳动。类似地，构成社会消费接续出现的几种商品互补物中，假如我们能做到让自然无偿供给其中的任何一种，则影响所及，其结果也就会是消除了那最令人困乏和最令人厌倦的时期。由此看来，一切劳动中都存在着的明显的负效用，都是以当天收尾工作中的绝对无效用加以计量的。

  可见，就单个人来说，我们可以用创造商品的那种劳动的纯粹绝对持续时间来计量各种商品的主观价值。一个小时内生产的所有产品的效用都相同，而各个小时的劳动又都有相同的显著负效用。损毁一个小时劳动的产品，就会使某个人受到一定数量的损失；反之，若使自然界免费供给某个人一个小时的劳动产品，使某个人任何一个小时的劳动都成为不必要之举，则这个人就会得到一定数额的利益。如果产品的单位和劳动的单位都由图中的线段 BD 体现，那么，两个小时的劳动的产品，其主观价值会是仅劳动一个小时所得产品的主观价值的两倍。

就社会作为一个整体而言，各种不同社会产品互补物的价值都是以同样方式、以创造这些商品的集体劳动的持续时间予以计量的，当天不同时间所创造的产品的效用，也以同样方式计量。假设效用和负效用的单位是面积 $BDD^VB^V$。作为一个有机整体，按照社会的主观评价，两个小时的劳动的产品按价值计，它就是一个小时的劳动的产品的两倍。区区劳动时间，是有关各种不同商品互补物价值的一种精确估计。

但区区劳动时间是对各种不同互补物的尚好估计吗？这里我们要引入一种复杂情况。无论劳动的持续期间是否痛苦，这对我们来说一概不适用。计量一种互补物的价值特点，就其整体而言，是下列事实，即集体生产和集体使用整个互补物。不过当一人创造一种物品且转让给社会时，情况就改变了。因为他付出了生产的代价，而社会得到的是利益。他的劳动的最终负效用与社会商品的最终效用不再有关系。尽管社会机体作为一个整体还是会发挥作用的，直至它所得到的抵消了它所付出的代价，但是否会有人一直在劳动的，直至社会从他那儿所得到的也抵消了他所付出的呢？显然，一旦在享受的一方开始攻击另一方或受损的一方开始攻击另一方时，那就不会有抵消一说。因此，这类劳动的负效用与其产品的效用之间没有形成某种同等的效用。

但是，实际上，人们劳动付出的艰辛与其自己的享受之间却有某种同等效用。人们在生产自己产品中付出的艰辛是对他人产品的一种报偿，因为他所得到的也是别人的付出，代表的是他从别人那里得到的某种东西的成本。同样，另外所有的人为他生产产品时付出的艰辛，代表的是他们从他这儿得到的某种东西的成本。成本与收益之间还有一个同等效用，而这一同等效用将提供一个单位的由我们加以评价的各种具体的商品。

假如 A 生产产品 W，B 生产产品 X，C 生产产品 Y，D 生产产品 Z，而且假如每个人都得到并使用每一种产品的某个部分，那我们就会有一个微型社会，在这个社会，各种关系都是一清二楚的。A 向 B、C 和 D 销售产品；W 的社会效用，则以 B、C 和 D 在当天最后一个小时创造的用于交换它的产品所付出的艰辛予以计量。假如货币用于交易，再假如 W 的价格与 X 的价格相同，则由于这两种商品的供给量中的最后一个单位提供给该微型社会以供消费时，就作为其享受的整个统一增加物了。该增加物在任何一种情况下，都由当天最后一个小时为得到它而付出的劳动艰辛所计量。由此可见，价格是各种商品*社会购置成本*的一个指标。

在体现一个工人一个工作日付出的劳动代价、收益和剩余利益的图 ABCDE 的背面，让我们安排一系列类似的图用以阐明上述微型社会每个成员的系列情形，见图 24-3。

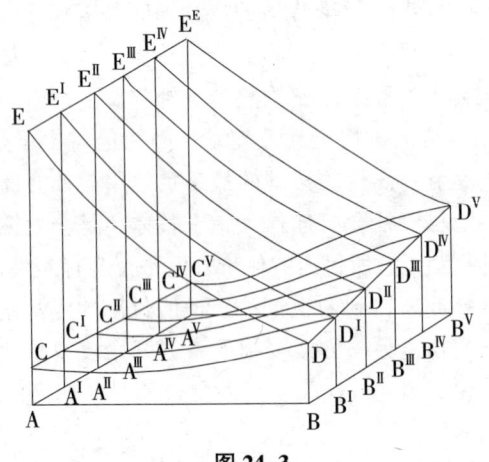

**图 24-3**

从 C、$C^I$、$C^{II}$、$C^{III}$、$C^{IV}$ 和 $C^V$ 上渐次升高的各条曲线，代表所有人连续几个小时劳动必须付出的递增的成本。而 E、$E^I$ 上等渐次降低的曲线，则表明所消费的不同增量物品所提供的递减收益。D、$D^I$、$D^{II}$ 等等为盈亏均衡点；从 D、$D^I$、$D^{II}$ 等等渐次降低至 B、$B^I$、$B^{II}$ 等的各线，计量社会最后一个劳动时间所付出的成本。

如果这种图的数量倍增，且图中的各线类似且相邻，那么，继 CD、$C^I D^{II}$ 等各线的递升曲面就表明，随着一天的工时一个小时又一个小时地过去，全社会工作所付出的递增的成本；而递减曲面 ED、$E^I D^I$ 等等，就代表一切消费品的递减效用。这些曲面与垂直平面 $CC^V EE^V$ 之间的体积，就计量社会作为一个整体因其工作而实现的总盈余。垂直平面 $BDD^V B^V$ 的面积，表示社会作为一个整体每天最后一个小时工作所付出的艰辛的代价，*而且，这就是最后一个单位的价值*。只要某物的售价与任何一种劳动的付出相符，那么，这一售价就与该社会即消费者为得到它而付出的最后一个单位的劳动相符了。假如某人对一种产品与对另一种产品的所得是同样迫切的话，那么，为得这种产品，他情愿一天多劳动一分钟，这就像他为得另一种产品而情愿多劳动一分钟一样。按照都已熟悉的各种规律，这两种物品都将按同一价格销售，而这一价格就是为获得这两种物品在每天最后的劳动时间里社会所付出的同一成本。

因此，某种物品的价值也就是该物品给予整个社会的有效服务的计量尺度。这种服务的价格是主观估定的。据以估计该服务的价格的标准，是获得这种服务而使社会在每天最后的劳动时间里付出的代价。通过确立种类不同的产品所能满足的需求以及生产它们时所付出的代价，社会就能把各种不同情况下产品满足之数量作出比较。该物品的价格就是获得该物品所付出的代价，而该代价的单位，就是社会在每天的最后一个劳动时间内付出的代价；这样一个最后时间的集体劳动付出的代价，与另一个最后时间内集体劳动所付出的代价，它们是一样的。

生产某种物品的过程中，某个人付出的劳动代价与这种物品劳动的自然价值没有固定关系。杰出律师、艺术家或企业家等一个小时的劳动产品，其销售量可以等于火车头司炉工、女裁缝或碎石工一个月劳动产品的销售量。处处都有"贫困的犯人"，他们倾其一生奉献于可用妄自尊大的人的一首歌买下的一匹马车。但凡存在例外个人的权力与地位，从而使任何生产者都有垄断之优势之处，那就都会有成本与价值之间的差异。我们这是在说，成本是生产者的成本，而价值则是指市场价值。例如，试比较一下，按所要求使用它们的费率，维修电话机所涉及的劳动的情况也一样。不过，就垄断产品来说，它与另外的产品一样，我们的规则也适用。这种产品是按照为获得它们而花费的最后一个单位的社会劳动的负效用来销售的。不同生产者的财富差别导致一定产品的各供给单位的成本各异，进而导致并非所有成本都与市场价值相一致。富裕的工人早就休工且付出的劳动艰辛小，但他的产品的售价却与花费较多劳动的产品不差累黍。①

假如我们说的是商品的价格与生产商品的劳动的数量和*效率*一致的话,那么,我们所讲的也就与上述论点不谋而合了。此例中出现的这种效率,是产生既定结果的能力和意愿,而意愿与能力这两者同样都是必不可少的。一个人虽才能出众,但若好逸恶劳,就不是一个工作效率高的工人。此外,据以估计这位工人的产生效率的是他所创造的财富数量,而这财富数量必须用我们刚才获得的单位加以计量。一个工人的效率实际上也就是促使社会进行劳动的能力,是这种能力促使社会为提供物品而发挥作用。因此,商品就必须按照这样一种价格销售,即这种价格与生产这些商品的劳动数量和效率相一致。

于是,我们也就有了一种据以计量每个工人效率的方法,而且通过比较各种计量所得的结果,我们也就能看出一个工人比另一个工人的生产效率高多少。织布工甲和木匠乙都从事不同的产品的生产,这些产品在性质上是不同的,因此,尽管我们了解一位织布工在织一匹布上有多大贡献,而另一位木匠在盖一幢房上有多大贡献,可这些不同产品的数量我们仍无以直接比较,而两种工人的相对效率也就无由判断。不过,由于这些不同产品中普遍存在这样一个共同因素,即满足社会需求的能力,因而这一满足社会需求的量,就能由这一满足的量所需的社会劳动的总量予以计量。每一个工人的个人能力都体现于总体劳动的数量之中。假如甲工作一年能使社会为他工作两分钟,而乙使社会为他工作三分钟,那么,前者的效率只有后者的三分之二。从事多种行业的一千个人中的每一个人的劳动都可以这样加以计量,计量的不同结果经过比较和平均,就可以给加总了。如果我们这一千工人能构成一种完整的工业社会,那么,一个普通工人也就能使社会每天为他劳动千分之一个时间。

有三种东西即消费资料、资本和劳动可以依据这一最后价值标

---

① 在图 24-3 中,这一事实可以线段 BD 比线段 B″D″ 短来表示。不过,这两者之间代表成本的这两条线,实际上不会按照某种同样的比例延长,从而使线段 DD 成为一条直线。

准予以计量。消费品不仅导致社会劳动，而且其价值是与消费品分别引起的社会劳动的总量成比例的。资本创造消费资料，因而也间接地导致了社会劳动。资本本身可用这一社会劳动加以计量，这部分社会劳动是资本以其产品引起的。一个人劳动的结果是生产了消费资料，进而导致社会劳动，并以这个人的劳动数量体现效率的高低的。尽管因为这项研究我们进入了一个抽象领域，但它并没有使我们脱离现实世界。因为恪尽职守的每一个手艺人实际上都有支配和控制社会的能力，手艺人手中的工具和商人货架上的制成品也都是如此。诱发而成的社会劳动精确估计每一个手艺人的能力。①

---

① 本书第 274 页说到过"计量呈土地形式的一个单位的真实资本"。这种计量借助于估计，也就是按照土地所需要的生产要素即社会劳动估计每一片土地的生产效率。

最后一个单位的价值理论要能自圆其说，那就得回答几个颇有些微妙之处的问题。其中之一便与这样一种间接方式有关，那就是一个生产者的劳动是间接让人意识到是整个社会的一种能力的。他或许是在制造有限的一部分社会所消费的某种东西；然而，作为对他的特殊产品的交换，他又能诱发真正的全社会的劳动，因为这种劳动赢得每一个社会成员某种比例的支持。他能使每一个人都以其工作日的一部分参与工作，能使人们都以某种固定的时间比方说一分钟作为投入工作的时间。诚然，这是一种简单化，也就是一种不准确的说法而已。不过，每个人对社会劳动（它计量社会价值）的贡献只能占他劳动的一部分。一分钟，对一个人来说或许多了些，对另一个人来说或许又少了些。不过，按目前的情况来说，社会劳动由每一个人一天劳动中的固定时间一点点构成，这已经是相当精确的了。不论是间接地还是直接地，一个生产者终归都能贡献出如此界定的一部分劳动。为简要说明起见，假如我们假设由二十个人构成一个与世隔绝的社会，且假定我们就让其中的第一个人生产产品以供其余五个人直接消费，那就会有十四个人的劳动可供第一个人进行一系列的中间交换。支配这些交换的原理极其重要是自不待言了。A 是第一个生产者，可以直接吸引 B、C、D、E、F 等人的劳动。为了使 G 甘于劳动，A 就必须给 G 某种产品，这一产品是他直接为之工作的人中的一个所生产的。通过为 B 完成的额外劳动，他得到了 B 的产品的第二份，并把它给了 G，于是，A 可以确保由 G 来完成工作；而且，以类似方式，他都可以让其他所有人都投身于劳动。这个社会上或许就有人概不消费 B、C、D、E 和 F 所生产的产品，他们是 A 为之直接生产消费产品的，这样，A 与他们的关系或许就更间接了。A 还应该进一步为 B 工作，从 B 的特种产品中取出一点给 G，又从 G 的产品中取出一点给 H，借以诱导该微型社会最后一位成员也投身工作。凭借一系列间接的联系，一个工人就总能对所有工人都施加我们曾说过的那种影响力。

就此而论，这些人对于人们起作用的影响的性质提供了一系列联系。这些影响从性质上来说都是心理方面的。通过 A 对 B 所付出的劳动，B 确立了一种动机，需要悉心记住的正是这个动机的性质。A 的产品中的某种东西对 B 而言是一种最终的效用。在 A 所生产的物品中，这个因素构成了 B 所消费的财富中的最后一个次要增量的部分。不过，就 B 而言，这一最终消费是重要到足以让他在他一天中最后这一时间都还要继续工作，虽然应付出的劳动是难以承受的。如前所述，和付出最大代价的工作相抵的是最不重要的消费。当 B 的产品给了 A，后来又给了 G 时，其中就有了对 G 而言是某种最终效用的一个因素，并使他还得工作，而这种工作，不独补偿，而且还调节他得到的利益。通过一系列的联系——其中的每一个环节都由某个人的某种主观经验构成——该社会的第一个工人购买其他人生产的产品并影响其余所有人。A 给了 B 微不足道的满足，又因他而付出了劳动的艰辛；而当 A 把 B 的产品给了 G 时，那种相互抵消的现象又产生了，且产生了相同的结果。

这些事实的重要性在于能使我们避免一种困难，而这种困难是某种劳动价值尺度曾经无法加以避免的。假如我们说一件物品的价值与"平均质量"的劳动量相一致的话，那么，各种不同的劳动我们就得设法加以平均；而这只有用各种不同的劳动所创造的价值才能做到；反过来，这些价值我们又不得不采用平均劳动加以计量，结果也就发现我们只是在做徒劳无益的逻辑推理罢了。不过，一种商品实际上是依据它所提供的社会服务计量其价值的。依靠那一系列这里作了描述的纯粹主观的联系，利益也就得以扩散至全社会了。在此联系的每一关键时刻，某个人都获得某种边际愉快，并使自己尽量减少某种边际代价。最终，整个社会都付出某种计量此货品价值的边际代价。生产商品的个别劳动，按经济学的思想，相当于由这种劳动引起并计量这种劳动价值的社会劳动，也即生产一种物品时所付出的个别劳动符合它的价值。但是，一种商品的价值并非由生产时在其背后的那种劳动所产生的，它由社会服务而来，这种服务尚待我们去完成。生产该物品的价值是派生的，它经由劳动的产品以及其产生的社会效益形成。

本书前几章提出的静态的定义，无论从哪个方面说，都不取决于刚刚提供的一个单位劳动的定义。要是劳动和资本都能实现小组间的流动的话，那么，社会就处于静态状态，即使它们由于缺乏诱因而不发生流动情况也是如此。这意味着，人们职业一般定下来后便不会随意改变，而加入任何一个小组的年轻工人，只不过补了老工人的空缺而已。工人的工作绩效如何未必都得以任何一种科学单位予以检测。即将要选择某种职业的年轻人可能体现多个单位或少数几个单位的劳动，但静态的实质在他的职业范围内所要求的，无论从哪个方面来说，他都会拼命以求。假如在此静态的描述方面我们临时性地谈及劳动的单位数的话，那这一表达旨在传递的意思也只是生产实体结果的某种能力而已。当一个人在挖沟时，人们或许粗鲁地以为，如果他一天挖出平均数量的土，那他这就体现出了一个单位的劳动了。他是棉织厂工人，要是他织的布能达到普通工人水平的话，那么，人们就会类似地认为，他体现了一个单位的劳动。价值以及价值的单位并不构成这样一种计量。

现在我们可以用真实单位的劳动界定静态状况了，不过，我们所提供的也只是有关静态的一个定义而已。一个人潜在的劳动量是所有工人和资本以正常或静止的方式在各小组间分配时按社会劳动计量的。如果存在生产要素失调的情况，那么这些要素的产量就会不同，而且总是与这些要素处于某种静态状况下的产量相比小一些。因此，一人所做的实际工作比之他潜在所能做的来，劳动单位就是少了一些。因此，静态可被认为是这样一种状态，即在此状态下，每个人的实际工作都体现其以科学单位计量的潜在工作的能力。

各种物品产量中的某一部分均可溯及资本，因而也就是溯及称为节制的那种成本代价；节制所致的个人付出的代价可以按照劳动的强度和长度加以计量。吉丁斯教授在《经济学季刊》1890年1月发表的研究论点所谈的很有价值。不过，既然创造一点点资本就确保了永久收入，那么由于节制所产生的社会劳动也是永久性的。现在节省一千美元就能确保以微小程度服务于社会以及从社会取获回报的一种能力，但在按其社会劳动的相当份额计量的节制的现成本，与（比方说）五十年按其时社会劳动计量的资本收益的价值之间，并无某种可计算的逻辑关系。对此问题详尽研究起来会费时极多。

# 第 25 章　动态社会的静态标准

如果按照严格的定义这项研究绝对仅限于社会静态经济学这个领域的话，那么，至此该项研究就该结束了，因为再深入下去，那就得着手研究动态经济学了。我们已经意识到，政治经济学内专事社会静态经济学研究的第二个自然分支学科，其研究所及，林林总总的现象概莫能外，而它们又都可归因于交换，也即都可归因于社会扮演生产财富这一有机组织的角色这一事实。不过，这种有机组织不断演变所引起的情形，则不在这个分支学科研究的范围之内。我们讲述与分配有关的事实时——这些事实仅可归因于创造财富的那种有组织的方法——是严格按照该分支学科的研究范围，竭尽所能悉数讲述了的；对于静态分配规律作为一个整体，就它们在不发生根本变化，以及不存在这种变化引起的摩擦和失调的情况下所起的作用，作了描述。①

现在，展现在我们面前的是一个静态工业世界的写照，它不是一个静止的世界，而是一个充满生气、发挥着作用的一个世界。这个世界既生产财富又消费财富，但该世界所创造和所使用的财富的种类，以及它所创造的各种各样财富的数量，都始终保持不变。它采用的方法和使用的工具从不加以改变，而且投入生产活动的劳动和资本，无论是总量还是特性，始终依然如故。这种社会起着作

---

① 要是当前的计划实现了，动态分配规律就要在随后出版的一部著作中给予阐述；而要是那本书现在就已准备就绪和付梓在即，则本书在这儿就收尾了。

用，也运转着，但所取的方式则绝无变化。为生产起见，该社会是分成了小组和小小组的，其中没有一个小组就规模来说曾发生过变化的。这里的劳动和资本都不存在小组间的流动，这是静态状况毋庸置疑的外在标记。

在这里，从李嘉图学说的意义上说，价值是"自然的"，因为一切都是按照其"生产成本"销售的，而且还不存在企业家从中谋利的情况。某种产品的生产成本在各个不相同的企业中都是相同的。在同一意义上，工资和利息也都是自然的。各地工人都得到仅凭他们的劳动而产生的产品，资本则得到仅凭资本而产生的产品。此外，在整个小组和小小组体系内，单位劳动的产品都一成不变，唯如此，一个工人从一个小组转到另一个小组时，其所得才会毫无二致。资本的生产力也没有一处会不一样。孤立地论述静态因素，也就是把社会隔绝起来，使之不受变化和骚乱影响，于是社会就呈现出这种状态了。

当然，这幅图景是纯属想象的产物。此类静态社会是一种难以置信的社会；使人们在某种社会状态下聚集在一起的那几种因素，本身就具有改变社会存在形式及其行为方式的能力。实际上，社会结构每天都在形成和完善之中，而且会永无止境地继续下去，除非有什么末日。使社会状况尚好并使其展现出鼓舞人心的种种可能性的，正是这种动态。

正如一开始我们所指出的，五大变化都在继续着：人口与日俱增；资本有增无减；生产方法日新月异；用于生产的劳动和资本的组织方式推陈出新；人的欲望不但多样化而且还精细化了。此外，这些变化中的每一种又都是某种非常正常的原因所引起的，而且就这几种变化应该相继发生这一点，它是完全与自然一致的。按照这种观点，某种一成不变的社会是不合乎自然规律的，因为这种社会与自然真正需要的那种社会几乎没有相似之处。

价值也是变化不止的，而且这种变化符合正常趋势。类似地，工资率之上升和利率之下降，这些情况也都是自然的。某个小小组或是某个小小组内的一个企业的利润不断产生，然后又慢慢消失；利润的这种产生和消失，是完全与自然因素相一致的。正在使社会置身于我们描述为静态的那种状况外的一切，广义说来都是自然的。因为这一切不只是与社会学规律协调一致，而且还是人类及其环境内在的影响所引起的。然而，在某种狭义的意义上，我们又是把价值、工资和利息的静态标准，称为自然的标准的；可这样做，我们又是正确的。

对纯粹静态的那种状况所作的描述，讨论的实际上就是现实。只有略而不提现实社会的某些状况，那才会是虚构的社会。因为这种描述所显示的，就是在这个真实的动态世界中起作用的那几种因素中的一个。导致我们刚才描述的小组调整的那几种影响，以及这种描述所涉及的一切，都不是虚构的：它们都是与地球上存在的一切同样真实。在各种动态因素导致的最急剧的混乱中，它们始终起着作用。我们在这里拿海洋作例子来详加说明。假如我们说一片静止的汪洋大海，这就是一种虚构，因为汪洋大海何尝有过静止的片刻。即便在暴风骤雨频生、危害最强烈的海洋历史上，也从未有过完全静止的时刻，尽管控制海洋的主导力量并非任由不干预就会使水域复归某种静止状态的。地心吸引力、流动性、压力等等都会产生使汪洋大海呈现出平展展的静止水面的影响。就风和潮汐导致之流动来说，上述这些影响还是主导因素。海洋并没有改变它的位置，海的深度并没有大的变化。考虑到其规模，表面所显示的只是微不足道的不规则性而已。假如我们只是俯视海洋，那我们并不想说海的某种静止哲学就是充分的，我们可以把波涛和潮流看作是由于那种"干扰性影响"而发生的较小的异常变化。

不过，这样一种自然科学绝对会是达不到目的的。即使有一部分是保留近似静态的一种状态，变化也得给以说明。如果社会科学不论述进化和演变，那同样也会是不能令人满意的，因为世界上的一切再没有比变化和运动更重要的了。不过，不首先懂得静止的因素，那就别想懂得变化的因素；不了解流动性和压力的作用，风之于海洋的影响也就永无了解之日；不了解仅凭竞争即可使之成形的社会，人们就永远理解不了我们已称作动态的种种变化作用。

这里所述的静态状况，是社会在竞争的影响下任何时候都趋于呈现的一种状况。因此，这种小组和小小组的静态体系是应该视若某种理想安排的,而这种安排,就像此前那种想象的海平面是从澎湃的波涛中产生的那样,是借助于现实的社会那种受了干扰的变化着的小组体系中产生的。首先,我们要注意按照现状看静态社会。静态社会不是与现实世界毫无关联的某种荒谬世界,它是附着于现实世界的某种有条理的安排和一种行为方式。但凡我们要理解这种社会的实质性情况,我们就得至少提纲挈领地描述这种社会发生中的那些变动,而且说明静态因素是如何与那些变动联系在一起的。因为除非真的视这些因素起着作用了,否则,我们就会遭到指责,说我们的整个科学是理论的某种净化。我们必须注意的是静态规律如何在某种动态状况下起作用。价值标准、工资标准和利息标准等等——按照李嘉图学说所指出的,都是自然的——在发生着的剧烈变动中,它们是如何产生预期结果的。如果要懂得静态理论的重要性,那这就是我们必须知道的。

上述——列举的五种动态变化中,每一种都扰乱社会的静态调整。仿照其中的任何一种,静态规律都力图引起一种新的调整。在现实生活中,先于某种干扰而重新进行调整,这是做不到的。因此,实际的社会状态总有些不同于静态因素促成的那种社会状态。另外,无穷系列独此一种的变化,就会导致价值、工资和利息的永远有别于静态的价值、工资和利息。不过,实际上,世界所经历的是永久系列合在一起的五种有代表性变化中的一种:人口持续增长,资本有增无减,生产方法持久完善,工业大规模聚集,生活必需品的数量和品种永远递增。

借助于静态理论,我们可以开始动态研究了。第一个步骤是分别研究这些变化以期弄明白每一种变化是如何引起实际价值、工资和利息有别于静态标准的;第二个步骤每一种变化又是如何引起标准自身变化的。至于这些变化一起发生时又会产生怎样的情况,那就留待动态理论予以说明了。显而易见,鉴于这一切变化,两大结果必然相继产生。首先,价值、工资和利息都将有别于静态标准;其次,静态标准自身会处于不断变化之中。一种动态理论的最终成果就是一种能力,凭借这一能力就可以就这些变化的方向和速率作出解释。

因此，我们的研究应该揭示——实际上，不必详尽，而是最总括地——称为动态的这五种变化中的每一种的影响是怎样的。该研究应该说明，这五种变化中的每一种是如何使社会排除静态状况的，以及每一种变化又产生了什么结果。这种研究还应该简略地表明，这五种变化共同进行时，它们是怎样影响社会的。事实上，就小组的调整而言，它们多半是相互抵消的，因而与这些影响分别发挥作用的情况，与所可能发生的情况相比，它们会使社会的实际状况与理论静态近似多了。价值、工资、利息和利润，比起作用的干扰因素少一些的情况下所可能达到的，与处于完全竞争影响之下所能达到的，就近似多了。

偏离静态标准的程度，不是要给予解释的唯一情况。这一偏离程度固然属于动态经济学必须研究的一个部分，但这是相对小的一个部分。整个论述经济摩擦的科学，也即对实际价值、工资和利息偏离某种自然标准的程度作出解释的科学，是一门比对标准本身的变化作出解释的科学要窄一些的科学。几大动态变化中的每一大变化都改变那些静态价值，而且改变实际工资率和利率趋向于实现的那些静态费率。最有助于说明此观点的这个例证的动态变化，现已由生产工具的某种进步所引起了。例如，一项发明就使生产某种东西的成本降低了。这种发明首先使企业家从中获得利润，然后以我们作了说明的那种方式，使工资和利润都有所增加，这就相当于创造了新的财富。自从先进的生产方法投入生产那一时刻起，静态工资标准就已较过去高，社会收入显著增加了。现在行将实现的劳动工薪率，不是发明付诸应用前的那种工薪率，而是一种新而更高的工薪率了。现在，工资是行将与劳动现在所能生产的相等了，比以前所能生产的多了。当此发明的全部成果广泛应用于社会时，劳动的收益就将等于新的标准工资。

且让再有新的发明得以实现，而且是也会有利于生产的，那么，它就会创造利润；这一利润与前一利润一样，也是令人大惑不解的一个数额，企业家以为是利润，但是无法实际拥有。这个数额跟前一个一样，最终错过机会，为社会全体成员所有了。待新的发明付诸应用时，又为实际工资确定了一种新而更高的标准，而实际工资将追求该标准直至达到该标准，尽管过些时候，在其达到该标准前，还将推出更高的标准。

假如生产的进步只是每隔一定时期才发生的，而且这一间隔期还相当长，足以使某种进步的成果广泛应用于全社会，而后才有可能完成另一项进步，那么，这种成果就会是简单的。每隔一定时期总会有一项静态工资标准得以确定，而且因为有竞争的影响，劳动的实际工薪与此标准相符了。于是，新的一项更高的静态标准得以确定了。在这一间隔期内，工资缓慢地达到那一规定的水平。接着，某种新的发明取得成功，再高一些的工资标准推出，实际工资达到而且超过那一标准。总之，会有一系列的静态工资标准相继推出，每一项标准都高于前一项；而实际工资率也渐次提高，且每一次的提高幅度都将高于前一次。在更远的间隔期内，会短暂地出现实际工资率和静态工资率相一致的情况。

假如生产方法的改进不是每隔相当长的一段时间进行的，而是持续进行的，它们紧密到这样的程度，乃至第二次发生时，第一次的成果才刚刚开始对劳动的收益产生作用，那么，其结果就将使工资标准不断提高，而实际工资也紧紧追逐不断提高的标准工资率。不过，又总是因有某种间隔期而保持不变的工资率的。

这个过程，就各行各业的现实状况来说，是具有代表性的。实际上，生产方法的改进发生得如此之快，以至于一次与另一次都难以区分了。这种改进发生在构成社会的各种不同的小组和小小组中，其中的每一个小组或小小组在推动和提高所有劳动的工薪上，都起着各自微小的作用，即恪守竞争规律，实际工薪率与生产方法改进相呼应，不失时机地追逐节节提高的工资标准。不过，工薪率从来都未曾达到过那一工资标准。作为工人和资本家收益的一部分增量，近年来实现的生产工具改进的全部影响在其呈现最终结果时，劳动的工薪在任何一个时刻都不知究竟会怎样。时刻都有某种静态标准——而这，就是现在对我们来说重要的核心问题——是以我们作了描述的原理下了定义的。选择到处都是生命和经济混乱的社会以及最富于想象力的社会，你就会发现，这种社会在经受着最革命的变化。在任何具体的一天，我们都可以说，静态规律适用于那样一种社会，它为工人确定了高于实际工薪率的一种工薪率，尽管在经过静态规律能给作出解释的一个间隔期后，实际工薪率就会达到那种工薪率。由此可见，社会是由静态规律所支配的。因为，要是我们阻止一切动态变化，而且听凭迄今实现的那种变化的成果自行转换为工资和利息的增量的话，那么，此刻劳动的工薪标准也就是实际工薪的水平了。动态经济学是研究当前工资率和利率偏离静态标准的程度，以及使之与现行的正常费率相一致的那个间隔期的；它还研究工资标准上调的速度、追求现行工资率的速度，以及正常利率下降和追求实际利率下降的速度。

我们常以海洋为例来说明工业寿命的静态和动态方面的状况，它在这里还是适用的。于是，有一种理想的海洋洋面，它是完全平展展的，只因波涛而起伏。止住了风，使波涛归于平静，使波谷填平，海洋便呈现出实际的水平面，它与想象的水平面相一致。这就如要是社会的动态变动得以阻止，因而使竞争得以发挥作用那样，利润得以扩散，收益归于正常。不过，要是有某种因素起作用了，继续使静态的水平面提高了，因而平静的次日就会导致水平面高于由平静的今天所呈现的水平面，这是一种类似于工业领域的情况。

继续着的种种生产方法的改进（亦即进步。——译者），使世界的整个收入都有所增长。这种改进，实际上是扰乱了现行的静态调整的。在这一点上，它们所起的作用就像是推波助澜的风，但是风所起的作用还不仅限于此。因为风还会使未来整个海平面、波涛以及一切的水平高度都提高了。就此，我们也可以举出一个海上发现的例子以为佐证。海平面某处有一座山隆起了，如果令它沉没的话，则势必激起汹涌澎湃的巨大波涛，进而扩大至抵达大洋最远处的彼岸。这当然是波浪滔天了，因为它打破了原以为静态规律会维持的那种风平浪静的洋面水况。而且波浪滔天所致，使海洋增加了新的水，使那原以为会再度寂静下来的海平面竟比以前高了。这样隆起于平静之海某处的一座海中之山，正例证了一旦生产工具的某一种进步，如果是全凭静态规律处理其成果的话，那么，将来所发生的情况就会如此。社会财富的增加就像海水的增加一样，因为生产工具的进步会使每一个人的收入都有别于理论工资率，且还使理论工资率自身也提高了。此种波涛，在诸如此类的间隔期内隆起于洋面，以至于在每一个间隔期都会未及其后继者显现就归于下沉，因而所起的作用恰如相当长间隔期实现的生产工具的种种改进。每一次的波涛都会搅乱原先的海平面，而且又都使海平面提高了。

现在，假设新的洋面内的山是如此接连不断涌现，乃至一座山刚刚下沉，另一座山又隆起了。假设这些山都是散布于整个大洋的，因此，环状波浪待其往前涌动时，它们在四面八方就都相互交织在一起了。海洋面的水每一瞬间都试着与某种静止的水平相一致，但绝不在两个连续的瞬间欲与同一水平相一致，因为这些水在追逐某种理想的平坦的水面。然而，水面又是不断升高的。现在，社会正在发生的变动与上述海平面状况相同，我们可以以此来说明工资变动的概念，也即工资总是往上涨的，它围绕着某种静态标准上下波动，但它不会在两个连续时期围绕同一静态标准上下波动。

这些变化本身及其影响都是动态经济学的研究对象。静态经济学是一次认可一种自然工资标准的纯粹而又简明的静态规律，正如它们在某种实际而又动态的社会中起作用一样，从不给不同时日规定同一工资率，而是规定连续一连串的静态工资率。动态因素创造出这样的条件，在这种条件下，必须是今天规定一种静态工资率，明天又规定一个高一些的静态工资率，第三天，还有第三天以后等等的每一天，都规定一天高于前一天的静态工资率。在这个领域，就静态规律所起的作用来说，这就是基本事实。

动态经济学论述的是原始状态下的利润，这种利润是经济进步的正常结果，其中的一部分归企业家所有；静态经济学论述的则是此后呈永久状态的也即变成工资和利息增量的某一部分利润。某某雇主现在怎么变得越来越富有了，这是动态经济学能讲清楚的；而工人怎么因某些行业的状况有所改善而得到了利益，这则是静态经济学所要告诉我们的。重要的是，利润在其作为工资和利息的某种增量时，与其存在于其最初形式也即企业主利润时相比，利润额要大。利润在不为雇主所控制时它会增长，而它们扩散时，会作为一个总体变得更大。最终把利润留给工人和资本家的竞争规律，导致给这些阶层的与从企业家那里取走的相比，还要多一些。整个经济产出量,在生产要素即劳动和资本按完全正常的方式在小组中分配时,为最大。而这时,这些要素业已流入已存在利润的各小组间,又直至这些收益渐渐消失,进而工资和利息又业已吸纳全部社会收入为止。

实际工资与静态标准之间的间隔期,这是摩擦的结果。因为,假如竞争没有受阻且不存在障碍的话,那么,纯粹的商业利润就会丧失殆尽——企业家本人绝不可能得到并保持任何收入。上述丧失殆尽的商业利润,系指变利润为另一种收入,且使这一收入在此转换中变得更大一些。动态理论必须对决定企业家所占份额的整个摩擦作出解释,而静态规律则是决定,一旦这种摩擦行将给予彻底克服时工资会是多少,以及假如摩擦立即消除时工资又当是多少。

动态理论揭示的是前已提及的那种间隔期与工资递增率之间的某种因果关系。要是不存在那种间隔期的话,则企业家就会一无所获,而不论他们给世界的生产力增加了多少。这样,他们就会对任何精益求精之举都无动于衷了,而既困难又耗资的提高产量的举措,显然会处于无人问津的危险境地。利润是确保工具等得以改进的诱惑力,而生产工具等得以高精尖化,则是工资持久有增无减的动力之源。为确保工具的改进,这一诱惑力必须充分到足以能使人们争先恐后克服障碍、承担风险的程度。劳动实际工薪与某一天该工薪趋于实现的费率和租金之间的差额,是计量对使这些工具的改进得以实现的人们的奖励举措。由于今天工人们得不到昨天工具改进的成果,雇主们才可以得到收入;由于雇主们可暂时得到收入,因此,他们也就可以使工资不断得到提高。

动态理论必须证实确保极大进步率的那个间隔期,也即就利润而论,企业家究竟需要多大利润,以促使他们竭尽所能,使工资不断上调。这个问题就像动态经济学中的所有问题一样,也是错综复杂的;但非常简单的是,静态理论所能证实的是,不管利润究竟有多大,可最终雇佣劳动者所能得到的也就是适当的份儿而已。今天做着工业领域管理工作的富人所得的巨额财富,按照静态规律来说,一定是与工资和利息的增长相加而成的。此外,他们所得的财富主要是加上工资在内的。实际上,在他们做到这一点的时候,来自新的来源的收益就会给企业的老板带来好处，因而就总有利润。不过，这利润难以持久，因为假如我们识别得了今天的利润，那我们就会得到静态规律下的利润，而明天就可以把它的多半转让给工人和工具所有者了。因此，动态因素是为静态因素明天将开始转让的一种收入的存在作出解释的。

所有标准实现改变的速度都是分配理论后一部分的主题。速度、改变的方向、障碍、间隔期——这一切，都是动态经济学必须论述的，而静态理论则与之毫无关系。不过，静态理论还是论述近期目标的，它表明，如果演变停止在即的话，那很快就会有何种工资率。由此可见，它在各种各样的社会变化方式中是至关重要的。为了这里的研究方便起见，我们只是从那几种有代表性的动态变化中挑选出了一种，也即发生于生产方法中的一种。我们已研究了生产方法的改变对分配的各部分之一即工资的影响，不过，其他四种动态的变化，每一种都相似地改变了社会，改变了价值、工资和利息。

显而易见，静态规律是完全在动态条件下起作用的。静态规律的效率，丝毫不是因为种种发明、新的组织、人口增长等等才一应齐备的。例如，就算是人口增长了，但这一增长也绝不会以每一个小组和每一个小小组自然而不存在任何调整的形式得到正常数额的新工人。劳动人口的这一增长很可能在某种程度上是地方性的；这一增长，一个地区会比另一个多一些，而且，在人口最稠密的地区，在人口的增长上，工业体系中各种不同的小小组都是不可能均分的。假如新工人纷纷流入纺织行业，那么，这些行业就会得到比其他行业多一些的新工人。

在这些情况下，当地多余人口的某种流动就会发生。由于工业必占用土地，因此，当地居民的这一过剩就可能导致土地过于拥挤，尽管人口还要稠密的这个地区欣欣向荣的各行各业多半并非农业。我们在前几章已经描述过的持久的静态规律之一，此时，是要求我们视若在各小小组中的某种再分配了。的确，该规律是导致劳动和资本在大面积土地上分散了，这种土地是任其利用的。正如我们前面已指出的，地租是只有土地与劳动和资本呈某种组合的时候才达到其极大值；而且，该土地的每一份，都得有他种生产要素中的每一种与之组合。不过，如果某些地方人口聚集过多，这种情形就不可能出现。因此，静态规律必然使过剩人口就地扩散。导致过剩人口迁移的一种影响，就是这一部分人必须自行在各种不同的小组和小小组中扩散。因为在这种拥挤的地区，这些人口分布不均匀，而要他们达到某种自然的均匀状态，劳动就得迁移。有一个明显的人数，可以用来说明某些人应归属于制鞋业，而另外的某些人则应归属于炼铁业，如此等等。按照静态规律，每一种职业都有权要求这些新工人占有某种明确的比例，而且会经由此类扩散进而获得此比例的新工人。土地的密集利用本身，只不过是以同样方式起作用的又一种影响而已。

假如人口的涌入，无论开始还是结束，都带有某些突发性质的话，那么，就价值、工资和利息偏离静态标准的意义来说，就都会呈一时之反常性，然后，它们会缓慢地接近那些标准，而最终达到那些标准。只要有任何一个小小组的人口比例存在不恰当的情况，在静态意义上，价值就断无正常的可能。此外，当各小组失去平衡时，生产的财富总量就不会有情况正常时那么多了，因此，不论工资还是利息，就都不是处于某种静态最高水平的了。因此，在各种不同的小小组中分配新来的工人，其影响所及，也就是对价值作出重新调节，有的价值给提高了，有的则是给降低了。另外，这一影响还使劳动和资本所形成的产量都比过去高了，工资和利息因而也得以不断提高。

人口的第二次增长或多或少还是仅限于局部地区的，会造成一如前述的另一种干扰和另一种重新调节；另外，一系列的人口增长，就这一影响来说，会导致价值、工资和劳动，首先是偏离静态标准，而后则缓慢地符合静态标准，继而又偏离静态标准。

如果人口增长不是断断续续的而是持续不断的话，则其结果就会引起偏离正常标准的现象，而且是长期偏离正常标准。有的小组和小小组，可以说是新工人的接收站，然后再把他们转交给他们要久留的小小组。这种接收站势必呈一时之人满为患的现象；而且，尽管这种接收站终有一天会与接收的那些工人很快分手的，然而，一开始那种过度拥挤的影响却是经年累月的。人口增长独此一项动态的影响，就会使各小组和各小小组的产品的价值变得分外地低，而所谓"分外地"，就是意指那些产品的价值比某种静态调节会给它们确定的价格还要低一些。这一影响还使他种物品在同一特殊意义上的价值分外地高。

我们有关劳动的增加和资本的增加所讲的是同样正确的。实际上，在前面整个阐述中，我们都可以用"资本"代替"劳动"，而且就用它们来说明生产资料储备的扩大这一事实所出现的情况。同样，资本的流入也必须首先是地方性的。资本的流入起初就不应该置于各不同的小组中的每一个小小组或每一个地方，而应该置于与静态规律相一致的地方。就因为这一原因，资本就必须具有流动性，土地与配套资本必须重组，同时这也是地租规律所要求的。而且，只要静态规律在这几个方面未得体现，价值就不会是正常的。在此过渡期间，接受新资本用地的各个小小组都将生产出过剩的产品，因此，价格势必降低。

资本的周期性增长会导致价值反常，而后趋于正常，继而再度反常；但是，资本持续增长，在某种较小的程度上，就该词的特殊意义和狭义来说，将使价值持久不正常，因为这种增长将使价值有别于静态标准下的价值。在严格和精确的意义上来说，价值应有别于这些标准，这才称得上是自然的。动态社会中与自然一致的价值——该词在更高层次的意义上来说即是自然的——是偏离静态标准的一个自然间隔期的价值。资本在各地的增加就像劳动的增加一样，也使总工资和利息低于静态标准下的一个实际而又短暂的间隔期。低一些的实际费率是真正意义上的自然费率，要是这种费率与标准费率的差距是一种正常差距的话。

现在，我们再把这些原则应用于我们前面提到过的第三种动态变化中，即源于发明或方法的改进的那种变化。此种变化对价值的影响，与人口增长或资本增加的变化相比，它不稳定多了。发明有时候会发生在这里，有时候又会发生在那里，有时又候会发生在其他地方。发明总是先降低一种物品的价格，然后又降低另一种物品的价格；而且，从那节省劳动的机器开始发挥作用及至生产某种物品的那个时刻起，就有了该种物品和其他各种物品的一种新的静态标准。当这种机器满负荷运转且产生的效果已达极限时,它所生产的物品就越来越多地供待售,这样,其价格就要下降了。从此开始,该低价遂为静态价格或者狭义的正常价格了。一开始,实际价格高于此价,但终于逐渐与它相一致。

如果发明仅限于一个小组,如果发明是呈周期性的,那么,该小组的产品的标准价值就会先是走低突降,然后再接着维持稳定片刻,继而由于接着的一次改进,价格会再度下降。假如该标准继续稳定足够长的一段时间,那么,实际价值就可能降至某种静态水平,且维持一段时间不变。静态价值递减,但又不时赶上递减标准——可以说,这就是做出发明的某种行业不同时间段呈现的那种状况。

假如各种改进都只限于在某种行业持续不断取得的成效,那么,该行业的产品价值就始终会是追随着某种稳定递减的价值标准的。这两种价值都在递减,但其间有一个间隔期;如果那个间隔期是正常的话,那么,在与自然一致的真正意义上来说,那实际价值就可以说是自然的。价值的动态标准是一种自动的标准;实际价值恰如自然规律,当它按同一方向改变且就保持那支撑该标准和价值的原有间隔期的话,那就会达到那一标准。每当唯一的某种物品的价值如此递减之时,另外的每一种物品的价值都是在提高的。没有节省劳动的发明的各小组的产品,只要有这种影响,价值就总是在提高的;而且,这些产品还总是追逐并超过它们的某种提高了的标准的。假如这些改进都集中于我们列成表格的 $A'''$ 小组体系的话,那么,$B'''$、$C'''$ 和 $D'''$ 的价值,在任何时刻,都不可能有 $A'''$ 的产量大一些时的那么高。小小组 $A'''$ 的某种连续不断、一连串节省劳动的发明,导致 $A'''$ 的实际价值追逐某种递减标准但又绝不超过它,而这一标准又导致 $B'''$、$C'''$ 和 $D'''$ 的价值追逐递减标准但又绝不超过它。

某种新欲望要是它一出现就需有某种绝对新产品予以满足的话,则这在小组体系内就会导致一种很大的干扰性影响。因此,就得组建新的生产小组,而且还得从原有小组那里引入劳动和资本。不过,通常来说,消费者欲望的改变所导致的是要求已经制造的产品而非新的产品的质量有一个变化。诸如此类的每一种变化,对价值、工资和利息也都有影响。新的欲望要求各种价值同时有某种新的静态调整，而这就得对工资和利息作出新的调整。连续一系列的新的欲望导致了价值、工资和利息的标准的持续不断的改变，而实际市场则由于其持久努力以符合变化中的需求，因而也就处于长期震动之中了。一般而论，这种新的欲望是颇有些降低满足原来欲望的产品的价值的。

动态影响就小组体系各部分中的劳动和资本的分配而言，多是相互抵消的；而有关它们的一个基本事实则是，既然它们是一个整体，则自然它们也就使价值、工资和利息相对接近于其静态标准了。它们引起了价值的一种永续的转移、工资的持续提高和利率的不断降低；它们还引起劳动和资本的实际薪酬有别于理论静态费率，而其差别程度，如果动态影响不是那么活跃和频繁的话，则就会小一些。因此，我们面临这样一个明显的事实，即为求在同一现实世界中实现其作用的准确性，静态规律是取决于动态影响的。例如，一种液体如果是黏稠的，则其表面就不易下沉而呈一种完全平坦的平面，但是，要是同时多角度摇动它，情况就不同了。还有，小麦的刻度可能有不规则的表面，而这种刻度取决于面粉，你摇晃它，它就会呈现平坦的表面。类似地，静态规律也得遭遇摩擦，遂使实际的价值、工资和利息与理论标准不相一致；不过，摇动有助于克服这种摩擦。标准自身变化是少了，因为各种不同动态流动彼此抵消了。

假如劳动的增加是局部发生的且仅限于一个地方，如仅仅在我们表中的小组 A 中有体现，则这一增加就会有非常大的干扰性影响，而且会使价值、工资和利息偏离静态标准。但事实上，劳动人口的增长在 B、C、D 等以及其中的每一个小小组中都产生了。因此，相对几无劳动迁移的情况这是必不可少的：使新来者置身于静态规律中相对容易。若是人口就在以这种一般而又扩散的方式在递增，而资本则不增长，那么，总工资就会稳降，利息则稳升；但事实上，资本也在数量上增加了。资本在数量上的增加甚至比人口的增长还快，因此，它的增长就抵消了人口增长对工资所产生的影响。实际上，工资和利息是存在着因为数量上新的资本与新的劳动不同而产生的实际干扰的，其所以如此，仅仅是因为下列事实，即这些经济要素之一的增长比分配受影响的另外的要素还要快。归因于两种增长率之差的这一干扰，远不如诸要素之一数量之增加所引起的那种干扰明显。

假如生产的进步仅限于某一个小组或小小组，那么，这种进步会是产生极具破坏性的影响的；但这些进步发生于所有的小小组，而且还是以某种方法得以持续的。如果 A‴ 的产量恒定的倍增保持不变的话，那么，就得要求它的相对价值永续下降，以及工资和利息的恒定再调整。但是，因为有 B、C 和 D 等小组也调整了，因此，必须完成的价值调整就相对小了。尽管工资率提高了，但工人所得的工薪却与静态标准相一致——在那里，提高幅度既大，扩散也好——与此类提高是局部性的相比较而言。显然，A‴、B‴、C‴ 和 H‴ 等的产量增长幅度都大之处，与下列情况相比，人与资本从一个小组转入另一个小组的必要性就小一些了：其中一个的产量在增加，而另外的却是保持不变。由此可见，广泛扩散的进步是有助于使社会接近于静态规律所要求的状况的。

同一概括也适用于发生在消费上的变化。假如新的欲望多而且是多种多样的，那么，与只有某种新的欲望的情况相比，这些欲望导致劳动从一个小组到另一个小组的转移就少得多，妨碍价值的程度也低得多。假如社会竟开始仅生产和消费一种全新的商品，则这一情况当要求资本和劳动尽快实现点到点之间的流动；不过，既然有欲望的不断提升，再加产品质量相应地不断提高，此种转移的强烈程度是远不如前面的。劳动和资本可以还是就置于现在在利用它们的那些工厂里，但它们的产品则必须不断升级。

从这一点上看，使所有倍增产量的持续不断的影响被抵消了的是新的欲望的层出不穷。如果扩张的欲望并没有形成工厂产品的市场，则消费品的供过于求情况就会出现。对获得与曾经有过的产品完全不同的产品的欲望会不时形成，但对已经消费过的产品的质量的提高与精细化的要求是一个永恒的事实，而这就开辟了一个大市场。一个人所用的差不多的一切物品的质量都可以提高，而且，一般来说，质量提高了的物品可以由现在生产它们的同样一些人生产出来。由此可见，随着越来越精细化的欲望的形成，通过生产精品而不是追求产量,生产能力即可在整个大的体系中自行发挥作用,进而提高每一个小组的产量。这绝对不会导致劳动和资本由该体系的一部分向另一部分的灾难性转移,因而是不至于导致供过于求的。

欲望的多样化和精细化,或者换句话说,消费的动态提供了所需的产品弹性市场。假如这种动向与生产的动态保持同步的话,则大的供给灾祸是不至于发生的,而且经济领域就产量不断提高这一点而言,基本上会是始终平静然而又持续充满活力的。由于动态的变动并非是完全持续稳定的、对称的而又是互补的,因此,劳动和资本的小组间的某种不规则流动也就出现了。不过,从另一方面来说,又还是有劳动和资本的这样的流动的,这种流动显而易见且不说,而且还是相对稳定的。这些要素在朝着某些方向正常地流动着。由此可见,人口增长本身就会导致劳动和资本在小小组体系内稳定地向层级低的小组流动。独此一项影响,即可使人和设备不成比例地在农业小小组和矿业小小组中增加起来,这两类小小组都是生产我们称之为基本效用的某种东西的。人口增长遂对食品和原材料构成更大的需求,而为此致力于从地球上获取这些产品的结果,也就揭示了报酬递减规律的作用。供养这整个人口,这就需有全人口中越来越多比例的人投入相关行业以满足衣食住行的需要。正如我们所知,工资必降无疑;而这又意味着,工人所得的工薪又不得不取质次价廉的商品的形式。常用工业品中体现的形态效用少了,而基本效用则在世界消费中占绝大比重。此外,由于创造这些基本效用的是最低层级的小小组,因此,劳动和资本也就流向这些小小组了。

不过,社会资本数量的增加还是把这种效应给抵消了。尽管这一增加致使利*率*降低了,但它还是扩大了利息*总额*,因此,消费已达舒适奢侈水平的那个阶层的成员的收入增加了。这一收入增加本身就要求有更多形态的效用,因为与引起产品倍增的情况相比,它更大程度地导致了产品精品化、高价化。此外,资本增加的结果提高了利率,而这又意味着工人的消费品质优化了。随着层级高的小小组创造了形态效用,则若不考虑其他影响,资本的增长就必然使劳动和资本从层级低的小小组流向层级高的小小组。

工业领域方法的改进,或者说新的生产力的获得,要是仅限于产生某种节约劳动的影响的话,那么,它就会导致劳动和资本在小小组系列中从 A‴ 到 A、从 B‴ 到 B 等等的移动。不过,这是因为这样一种改善的领域是存在于层级高的小小组而非层级低的小小组中的。农业机械曾经发明和应用都很迅速,但除非化学以惊人的方式援助农业,否则,从长远来看,显示出最大改善的或许还就是该领域的其他部分。假如从某种机器中获得的除可用于采用该机器的行业外而再别无效用了,那么,发明的进步当然就会导致劳动集中于节省劳动的技术应用得很慢而且规模小的那些行业了。

诸如机械改善一类影响的全部效应可描述如下:我们首先假设,现在是既无新产品创造又无原有产品倍增。A‴、B‴、C‴ 等等的产量,不论发明进展有多迅速,都还是一如既往地保持不变。机械和生产方法的进步现在出现了,但它们都集聚于各系列层级高的小小组中。如果原在 A‴、A″、B‴、B″ 等等中的劳动还是原地不动,那么,每天也就只有一个短短的时间可资利用。情况如此,其收益必小无疑。但在 A 中的工人的收益会大得多,因而竞争会使部分劳动从 A‴ 和 A″ 转移至 A。这就将使层级高的小小组的劳动生产力和层级低的小小组的劳动的生产力等同起来,而这一切的最终结果将是各行各业的工作日都缩短了。

现在,且让方法上的改进不是作为节省劳动的办法发挥作用,而是作为增加产量的办法发挥作用,这样,其结果就会倒过来。就绝大部分来说,在 A‴ 和 A″ 的劳动还在原处,为其新的生产力松绑。不过,扩大生产意味着优质产品不只是使其产量倍增而已。生产原料的 A 需要的生产力少一些,加工原料的 A′、A″ 和 A‴ 需要的生产力大一些。总之,在社会的消费中,原始效用数额相对较小,而形态效用数额则相对较大。

事实上,生产方法的改进就发生于加工最接近于原原材料的那些低层次的小小组中;而且,这还有使劳动向高层次小小组以及向生产更精细一些效用的那些小小组转移的作用。其所以如此,是因为对这些粗制品的需求缺乏弹性,而对形态效用的需求则富有弹性。我们更奢华的生活还显示出我们精心生产的状况,我们并不只是倍增人数而已,其结果就是,我们原材料的消费并没有如我们更精细生产的财富消费得那么快。因此,总体说来,劳动和资本的流动是在小小组系列中持续向层次高的小小组流动的,因为唯如此,才能找到其新的生产力的出路。

随着方法的改进,在这些方面,组织有同样的影响。作为一个实例,它发生于层次高的小小组中,而不是发生于层次最低的那些小小组中。大规模的合并并没有发生在农业领域。假如组织所起的作用仅限于节省劳动而已,而非产量乘数,那么,这就会导致劳动和资本集聚于矿业和农业的现象,因为工厂的失业者会不得不多半投身于农业和类似行业。不过,有鉴于组织所起的这种作用,再加倍增加产量,它就会强使精细类产品大批量生产,且使生产要素永远向层次高的小小组流动。

讨论两大类产品产量倍增的影响、工业方法和组织,我们不言而喻地介绍了我们讨论中的第五种也即最后一种动态影响,即欲望的倍增。由于对形态效用的欲望无限扩大,对原始效用的欲望相对无以扩张,以至于由于一切变化的结果,我们有了小小组系列劳动和资本的稳定地向层级高的小组的流动。此外,有的大组创造了新产品,这种新产品比之于他种产品,具有明显的质量上的升华,因此,它能满较小弹性的需求。与此同时,还有这样一种流动,即从满足需求小一些的小组流向需求弹性大一些的小组。

这些稳定和流水线式的流动,自身不会产生干扰性的破坏性影响,而且它们也不会给劳动强加任何困难或是导致资本的任何浪费。导致这种结果的是那些不规则的流动。小小组体系中某一点上产生的劳动的节约,即可起到改变劳动的配置的作用。各种发明并非在$A'''$、$B'''$、$C'''$等中同时完成并付诸应用的,但是,除非它们就是同时完成并付诸应用的,否则,就必有劳动从各小小组之一流入其余各小小组,而后又如此回流。总体说来,某种高效率的机器在某种程度上就是一种裁员机。假如这种机器被引入了$A'''$,那它就会导致产品$A'''$增产,不过,市场会接受的这部分增加的产量,将不足以使所有原工人继续在原处工作。如果市场接受这部分增加的产量,则将在他处为它们创造新的需求。所以,那种机器要是留在该整个工业领域,那就绝不可视之为裁员机。在$A'''$中完成并付诸应用的那种发明并没有替代整个高层级小小组的劳动。将 $A'''$、$B'''$ 和 $C'''$ 结合在一起，劳动或许还是与以往任何时候都一样多。不过，在 $A'''$ 中的那一机器，创造了对在 $B'''$ 和 $C'''$ 而言相对还要多的工人的需求，创造了对 $A'''$ 而言是相对少的工人的需要；反过来，如果一项发明是在 $B'''$ 中完成的，则流动就会是反向的，也即从 $B'''$ 到 $A'''$ 和 $C'''$ 了。因此，按照不规则的方式看问题，劳动必须在该系列中的同等层次的小小组内部往复流动。尽管总的说来，劳动是在整个小组体系内向层级高的小组缓慢流动的，但也有朝同等级的小小组不规则突然流动的。

对于这些动态流动，我们也就只能泛泛而论了，它们是经济理论最后一个分支的主题。确有某些资本的流动正在进行中，但我们竟至于没有提及。不过，我们必须顾及两项基本事实：（1）小组系列中有劳动和资本稳定地向层级高的小组的流动；和（2）有发生于各层级小小组内的不规则的、混乱的流动。

看来，要是我们再就此项研究的动态部分作进一步分析的话，那么，就所实现的劳动技术的改进在一系列小小组内的高效应用来说，这种改进也就抵消了相互之间的干扰性影响了。每当在 $A'''$、$B'''$ 和 $C'''$ 中的发明差不多同时实现时，这些发明也就排除了给各个新岗位调拨很多劳动的必要性了。而且，劳动稳定地向层级高的小组的流动，可以降低不得不发生在同级小组间的横向流动的强烈程度。由于新的劳动势必进入层级最高的小小组，因此，即使在 $A'''$ 中引进一种新机器，但还是有可能有人离开 $A'''$ 而前往 $B'''$。劳动力规模在 $B'''$ 的扩大，或许是因有部分从层级低的小小组向层级高的小小组流动所引起。每当在 $A'''$、$B'''$ 和 $C'''$ 的发明几乎同时发生时，这些发明成果也就排除了转移大量劳动至新岗位的必要性，而且，层级高的小小组劳动还是会减少发生在横向小组间的流动的强烈程度。由于新的劳动总是进入层级最高的小小组，因此，即令有新的机器在 $A'''$ 中被采用了，就或许不会有人不得不离开 $A'''$ 而前往 $B'''$ 了。在 $B'''$ 中的劳动力规模的扩大，可能会受有的人从低层级的小小组向高层级的小小组的流动的影响。

另外，若这一研究还要继续深入下去的话，则资本的流动看起来就会使发明所需要的那种劳动流动量大为减少。作为经济动态的结果,世界性的趋势会是,工人阶级面临的不是苦难越来越多,而是苦难越来越少和收益越来越多。

要是继续研究这个动态领域可行的话,那么,这一切就都会变得清楚起来。不过,现在我们面临的是,界定在五大动态流动中共同发生着的这种状态下的价值、工资和利息的某种静态标准问题。在每一瞬间,静态因素自身都会对小小组体系内的劳动和资本作出某种明确的调节。静态规律要求 $A'$、$B''$、$C''$ 等分别都有某种确切数额的劳动和资本。这种静态调节要是能立即就作出的话,那么就能立刻确保每一种产品的产量在此刻存在的条件下都是"正常的"。因此,这种调节也就使所有产品的价值都趋于正常了。同样,这种调节还能确保在各处都会有与劳动产量相一致的工资率或者工薪率。这种调节还会按照同一方案调节利息,使利息到处都与资本的产量相一致,使各处的利润都降至零。假如在任何一个时刻动态变化以及各种摩擦都停止了,那么,这类情况就会接着发生。

当然,这是一种简明扼要的重述。在前面,我们已经有了完全静态调节的图景,不过,还没有与此同样的事实。有的静态调节需要很长时间,有的只需一点点时间,有多种不同的标准。这些标准把工资和利息的自然调节也计算在内了。在一年内,劳动工薪可以很快地接近于某种标准,而该标准又可能是十年甚或一个世纪又缓慢地接近于另一种遥远的标准的。

劳动和资本流入各小小组,在这些小小组内,静态因素甚至还会使某些工人和资本家卷入地方性的迁移。在这些工人和资本家中,有的因为迁移遇到了阻力,因而还需要时间。不过,新方法的推广或许进行得快一些。情况或许是,当一个企业家忽然发现一种新而成功的生产某种东西的方法,他的竞争者或许在几年内也能掌握它,虽然由于专利,他们不可能长期这样做。但是,一般来说,劳动从一个地方转移至另一地方进行得会相对慢,而资本则会很快就转移。对于相互竞争的竞争者来说,放弃低效生产方法和获得高效生产方法是个快慢不定的过程。

界定静态标准的一种方法,是假设一切动态影响均应立即止住,而静态规律则还要继续发挥作用,而且是无限期地发挥作用的。就此方案来说，在静态条件得以实现前，我们理应等待足够长的时间，以期进行之中的最缓慢的调节也能相当顺畅地奏效。要是照静态规律所要求的以五十年的时间实现劳动力的空间上配置的话，那么，纵令只需五年即能统一正在流行的各种生产方法，我们也还得等上四十五年才能完全实现那种静态状态。由此可见，我们现在就应该让新的生产方法停止发展，而不是在四十五年后才让它停下来。如果我们于1900年使一切动态变化都停下了，而等到1950年才能自然地使人口自行配置，那么，我们作为例子加以说明的按小小组进行的生产方法，1905年才会达成一致，因而会继续采用，而不必再有四十五年作进一步的改进了。

这是界定此刻仅受静态因素影响的社会的状态的一种科学方法。要是我们立即制止一切动态因素，并且为使最缓慢的静态调节得以完成而等待足够长的时间的话，则这种状态是会达到的。① 社会现在正趋于达到的这种状态，在该漫长时期开始之时，是这样一种状态，即它只有待静态规律之所需最缓慢的那种调整有时间自行完成之时才会彻底完成。在我们这个例子中，那种调整是人口的流动；而且，由于这一人口流动非有五十年不可才能完成，因此，自然价值、自然工资和自然利息等等是都需如上漫长的时间才能实现调整的。它们是只有在人口得以合理配置时，而非早一些时候所能实现的。

在静态因素而且只是在这些静态因素的影响下，社会才会趋于这一未来的调整；而且，要是一切障碍都可排除的话，那么，社会

---

① 让机械发明和其他多种改进举措延续到1945年是行得通的。因为要是这一切到那时都能停下来的话，则剩下的五年留待工业生产方法归于统一，也就足够了。到1950年，1900年的形势所需要的人口空间流动届时会告结束，社会行将恢复静态状况。不过，由于下列事实也即该时期下半期出现的生产方法的进步，住处的某些小的变动当属必需之举。再说，由于这些都需要时间，因而完全的静态调节在1950年恐难实现。如果我们漠视住处的这些非自发的小变动，那么，以1950年的那种方式实现的静态调节就会像1900年的那样，不会*仅限于静态因素*对社会所起的作用的结果，一定程度上，最终会是某些动态因素四十五年连续起作用所致的那种结果。

的这一调整即可完成。不过，摩擦有这种作用，即它使迅速起作用的动态流动得以在一种缓慢起作用的静态调整所需的漫长时期内一再发生。在大量人口从人口密集的东部地区迁移至人烟稀少的西部地区所需的五十年内，数以千计的机器将会发明出来，它们的价值在每一种情况下都按每一台机器立即需要的水平得以调整。因此，我们必须认识有别于最终价值标准的标准。

# 第 26 章  近似的静态标准

在竞争的影响下,假如为期五十年,凡是需要之处,劳动都不存在匮乏之虞;假如为期二十五年间,资本的流向也始终都与需求相一致;假如某种产品的最好的生产方法十年后就变成通用的了。如果情况是这样的话,则一切动态变化就都会停下来,而价值、工资或利息都必须限定在静态规律可决定的费率上,而这需要整整五十年的时间去作调整。但是,情况也可能会是,劳动在小组体系内部自行调节所占用的这五十年时间,会因为存在空间位置的迁移障碍而受到影响。例如,一位矿工的儿子成为一名机械师,而不是子承父业,这或许容易做到;但如果很多年轻人都是如此,那就会出现工人离开矿工的小小组进而流入机械师行业的情况。不过,如果在工作上的这种改行有可能导致劳动力的跨国流动,则这就可能是一种缓慢而又代价大的过程。在一个小国范围内,劳动力或许能够按照静态规律所要求的那样,在十年内就能安排得妥当,而资本在还要短的一段时间内就可以做到这一点。就是这些地方性的调整,再加上总能一蹴而就的另外一些调整,就足以使这个小国范围内的价值、工资和利息达到某种准静态水平。要是我们严格制止一国范围内的动态变化的话,而且就听凭静态力量继续在那里发挥作用,那么,它们还是会接近原先要达到的水平的。

在爱尔兰、德国和意大利移民美国的浪潮中,人口激增时,这一流动即促成了全世界人口的自然而普遍的流动。在一项涵盖整个世界经济的研究中,这种移民当成为静态经济学研究的题中应有之义。印度洋拥有的水似乎过多了,这过多的水使整个海洋的水都通过涌进大西洋，进而得以达到一种均衡。但在大西洋，这种动向却是不断变化的，整个海平面都在提高，而整个水体都充满汹涌的潮流。人们从亚洲涌进美洲，有望趋向于使整个世界的人口分布达到某种均衡；但仅就美洲而言，这应当是构成一种巨大而又典型的动态变化的。

另外很多变动的情形也都是如此。亚洲待要效仿美国的工厂和机器时，此举将是统一世界工业化进程的行动的一部分。这一过程往往会导致世界工业达成某种均衡，而且照此看法，它又是一种静态过程。然而，在亚洲，这却是一种极富动态性的过程。因为如果此举在每一个机械领域都迅速推进的话，那这简直就是发明无疑了。而美国作出的反应则又会是高度动态的。毫无疑问，诸如此类的情况，这两个差别显著的地区的民族都会亲眼目睹的。在世界范围内是属于某种静态调整的，则在世界有的地区或许就会导致某种动态变化。

不过，我们急于了解的是在世界有限地区内那种工资和利息的自然标准。但愿我们能知道美国、英国或意大利等国家工资据以波动的工资率究竟是由什么决定的。这个问题是有望解决的。有一种工资率在美国是可望实现的，条件是该地区内的动态变化停止在即，而竞争则无障碍地进行。要是整个世界都会达至某种静态均衡的话，则这种工资率当是有别于会实现的那样一种工资率的。除非世界上的劳动和资本的配置及流动处处都有理由——除非生产的方法以某种方式在全世界范围内得以统一了，除非消费者的欲望都正常了，否则，劳动者作为一个整体的工资率，是不会趋于正常的。在把一个国家仅仅归结为一种静态状况后，这个普遍的调整依然还是有待作出的。一个国家实现了的工资率还是有别于最终标准的，尽管它是确定为某个近似静态水平的。

研究世界有限的一部分活动，这种研究本身是不会缺乏科学性的。实际上，在我们的整个研究中，我们提到了社会，但并没有给社会设定任何地域。我们是不言而喻地假定竞争是超越某个地域的，源出于这个机体的任何一部分的某种机械发明所产生的影响，都会在另外每一个部分产生作用。这个机体包括所有的人吗？在某种意义上它是的。因为除非有这样一个国家连同它的人民能够做到沉入海底而不至于引起其他国家的经济变化，否则，就绝不会有一个国家超出世界这个有机体的范围。从根本上说，这个世界有机体是经济学家必须加以论述的。不过，那就不只是一种冒险性的理论推测了。因为，那会是一种反常的理论推测，而这种理论推测当假定整个世界是如此紧密地联系在一起的一种组织，以至于就在理论上而言，这个世界只有一种工资率、一种利率和一种价值标准适用于这个组织的每一种商品。

地球上各地区之间相互提供经济动态理论的最困难、最富有成果的研究。考虑到欧洲和美国在亚洲正在做的和将要做的研究，而这种研究对实践中的人的重要性与对理论家之吸引力可以等量齐观。经济社会已经包括整个世界了。这是因为贸易把世界各地区都联系在一起了，因此，一个地区的某种变化使另外几个地区在某种程度上都感受到了。不过，在这个大区内，尚须确认分界线。一条重要的分界线是以各文明国家为中心划的，这些国家构成世界经济中心。按此分界线所划定的区域内，经济影响是无所不至的——对源于其他各个组成部分的影响，每一个组成部分都是敏感的。有鉴于此，这里也就有朝着设定均一价值以及均一工资率和均一利率的强烈趋势。反之，跨出这一重要分界线，这样的影响就相对微弱地起作用了。在此分界线内外的各地区，无论价值还是工资率和利率，均有巨大差别。

把这个世界文明中心作为一个经济单位，进而制定一项科学计划，这是可行的。欧洲、美洲和其他各大陆与岛屿，它们紧密联系一起，构成这个中心；它的周围环绕着的对它起着作用的世界，因此，这可以看作是一个完整的社会。处于中心的这个社会，与外围地区建立贸易联系，并输出那里的劳动和资本。不论具体进展会怎样，但该中心总会把工业方法逐渐传授给外围各地区的人们。由于着眼于商业利益，因而该中心以这种方式一个地带接一个地带地同化外围地区。也就是说，这个文明经济社会一部分一部分地同化未开化的、联系松散的外围地区。最终，这个外围地区都被同化了。若我们现在就能提出并在该中心内部实施的经济原则的话，那么，我们的理论最终就会适用于整个世界了。

既然如此,我们就把我们的研究仅限于这个经济中心。在这样一些条件下,给该中心输入的商品也就可以看成是相当于间接生产物品了;而且,如果采用这个方法比直接生产这些物品成本要低的话,那么,这个方法自然也就能得到采用并被推广。就消费品而言,该中心的人们所得到的,到底是直接生产的还是间接生产的,这都无关紧要了。

工人来到该地区,这可看成是加速人口增长的一种情形,而人口增长是无论什么情况下都会发生的。工人离开该地区,这种流动是阻滞人口增长的。资本流出还是流入该区,也就是改变资本的自然增加率而已。如果某种生产方法是从外围地区的人们那里借用的话,则该生产方法在该中心的影响就权当是在该中心发明的,因而其效果是一样的。

现在,中心要达到工资和利息的某种静态标准,我们假定,首先劳动和工资数量保持不变,这就停止了人口的出入境迁移和自然增长。其次,我们假定生产方法不变,因而这就阻断了对外国艺术的任何仿造。再次,我们假定其他经济要素保持不变,竞争无障碍进行,这样,在区域内我们就最终实现了静态工资率和利率。除抑制新的动态影响外,我们还抑制住了经由外围区域向中心区域传递的作用。事实上,我们注意到了世界作为一个整体的某些统一流动正在使中心的一切都趋于某种静态均衡的状态;而且我们还看到,这样的流动就其于一个有限的地区的影响来说,它等于动态变化。过去的影响我们抑制住了,就像现在抑制住新的动态变化一样;而这些影响是形成地方性的静态状况的,它赋予了当地工资率、利率趋于正在形成的工资标准和利息标准。

如此一来,终于在商业文明中心起支配作用的工资包含有一个成分,我们不妨称之为准利润。就此而论,是有某种颇有点类似于利润的东西的,即**企业家利润**,而这种利润是这样一种收入,它不久就会与企业家失之交臂的,并呈现工资和利息的补充形式。就这样转归工人所有的这项收入,不久就会使该中心区的工资得到提高,不过,但该中心区域与外围区域隔离的障碍,将长期阻碍那里工资所产生的影响。完全的世界性竞争会使中国工人获得因发明制鞋机而产生的利益，但现在，这种利益会为美国工人所得。不过，既然这样一种完全的和普遍的竞争并不存在，因此，全世界的工人都可望得到的这种利益，就长期保留在世界这一文明地区的工人手中了。欧美工人的工薪中出现的这一补贴，与亚洲和非洲工人的那一部分相比，就是准利润了：它源自局部动态所产生的利润。虽然在遥远的未来，在全世界发挥作用的静态力量终将会使外围地区的人们得到这一利润，但是由于存在摩擦，现在人们还是无从分享这种利润。

就时间而言的区区优势，就如此赋予了工资和利息的优势。获得利润的是在创造商品的富有成果的方法的采纳上处于领先地位的那些人，而仿冒者虽说在一项发明诞生以后很久也使用了该项发明，但他们也许只能节省一点工资和利息而已。在一个在发明上处于领先地位地区工作的人们，他们能永远享有发明所提供的准利润，而最早采用原有产品更新换代技术的企业家，则无缘获得每一种产品更新换代后的成果。未来的戈尔康达，这个蕴藏着无限财富的地区，将会成为产生最大动态影响的地区。全人类正在进行着的某种领先地位的竞赛，就决定各个国家和各个大陆的相对财富之竞争。财富与领先的赛跑者同在。

潮汐波导致海洋大面积水平面高于静止时的水平面，同时又引起其他大面积水平面低于该水平面。由图 26 – 1 可知，线段 AB 代表整个海洋的静止水平面，双曲线 AC 则代表潮汐波所致此升彼降的水平面。波状线 AD 代表的是浪潮的高水面，系为风浪的浪波高度。在任何一个瞬间，实际海平面都有可能或高或低于潮汐波本身。现在，且赋予该图某种经济含义，就假设线段 AB 代表全世界最终的工资静态水平。假设动态影响都终止了，而世界范围的竞争却还继续着，则此时，线段 AB 就代表劳动的一般工资率。不过，事实上，增加的生产力已经导致有文化的工人的工薪，总的说来，与曲线 AC 上半部所示的工资率和未开化工人所取的由 AC 曲线下半部所示的工资率相一致了。该文明区域的影响已经导致各地的工资不同于曲线 AC 上半部所示的标准，结果，欧美各地区的男性的工薪与线段 AD 所示的各种工资水平相一致了。在某一点上，工资率高于在世界经济中心通行的一般标准，而在另一点，它又低于上述标准。

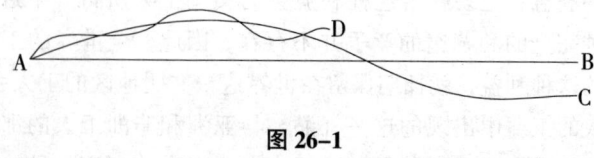

图 26-1

于是，整个世界有了一种工资的最终静态标准，世界的文明地区也有了一种准静态标准，而文明世界的各个国家和地区也都有了一种地方性的准静态工资标准。在欧美的任何一个地方，一个工人的工薪在竞争的影响下，都趋向于同地方性的准静态工薪率相一致。就整个世界而论，这种标准工资率都是趋向于采用最终静态标准的。

不过，那种最终静态标准是永无实现之日的。这里与水有关的这个实例，就其现状来说，其实是失灵了。潮汐波其实来自海洋的另一个部分，进而再把这水又输往海洋的另一个部分而形成的；而且，如果这种具有吸引力的影响被排除了，则整个海洋的水平高度就会变成完全一致了。反之，世界文明地区的高劳动生产率不是依靠降低他处的劳动生产率而获得的：这是产品新的增量的结果。这些增量是由文明自身从不存在之中想象出来的。正如我们在前面的一章中所说的，代表先进地区超常生产率的这一浪潮，必须通过给海洋表面的另一部分提供新的水以及通过阻止那些水流入其他部分形成。

设想一下从拉布拉多延伸到格陵兰，再从格陵兰延伸到挪威，以及从非洲延伸到南美洲的最近点的各个大坝吧，这些大坝会从四面八方把北大西洋的巨大水域围起来。如果把水汇集于这个水库内的话，则其水平高度比之于外海的要更高。这个例子说明了文明国家的工资与未开化国家的工资的真实关系，因为高水平面可以是永久的。即使那些大坝围得并非严丝合缝，因而有水缓慢流入外海，且往往会使水平面有所升高，直至与坝内下降的水平面齐高了，但是，新的水流入会更快得多，乃至就能维持或者提高坝内水平面的最高度了。使世界各先进国家出现新产品的如此动态的影响，可以保存甚或增加那里的劳动与其他劳动相比的更大的生产力的优势。

周期性反复出现的动态收益支撑着世界受惠地区的准静态工资率。出于讲求实际的理由,理论应该阐述的首推这个等级更高一些的标准,以及成为其组成部分的很多当地标准。就像马萨诸塞州人需要了解由什么决定当地工薪率一样,美国人也要了解美国劳动工薪率是由什么决定的。这个主要的影响无论在何处都仅仅溯及劳动这一类产品。要是在那个地方动态影响会停止,而静态力量会孤立起作用的话,那么,会得以实现的将是那种工资率了。那个地方的劳动产品是某种独特资本的产品以在本书前面各章充分描述过的那种方式中派生出来的。

世界作为一个整体与其各地区的关系,在分配理论中并没有显示出什么大的难题。工资有近似的标准,还有最终的标准;各地的劳动工薪可能很快趋向于近似标准,而且始终维持这一标准,而这一标准本身又缓慢趋向于最终标准。这对工资来说是准确的,对利息和其他要素来说也就都是正确的。不过,就理论而言,有一个困难要严重一些。对很多人来说,以竞争为基础的任何一种理论看来好像都是具有某种理论浪漫性的。竞争本身很快就会变成过去的事吗?现在,各方都在组建托拉斯以及其他的资本合并,这预示着竞争之窒息、商业领域垄断体制之确立。若果真如此的话,那我们岂不终结了竞争分配理论,而唯发现该理论据以作出预测的事实不复如此了吗?假如适值竞争处于全盛时期,自然价值理论、自然工资理论和自然利息理论等等似都具有某种不切实际性了,但当竞争似是成了某种消失着的因素时,上述一切又当作何解释?

竞争是一种不可遏制的力,这是有待动态经济学予以证实的。目前这个时期,竞争的强化使竞争的作用方式改变了,但是,这种强化并没有消除竞争。因此,动态经济学决不会使一种假定竞争存在的理论丧失价值。无论何时,我们也无望使静态力遇到的障碍减至最小。静态理论独此要求的结果的变化随处可见。如果它属完整的理论,则动态理论就会告知不会有偏离现实生活的变化。因为预示结果是该学科分支的功能的一部分,该分支既要对每个摩擦因素都作出解释,又要对实际生活显示的每一种变化和变动都作出说明。在该理论将要提出的它将自行解决的任务中,有一项是把支配垄断企业、工会和其他联合体的种种原理归纳为明白易懂的习惯用语的。该理论将论述包括改变价值的保护性关税、影响工资的迁移规律以及影响资本流动与利率的货币规律。一旦试图归纳出人口增长和资本增长的规律，而且更进一步地尝试决定控制各种生产方法赖以变成更富有成效的各种条件时，该理论即可大有作为。

变化是动态经济学的总的主题。经济领域变化的方向和速度始终是该学科寻求作出解释的对象。研究工资要阐明工资率的实际升降；研究利息要阐明利率之降和利息总额之增；研究利润要阐明该利润各要素的此消彼长。各地和全世界得以繁荣的条件是该学科的另外的主题；在繁荣得以实现的条件性因素中，有各国和国际的政治方针等。实际上，世俗事务中，有对于人类而言几无重要性可说的东西，而它们不属于政治经济学理论这一分支研究的范围。

不过，发展这门学科的任务是如此重大，以至于没有数代人持之以恒的努力是无望完成的。与其他任何一门学科的研究领域一样，动态经济学的研究领域也是难以穷尽的，而且，先前的研究成果或许并不太多，然而，取得其中任何一种的价值又都弥足珍贵，适足以酬偿最辛勤的劳动；探索者每向前跨出一步，展现在他眼前的未竟的领域就都会吸引他知难而进，获取超过至今已获成就的累累硕果。然而，任何变动，经济学的这个动态分支都总能予以发现和予以解释，而静态规律也从来未曾不是占支配地位的。有关任何运动规律的一切真知灼见也将都取决于精通静态规律。

## 图书在版编目（CIP）数据

财富的分配/（英）克拉克著；王翼龙译. —北京：华夏出版社，2013.7
（西方经济学圣经译丛：超值白金版）
ISBN 978-7-5080-7673-7

Ⅰ. ①财… Ⅱ. ①克… ②王… Ⅲ. ①边际效用学派－研究
Ⅳ. ①F091.34

中国版本图书馆 CIP 数据核字（2013）第 131608 号

# 财富的分配

| | |
|---|---|
| 作　　者 | ［英］约翰·贝茨·克拉克 |
| 译　　者 | 王翼龙 |
| 策划编辑 | 陈小兰 |
| 责任编辑 | 罗　云 |
| 出版发行 | 华夏出版社 |
| 经　　销 | 新华书店 |
| 印　　刷 | 北京世知印务有限公司 |
| 装　　订 | 三河市李旗庄少明印装厂 |
| 版　　次 | 2013 年 7 月北京第 1 版<br>2013 年 7 月北京第 1 次印刷 |
| 开　　本 | 880×1230　1/32 开 |
| 印　　张 | 11.25 |
| 字　　数 | 323 千字 |
| 定　　价 | 29.80 元 |

华夏出版社　地址：北京市东直门外香河园北里 4 号　邮编：100028
　　　　　　网址：www.hxph.com.cn　电话：（010）64663331（转）
若发现本版图书有印装质量问题，请与我社营销中心联系调换。